CORINNE À LA PAGE

COLLECTION CAP'AGREG – N° 11

HUBERT DE PHALÈSE

CORINNE À LA PAGE

Analyse du roman de Mme de Staël,
Corinne ou l'Italie

NIZET

1999

COMPTES *À REBOURS*, l'œuvre de Huysmans à travers les nouvelles technologies, 1991.

RENAN TOUS COMPTES FAITS, *Souvenirs d'enfance et de jeunesse* à travers les nouvelles technologies, 1992.

LES MOTS DE MOLIÈRE, les quatre dernières pièces à travers les nouvelles technologies, 1992.

GUIDE DE *VOYAGE AU BOUT DE LA NUIT*, *Voyage au bout de la nuit* à travers les nouvelles technologies, 1993.

VOLTAIRE PORTATIF, le *Dictionnaire philosophique* à travers les nouvelles technologies, 1994.

DICTIONNAIRE DES *MISÉRABLES*, dictionnaire encyclopédique du roman de Victor Hugo réalisé à l'aide des nouvelles technologies, 1994.

LES VOIX DE *LA CONDITION HUMAINE*, *La Condition humaine* d'André Malraux à travers les nouvelles technologies, 1995.

QUINTESSENCE D'*ALCOOLS*, le recueil d'Apollinaire à travers les nouvelles technologies, 1996.

CODE DE *LA ROUTE DES FLANDRES*, examen du roman de Claude Simon, 1997.

BECKETT À LA LETTRE, *En attendant Godot, Fin de partie*, 1998.

Hubert de Phalèse est un nom collectif adopté par une équipe d'enseignants chercheurs qui utilisent les nouvelles technologies dans leurs travaux et souhaitent en faciliter l'accès aux littéraires, à tous les niveaux du système éducatif. Le présent volume est l'œuvre de Béatrice Athias, Sébastien Arfouilloux, Henri Béhar, Michel Bernard, Jean-Pierre Goldenstein, Keith Gore, Odile Noël, avec le concours de Dorra Bassi, Pascal Mougin et Philippe Perrier, et avec la révision de Pierre-Louis Rey.

http://www.cavi.univ-paris3.fr/phalese/hubert1.htm

Toutes les références à *Corinne ou l'Italie* du présent volume renvoient à l'édition de Simone Balayé (Gallimard, « Folio » n° 1632, 1985, 630 p.), qui respecte les singularités orthographiques de l'auteur.

© Librairie A.-G. NIZET, 1999
ISBN 2-7078-1246-3

REPÈRES HISTORIQUES ET LITTÉRAIRES

I. Chronologie de Mme de Staël

L'édition au programme comporte une « Vie de Mme de Staël, 1766-1817 » suffisamment détaillée pour qu'il soit inutile d'y revenir ici. Toutefois, pour la commodité du lecteur, on trouvera ci-dessous (p. 46) une brève chronologie des événements concernant l'auteur jusqu'à la publication de *Corinne*, à mettre en relation avec la chronologie interne de l'ouvrage.

1722-1774	Règne de Louis XV.
1766	22/4 : naissance de Mme de Staël (MS).
1774-1791	Règne de Louis XVI.
1776	Voyage de Necker en Angleterre avec sa femme et sa fille.
1777-1781	Necker ministre des finances de France.
1784	Necker achète le château de Coppet.
1786	14/01 : mariage avec le baron de Staël, ambassadeur de Suède. Elle ouvre un salon, rue du Bac.
1787	13/04 : Necker exilé, accompagné de sa fille. Le 22/07, elle accouche d'une fille, qui vivra moins de deux ans.
1788	26/08 : Necker rappelé aux Finances. Narbonne amant de MS.
1789	11/07 : renvoi de Necker, rappelé peu après. MS assiste aux événements révolutionnaires.
1790	31/08 : MS met au monde un garçon, Auguste (mort en 1827). 3/09 : Necker démissionne, retourne en Suisse.
1792	2 septembre, MS s'enfuit à Coppet.
1793	21 janvier, Louis XVI guillotiné ; MS en Angleterre de janvier à mai. Elle rentre en Suisse.
1794	André Chénier guillotiné ; 18 septembre : MS rencontre Benjamin Constant.
1795	25 mai, retour à Paris. Elle rentre à Coppet début septembre.
1796	MS exilée en Suisse ; B. Constant est à Paris.
1797	8 juin, naissance d'Albertine, fille de B. Constant et de MS.
1799	18 brumaire (9-10 novembre) : Bonaparte renverse le Directoire. Retour à Paris après le 18 brumaire.
1800	Bonaparte premier consul. Publication de *De la littérature*. B. Constant balance entre MS et Anna Lindsay.

1801	MS et B. Constant en Suisse.
1802	9/05 : mort de M. de Staël. Publication de *Delphine*. MS interdite de séjour à Paris.
1804-1815	Napoléon empereur.
1804	Code civil ; 9 avril : mort de Necker ; 11 décembre : départ de MS pour l'Italie.
1805	Voyage de MS en Italie : Rome, Naples, Florence, Venise, Milan. Liaison avec P. de Souza.
1806	MS écrit *Corinne* ; B. Constant *Adolphe*.
1807	Publication de *Corinne*. Scènes avec B. Constant.

Durant la même période, on note, dans le domaine de l'institution littéraire : la fondation de la Société des auteurs dramatiques par Beaumarchais (1775) ; la disparition de la censure en 1789 (elle réapparaîtra en 1793), l'abolition du privilège d'imprimeur (1791), la suppression de la Direction de la Librairie et de la chambre syndicale des imprimeurs entre 1791 et 1810, ce qui, de fait, placera l'édition sous la coupe directe de la police et du Bureau de la presse, avant la réglementation de l'Imprimerie par un décret napoléonien du 5 février 1810, nommant un Directeur général et fixant à 60 le nombre des imprimeurs à Paris ; l'institution, en 1793, du Droit d'auteur pour l'intéressé et ses héritiers (dix ans après sa mort) ; l'établissement de l'Institut de France (regroupant les anciennes Académies) en 1795 ; la création du Brevet d'imprimeur en 1805 ; la fondation du *Journal de l'imprimerie et de la librairie* en 1811 (qui deviendra la *Bibliographie de la France*).

II. Publications contemporaines

Voici, pour fixer les idées, un mémento des publications de Mme de Staël :

1788	*Lettres sur le caractère et les écrits de J.-J. Rousseau*
1790	*Sophie* ; *Jane Gray* (théâtre)
1793	*Réflexions sur le procès de la reine*
1795	*Recueil de morceaux détachés* (contient l'*Essai sur les fictions*)
1796	*De l'influence des passions*
1800	*De la littérature...*
1802	*Delphine*
1804	*Du caractère de M. Necker et de sa vie privée*
1807	*Corinne ou l'Italie*
1810	*De l'Allemagne* (interdit en France, publié à Londres en 1813)
1813	*Réflexions sur le suicide*
1818	*Considérations sur la Révolution française* (posthume)
1820-1821	*Œuvres Complètes, Œuvres Inédites* (dont *Dix Années d'exil*)

Entre 1760 et 1830, la Banque de données d'histoire littéraire de la France[1] consigne 306 œuvres, représentées par la courbe suivante :

---

1. Adresse : *http://www.cavi.univ-paris3.fr/phalese/hubert1.htm*

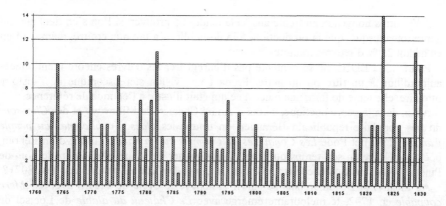

Je constate que la production littéraire, tous genres confondus, est très faible dans cette période (avec une moyenne de trois titres par an pour les années 1788-1817), comme s'il s'agissait d'une période de creux entre les belles heures du siècle des Lumières et le Romantisme.

La cause principale pourrait être qu'en une période troublée par la Révolution et les guerres, la littérature est réduite au minimum : les articles de journaux, les discours et surtout les actions y suppléent. Mais on peut aussi penser que l'histoire littéraire, résultant du goût collectif, est le fait d'une société qui ne tient pas à se retourner sur la production de cette époque perturbée, où elle risque de rencontrer le pire et le meilleur, et de ressusciter des passions qui ne sont jamais éteintes (je songe à tout ce qui se publie aujourd'hui encore sur la guerre de Vendée), de sorte qu'elle va à l'essentiel, à ce qui ne peut être omis sous peine d'iniquité (Chateaubriand, Mme de Staël, Benjamin Constant). En somme, l'histoire littéraire parle d'époque de transition, invente le « préromantisme », et passe à autre chose. Elle n'aime ni le style Directoire, ni le style Empire, et elle ignore totalement l'écriture révolutionnaire !

Mais, redisons-le, l'histoire littéraire procède nécessairement à une sélection, elle n'a rien de commun avec la production littéraire d'une époque. Pour s'en convaincre, il faudrait pouvoir traiter les données du dépôt légal. À défaut, je m'en rapporterai à une base de données des romans publiés durant cent ans, entre 1750 et 1849, que j'ai constituée. Elle contient tous les titres du genre romanesque (ou considéré comme tel) enregistrées par le dépôt légal, ce qui inclut les traductions et les rééditions. Pour la période 1788-1820, la tendance générale de la courbe est croissante. On passe d'une moyenne d'une trentaine de titres en période révolutionnaire, à plus de cent à la Restauration, comme le montre le graphique ci-dessous :

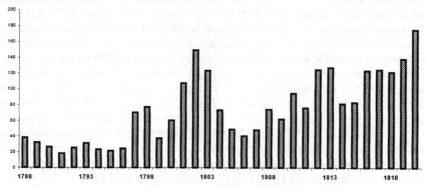

2 473 titres nouveaux en trente ans, cela tendrait à prouver, si l'on s'en tient au seul genre romanesque, que la production, loin de faiblir, n'a fait que croître, même si l'on en déduit 25 % d'œuvres traduites.

Pourtant, la BDHL ne se contente pas d'enregistrer les œuvres encore mentionnées aujourd'hui, à un titre ou un autre. Prônant une vision stéréoscopique de l'histoire littéraire, elle tente de faire une place à ce qui était illustre à l'époque de référence.

Ainsi, dans le genre poétique, à côté d'André Chénier, de Millevoye et des *Chansons* du très populaire républicain Béranger, on trouve les *Odes républicaines au peuple français* (1792) et l'ode *Les Conquêtes de l'homme sur la nature* (1806) d'un Lebrun, poète si célèbre en son temps qu'il put, sans choquer personne, s'adjoindre le nom de Pindare ! Mais peut-on encore se procurer *Le Génie de l'homme* de Chênedollé (1807) ?

Au théâtre, si Beaumarchais se survit et achève le cycle de Figaro avec *La Mère coupable* en 1792, le mélodrame émerge avec *Le Château du diable* de Loaisel de Tréogate (1793) comme image d'un Moyen Âge idéalisé, où le théâtre est la métaphore des conflits du temps, puis le genre triomphe avec *Victor ou l'enfant de la forêt* (1798), adaptation par Pixérécourt d'un roman noir de Ducray-Duminil, aussitôt suivi de *Coelina ou l'enfant du mystère*, des mêmes auteurs, auquel succédera *Le Chien de Montargis ou La Forêt de Bondy* (1814) et tant d'autres pièces du Boulevard du crime où Margot versera ses larmes.

Dans le domaine romanesque, à côté de Loaisel, précurseur déjà nommé de Chateaubriand (*Ainsi finissent les grands amours*, 1788 ; *Lucile de Milcourt, ou le cri du sentiment*, 1794), dont je me demande qui le lit encore, en dehors des historiens et des érudits austères, on se doit de mentionner Bernardin de Saint-Pierre, l'épigone de Rousseau, avec *Paul et Virginie* (1788) et *La Chaumière indienne* (1790) ; et aussi l'incomparable Restif avec ses témoignages en direct (ou donnés pour tels), *Les Nuits de Paris, ou le spectateur nocturne* (1788-1794), *M. Nicolas ou Le Cœur humain dévoilé* (1794-1797), *L'Année des dames nationales* (1795), et ses écrits où ce vertueux s'oppose à Sade, *L'Anti-Justine ou Les Délices de l'amour* (1798). Ceci nous conduit à nommer le Divin Marquis, enfin sorti de prison, trouvant un imprimeur pour des œuvres composées à l'ombre de la Bastille : *Justine ou les malheurs de la vertu* (1791), *La Philosophie dans le boudoir, Aline et Valcour, ou le roman philosophique* (1795), *Les Crimes de l'amour* (1800).

Peut-on dire qu'une nouvelle forme romanesque apparaît avec Senancour : *Aldomen* (1795), *Oberman* (1804) ; Chateaubriand : *Atala ou Les Amours de deux sauvages dans le désert* (1801), *René* (1805), *Les Martyrs ou Le Triomphe de la religion chrétienne* (1809), et, bien sûr, *Adolphe* (1816) de Benjamin Constant ? Mais on ne devra pas oublier pour autant *Valérie* (1803) de Mme de Krüdener, le roman historique de Mme de Genlis, *Les Chevaliers du cygne* (1795) et *Le Siège de la Rochelle* (1808). Surtout, l'histoire littéraire se doit d'indiquer la publication posthume et simultanée de *La Religieuse* et de *Jacques le fataliste* (1797) de Diderot, qui ne cesseront plus d'influencer la création.

Quant aux essais et autres textes politiques ou philosophiques, on notera, du côté révolutionnaire, outre le journal d'Hébert, *Le Père Duchesne* (1790) qui remet au goût du jour une certaine rhétorique carnavalesque, *L'Esprit de la révolution et de la constitution de la France* de Saint-Just (1791), les *Discours* de Mirabeau (1791), l'*Esquisse d'un tableau historique des progrès de l'esprit humain* de Condorcet (1794), etc. Quant à la littérature d'ancien régime, elle est représentée par les *Maximes et pensées* de Chamfort (1795) ; par les essais de Bonald : *Théorie du pouvoir politique et religieux dans la société civile, démontré par le raisonnement et par l'histoire* (1796), *Du Divorce* (1801) puis la *Législation primitive considérée dans les derniers temps par les seules lumières de la raison* (1802) ; les *Considérations sur la France, Des constitu-*

tions politiques (1814) de Joseph de Maistre ; l'*Essai sur les révolutions* (1797) et *Le Génie du christianisme* (1802) de Chateaubriand ; enfin par les propositions des Idéologues : *Projets d'éléments d'idéologie* (1804) de Destutt de Tracy, et la *Théorie des quatre mouvements* de Fourier (1808), qu'on qualifiera de socialisme utopique.

La philosophie politique fait bon ménage avec la psychologie du sentiment chez Senancour : *Rêveries sur la nature primitive de l'homme, sur ses sensations, sur les moyens de bonheur qu'elles lui indiquent, sur le mode social qui conserverait le plus de ses forces primordiales* (1798), *De L'Amour* (1806). Plus importants pour l'étude de *Corinne* sont les *Lettres historiques et critiques sur l'Italie* (1799) de Charles de Brosse et *Les Ruines* de Volney (1791).

Dans le champ de la critique littéraire, la tradition se perpétue avec *Le Lycée, ou cours de littérature ancienne et moderne* (1799) de La Harpe, tandis que Mme de Staël ouvre de nouvelles perspectives avec *De La Littérature considérée dans ses rapports avec les institutions sociales* (1800).

III. La génération de Mme de Staël

Albert Thibaudet commence son *Histoire de la littérature française*[1] par la génération de 1789, celle des écrivains qui eurent vingt ans au début de la Révolution. Très exactement l'âge de Napoléon, que précèdent de peu Mme de Staël (née en 1766), Benjamin Constant (né en 1767) et Chateaubriand (né en 1768). La notion de génération est très séduisante, surtout lorsqu'elle peut regrouper ainsi des auteurs de premier plan à un moment crucial de l'histoire.

Pourtant, tout en s'opposant à une périodisation dominée par l'histoire politique et sociale, elle ne risque pas moins de fausser la perspective, en laissant dans l'ombre bien des écrivains en production dans le même temps.

Si je considère, à nouveau, la trentaine d'années durant laquelle Mme de Staël publia (1788-1817), je ne recense pas moins de soixante-dix auteurs « en production », c'est-à-dire ayant publié et en mesure de le faire pendant tout ou partie de cette période, allant de Buffon (1707-1788) à Stendhal (1783-1842), en passant par Louvet de Couvray (1760-1797) ou le très célèbre auteur des *Jardins*, l'abbé Jacques Delille (1738-1813) qui, par définition, ne font pas partie de la « génération » en question.

Il serait fastidieux de les citer tous, aussi nommerai-je rapidement ceux de la génération précédente, que la révolution jeta dans l'oubli : Ducis (1733-1816), le Prince de Ligne (1733-1814) auquel s'intéressa Mme de Staël, Bernardin de Saint-Pierre (1737-1814), Laclos (1741-1803), Parny (1753-1814) ; ceux dont la révolution, pour laquelle ils avaient souvent pris parti, raccourcit la vie : Linguet (1736-1792), Condorcet (1743-1794), Marat (1743-1793), Mirabeau (1749-1791) ; ou, plus jeunes, Hébert (1757-1794), André Chénier (1762-1794). Mais aussi ceux dont elle libéra l'expression, si je puis dire : les deux rivaux Sade et Sébastien Mercier (1740-1814), et ceux qui firent leurs armes dans l'émigration, de Chateaubriand à Chênedollé (1769-1833) en passant par Mme de Genlis (1746-1830), Joubert (1754-1824), Joseph de Maistre (1753-1824), Bonald (1754-1840), Volney (1757-1820), etc. À tous ceux-là s'ajoutent évidemment les auteurs signalés dans le point précédent. Thibaudet était trop fin connaisseur de la littérature pour en avoir oublié aucun, au prix d'un arrangement avec ses propres principes. Au moins voit-on ici les véritables contemporains de notre auteur.

1. Albert Thibaudet, *Histoire de la littérature française de 1789 à nos jours*, Paris, Stock, 1936, 587 p.

IV. Le groupe de Coppet

Il serait injuste, cependant, de s'en tenir aux seuls auteurs français ou de langue française, dans la mesure où Mme de Staël fut, tant par sa formation que par son action et ses publications, le prototype de l'intellectuelle européenne.

Le même Thibaudet affirme que la révolution entraîna la disparition de la « République des Lettres », voulant signifier, par là, que les institutions littéraires (salons, académies, sociétés, etc.) disparurent pendant un certain temps. Vu de Paris et à Paris, le fait est exact. Mais tous les historiens de la littérature s'accordent aujourd'hui à penser que le groupe constitué par Mme de Staël dans son château de Coppet entre 1800 et 1815 fut d'une influence considérable pour la diffusion des idées nouvelles dans les domaines aussi variés que la politique, l'économie, l'histoire, la religion et les beaux-arts. De plus, ce groupe, quel que fût le destin de chacun de ses membres, fut collectivement un intermédiaire significatif entre les cultures et les pays de l'Europe en marche, entre le néo-classicisme prôné par Napoléon et le romantisme expérimenté en Allemagne.

Pour mémoire, voici un bref récapitulatif, dans l'ordre alphabétique, de ceux qui, à un moment ou à un autre, firent partie du cercle des amis de Mme de Staël, autrement dit du groupe de Coppet, avec un échantillon de leurs ouvrages, dans les domaines où s'exercèrent leurs talents :

BARANTE (Prosper de), 1782-1866, Français, fils du préfet du Léman (chargé de surveiller Mme de Staël), il publia, très jeune, un *Tableau de la littérature française au XVIIIe s.* (1808) et des souvenirs politiques et littéraires (posthume, 1889-1901).

BONSTETTEN (Victor), 1745-1832, Suisse, bénéficia d'une éducation internationale et contribua à l'élaboration d'une véritable culture européenne, écrivant en allemand, puis en français à partir de 1803 : *L'Homme du Midi et l'homme du Nord* (1824) témoigne de l'influence de Mme de Staël.

CONSTANT (Benjamin), 1767-1830, naturalisé Français, traduction du Wallstein de Schiller (1809), Adolphe (1816), De La Religion considérée dans ses sources, ses formes et son développement (1824-1831), Mélanges de littérature et de politique (1829), Le Cahier rouge (1907), Cécile (1951).

HUMBOLDT (Wilhelm), 1767-1835, Allemand, diplomate et ministre, pur représentant de l'idéalisme allemand, il créa l'université de Berlin en 1810, mena des travaux d'anthropologie, de linguistique comparée, défendit l'humanisme et la culture.

KRÜDENER (Mme de), 1764-1824, Russe, elle eut une vie aussi mouvementée que celle de Mme de Staël, séjournant en Suisse puis à Berlin où elle connut les romantiques. Elle publia ses *Pensées* (1802) et un roman, *Valérie* (1803).

SCHLEGEL (August-Wilhelm), 1767-1845, Allemand, fonda avec son frère Frédéric un périodique, l'*Atheneum* (1798-1800), traducteur de Shakespeare et de Calderon, ami de Mme de Staël et précepteur de ses enfants, lui fit connaître la nouvelle littérature allemande, contribua à sa réflexion sur la traduction. Promoteur du « sentiment national » dans les *Cours sur l'art dramatique et la littérature* donnés à Vienne.

SISMONDI (Jean-Charles), 1773-1842, Genevois, économiste et historien : De la richesse commerciale (1803), Histoire des républiques italiennes au Moyen Âge (1817), Histoire des Français (1818), Nouveaux Principes d'économie politique (1818), il milita pour un réformisme social et des idées proches du libéralisme économique actuel.

WERNER (Zacharias), 1768-1823, Allemand, auteur dramatique, entre la démesure et le mysticisme, il joua un rôle important dans la constitution du romantisme : *La Croix sur les bords de la Baltique* (1806), *Martin Luther ou La Consécration de la force* (1807), *Attila* (1808), *24 février* (1809).

V. L'éditeur

Au début du XIXe siècle, l'éditeur (on dit alors *libraire*) n'a pas le même rôle, ni la même importance que de nos jours dans la promotion d'un ouvrage. Il n'en joue pas moins une partie capitale, en raison de la censure et de l'attention toute particulière que la police napoléonienne portait à ce qui sortait des presses françaises. Les historiens du livre recensent cent soixante saisies entre 1800 et 1810. Encore ce chiffre ne tient-il pas compte des pressions exercées sur la librairie par le Bureau de la presse, et des « conseils » prodigués à des auteurs tels que Chateaubriand et Mme de Staël, en expurgeant leurs manuscrits de tout propos susceptible de déplaire au prince, en inspirant les articles d'une presse aux ordres. Ce n'est pas le lieu de dire ici les démêlés de Mme de Staël avec le Ministre de l'intérieur, Savary, duc de Rovigo, qui fit saisir *De l'Allemagne* en 1810 chez l'imprimeur, et exila l'auteur, malgré l'approbation de la censure. Toutefois, un épisode aussi violent et lourd de conséquences fait comprendre, *a posteriori*, ce qu'a pu être la destinée des romans de Mme de Staël, quand on sait qu'après *De la littérature, Delphine* suscita une violente polémique dans la presse et lui valut d'être interdite de séjour à Paris.

Ce n'est donc pas par hasard que, tenant à être publiée en France (alors que les imprimeries de Suisse et d'Allemagne lui étaient ouvertes), elle s'adresse au libraire Gabriel-Henri Nicolle (1767-1829), dont un fichier informatisé de la Bibliothèque Nationale de France nous apprend qu'il fut auteur, imprimeur et libraire de 1798 à 1822, non sans quelques faillites au passage (en 1799, 1811 et 1814). Journaliste pendant la Révolution, écrivant dans plusieurs feuilles royalistes, il fut incarcéré pour ses prises de position contre-révolutionnaires, puis, relâché, il fonda le périodique *L'Éclair*. Proscrit en octobre 1795 et septembre 1797, il fut sauvé par les lois d'amnistie. C'est alors qu'il s'établit éditeur à Paris, dans le quartier Saint-André des Arts, finissant par céder son brevet à son gérant, Charles Gosselin, en 1822, pour diriger le collège Sainte-Barbe, qu'il avait rétabli avec son frère.

Si l'on s'en tient au registre du dépôt légal, il commença modestement, en 1798, par publier un ouvrage traduit de l'anglais, des recherches sur les écrits d'Homère. C'est seulement en 1806 qu'il fut plus avisé lorsqu'il se mit à utiliser le procédé nouveau dit « stéréotype », inventé en Angleterre, employé pour la première fois en France par l'imprimeur Firmin Didot en 1795. Alors qu'auparavant chaque page était imprimée avec des caractères mobiles, on clichait des pages d'un seul bloc. Outre son utilité pratique dans le domaine éditorial, le mot allait avoir la fortune que l'on sait en critique littéraire.

H. Nicolle commença donc par mener une politique éditoriale prudente, en accord avec les autorités, dont il se fit bien voir. Il reprit d'abord le *Code de procédure civile*, « dans une édition stéréotype conforme à l'édition originale de l'Imprimerie impériale », puis il édita un *Cours complet ou grammaire de la langue angloise...* par Gidolph ; des *Essais de morale et de politique*, par le comte Molé, futur chef du parti conservateur sous Louis-Philippe ; l'*Éloge d'Antoine-Louis Séguier, avocat général au Parlement de Paris...* par Portalis, l'un des auteurs du Code civil, ministre des cultes ; un *Dictionnaire historique des personnes célèbres de l'antiquité... avec l'étymologie et la valeur de leurs noms et surnoms, précédé d'un essai sur les noms propres chez les peuples anciens et modernes*, par F. Noël. Il commença, la même année, à publier un roman : *Alphonsine, ou La Tendresse maternelle*, de Mme de Genlis. L'année suivante, il se lança dans la production symboliquement la plus gratifiante en publiant de la poésie : *Le Génie de l'homme*, poème de Chênedollé réédité en 1812, et des *Poésies* de Frénilly. Et surtout il se fit connaître avec *Corinne* de Mme de Staël, qui eut officiellement chez lui sept éditions jusqu'en 1819 (sans compter les contrefaçons à l'étranger, telle que l'édition Peltier de Londres). De ce fait, il devint son éditeur attitré, reprenant *Delphine* à plusieurs reprises, composant à ses frais *De l'Allemagne* dont les épreuves furent saisies en 1810, finissant par publier l'ouvrage après Waterloo, en 1814, les *Réflexions sur le suicide* (suivies de la *Défense de la Reine*, publiées en août 1793, et des *Lettres sur les écrits et le caractère de J.-J. Rousseau*).

Fort de ce succès, il édita une cinquantaine de romans, dont : *Le Siège de la Rochelle, ou le Malheur et la conscience*, par Mme de Genlis (1808), *Eugène de Rothelin*, par l'auteur d'*Adèle de Sénange* [la Comtesse de Flahaut, devenue Mme de Souza] (1808). Dans ce genre, la majorité furent des traductions de l'anglais, notamment de Walter Scot avec *Les Puritains d'Écosse* (1817), *Rob Roy* (1818), *La Fiancée de Lamermoor* (1819), *Waverley* (1820), *Ivanhoé* (1820), etc.

Cependant son fonds de commerce fut aussi orienté vers les ouvrages scolaires moraux et didactiques, une grande collection de théâtre classique et des écrits politiques. Sous la Restauration il publia le libéral Benjamin Constant (*De la liberté des brochures, des pamphlets et des journaux, considérée sous le rapport de l'intérêt du gouvernement ; Réflexions sur les constitutions, la distribution des pouvoirs et les garanties, dans une monarchie constitutionnelle*, etc.) et divers députés et pairs plaidant pour les vertus d'une monarchie bien tempérée.

VI. Titre

Mme de Staël, ou plutôt son héroïne elle-même, explique, dans le récit, le choix de son nom (ou, mieux dit, son pseudonyme), par référence à une poétesse grecque, née à Tanagra, en Béotie, au Ve siècle av. J.-C., cinq fois victorieuse des joutes poétiques où elle avait concouru avec Pindare : « *je pris seulement celui de Corinne, que l'histoire d'une femme grecque, amie de Pindare, et poète, m'avait fait aimer.* » (386) À son tour, Chateaubriand, ami de Mme de Staël et lecteur de *Corinne*, évoquera cette héroïne dans *Les Mémoires d'outre-tombe* (1848) et se demandera ce qu'est devenue la poétesse antique, sans penser à sa réincarnation romanesque : « *Les femmes grecques ont quelquefois célébré la philosophie ; le plus souvent elles ont suivi une autre divinité : Sapho est demeurée l'immortelle sibylle de Gnide ; on ne sait plus guère ce qu'a fait Corinne après avoir vaincu Pindare ; Aspasie avait enseigné Vénus à Socrate...* » (*M. O. T.*, t. 4, 4e partie, livre 11, p. 545-546).

Mais le titre complet du roman est bien *Corinne ou l'Italie*, de sorte que, par antonomase[1], Corinne *est* l'Italie, absolument.

On peut se demander si un tel titre de roman est particulièrement original, s'il suit une mode ou, au contraire, la lance. Pour m'en assurer, je me reporterai à la banque de 10 000 titres romanesques, entre 1750 et 1849, mentionnée ci-dessus. À défaut d'une analyse exhaustive, je me contenterai de quelques observations, en vue d'une future *titrologie* romanesque.

Le prénom *Corinne* est employé par la seule Mme de Staël, avec les raisons qu'indique son personnage. Ce prénom n'est utilisé ni avant ni après elle durant les cent ans examinés.

---

1. Figure de langage qui consiste à désigner un personnage par un nom commun ou une périphrase qui en résume le caractère, ou, inversement, à désigner un individu par le personnage dont il rappelle le caractère typique, dit le Robert.

Sachant le goût de Mme de Staël pour Rousseau, on pense immédiatement qu'elle a calqué son titre sur le modèle de « Julie ou La Nouvelle Héloïse », sous-titre de l'ouvrage dont le titre est très exactement, en 1761, selon le dépôt légal : *Lettres de deux amants habitans d'une petite ville au pied des Alpes...* La dénomination courante du roman de Jean-Jacques n'intervient, sur les ouvrages imprimés, qu'en 1822, date à partir de laquelle il est régulièrement réédité quasiment chaque année.

L'usage d'utiliser un prénom comme titre, celui du principal personnage, est extrêmement fréquent dans la période considérée, et particulièrement dans les traductions de l'anglais. Il provient vraisemblablement d'une mode inaugurée par les romans de Richardson, traduits en français : *Pamela* et *Clarisse Harlove* [sic].

Les romans ayant uniquement un prénom féminin pour titre ne sont pas très nombreux, et l'on arrive rapidement à Mme de Staël, avec *Delphine*, puis Mme de Krüdener avec *Valérie* (1803). Suivront *Armance* (1827) de Stendhal, *Indiana* (1832) et *Lélia* (1833) de G. Sand...

Symétriquement, les romans ayant uniquement un prénom masculin pour titre sont dans la même proportion que les précédents : *Oberman* de Senancour (1804), *René* de Chateaubriand (1805), *Adolphe* (1816), *Raphaël* de Lamartine (1849), *Dominique* de Fromentin (1863).

Cet intitulé mettant en vedette un seul personnage est toujours surprenant, puisqu'il s'agit de romans sentimentaux et d'amours diversement contrariées ; cependant, un certain nombre d'œuvres affichent deux héros : *Adèle et Théodore* de Mme de Genlis (1782), *Paul et Virginie* de Bernardin de Saint-Pierre (1788).

Enfin, le plus grand nombre de ces intitulés porte la conjonction *ou*, introduisant une spécification qu'on peut croire attrayante pour le lecteur, ou délimitant un champ d'application de l'expérience romanesque, ou encore une modalité du récit. La plupart du temps, d'ailleurs, la tradition oublie de mentionner l'expansion titulaire. Bien entendu, je cite ici d'après les fiches du dépôt légal :

NERCIAT, *Félicia ou mes fredaines*, 1776 ;
MARMONTEL, *Les Incas ou La Destruction de l'empire du Pérou*, 1777 ;
RESTIF DE LA BRETONNE, *Les Nuits de Paris, ou Le Spectateur nocturne*, 1788 ;
SADE, *Justine, ou Les Malheurs de la vertu*, 1791 ;
LOAISEL DE TRÉOGATE, *Lucile de Milcourt, ou Le Cri du sentiment*, 1794 ;
SADE, *Aline et Valcour, ou Le Roman philosophique*, 1795 ;
DUCRAY-DUMINIL, *Victor ou L'Enfant de la forêt*, 1797 ;
RESTIF DE LA BRETONNE, *L'Anti-Justine ou Les Délices de l'amour*, 1798 ;
CHATEAUBRIAND, *Atala ou Les Amours de deux sauvages dans le désert*, 1801 ;
DUCRAY-DUMINIL, *Coelina ou L'Enfant du mystère*, 1803 ;
Mme de GENLIS, *Alphonsine, ou La Tendresse maternelle*, 1806 ;
STAËL, *Corinne ou l'Italie*, 1807 ;
CHATEAUBRIAND, *Les Martyrs ou Le Triomphe de la religion chrétienne*, 1809 ;
BALZAC, *Béatrix ou Les Amours forcées*, 1839 ;
NERVAL, *Aurélia, ou Le Rêve et la vie*, 1855.

De cet examen, on peut conclure, provisoirement, que Mme de Staël n'a pas fait preuve d'une originalité absolue dans sa façon d'intituler son roman, l'effort principal ayant porté sur le prénom lui-même. Il apparaît aussi que la notoriété de l'œuvre a perpétué une pratique double et complexe, sans jamais atteindre cette identification totale qu'implique l'antonomase.

VII. Échos

Que pensaient les contemporains de l'auteur et de l'œuvre ? Les bases de données textuelles Frantext et Gallica (qui ajoute d'autres textes au corpus de Frantext qu'elle relaie) apportent de nombreuses références à Mme de Staël, et un peu moins à *Corinne*. Au lieu des cinq lignes frustrantes de contexte que fournissent ces banques, et pour faciliter le travail du lecteur, voici les jugements les plus significatifs reproduits tout au long, classés et présentés dans l'ordre chronologique.

SUR Mme DE STAËL

Mme de Staël et Napoléon

Janvier 1816
Dès que la victoire eut consacré le jeune général de l'armée d'Italie, Mme de Staël, sans le connaître, et par la seule sympathie de la gloire, professa dès cet instant pour lui des sentiments d'enthousiasme dignes de sa *Corinne* ; elle lui écrivait de longues et nombreuses épîtres pleines d'esprit, de feu, de métaphysique : c'était une erreur des institutions humaines, lui mandait-elle, qui avait pu lui donner pour femme la douce et tranquille Mme Bonaparte : c'était une âme de feu, comme la sienne, que la nature avait sans doute destinée à celle d'un héros tel que lui, etc.
Je renvoie aux campagnes d'Italie pour faire voir que l'ardeur de Mme de Staël ne s'était pas éteinte pour n'avoir pas été partagée. Opiniâtre à ne pas se décourager, elle était parvenue plus tard à lier connaissance, même à se faire admettre ; et elle usait de ce privilège, disait l'Empereur, jusqu'à l'importunité. Il est très vrai, ainsi qu'on l'a dit dans le monde, que le général voulant le lui faire sentir, s'excusait un jour d'être à peine vêtu, et qu'elle avait répondu, avec sentiment et vivacité, que cela importait peu, que le génie n'avait point de sexe. »
(LAS CASES, *Le Mémorial de Sainte Hélène*, 1823, éd. G. Walter, Gallimard, 1956-57, t. I, chap. 3, p. 312)

Mardi 13 août 1816
L'Empereur m'a retenu à déjeuner avec lui sous la tente ; il a fait ensuite apporter *Corinne* de Mme de Staël, dont il a lu quelques chapitres. Il ne pouvait l'achever disait-il. Mme de Staël s'était peinte si bien dans son héroïne, qu'elle était venue à bout de la lui faire prendre en grippe. « Je la vois, disait-il, je l'entends, je la sens, je veux la fuir, et je jette le livre. Il me restait de cet ouvrage un meilleur souvenir que ce que j'éprouve aujourd'hui. Peut-être est-ce parce que dans le temps je le lus avec le pouce, comme dit ingénieusement M. l'abbé de Pradt, et non sans quelque vérité. Toutefois je persisterai, j'en veux voir la fin ; il me semble toujours qu'il n'était pas sans quelque intérêt. Je ne puis du reste pardonner à Mme de Staël d'avoir ravalé les Français dans son roman. C'est assurément une singulière famille que celle de Mme de Staël ! Son père, sa mère et elle, tous trois à genoux, en constante adoration les uns des autres, s'enfumant d'un encens réciproque pour la meilleure édification et mystification du public. Mme De Staël, toutefois, peut se vanter d'avoir surpassé ses nobles parents, lorsqu'elle a osé écrire que ses sentiments pour son père étaient tels, qu'elle s'était surprise à se trouver jalouse de sa mère.
Mme de Staël était ardente dans ses passions, continuait-il ; elle était furieuse, forcenée dans ses expressions. Voici ce que lisait la police durant sa surveillance : — Je suis loin de vous, écrivait-elle à son mari apparemment. Venez à l'instant, je l'ordonne, je le veux, je suis à genoux... je vous implore !... Ma main est saisie d'un poignard !... Si vous hésitez, je me tue, je me donne la mort, et vous serez coupable de ma destruction.
C'était Corinne, tout à fait Corinne.
Elle avait accumulé, dans le temps, tous ses efforts, toutes ses ressources sur le général de l'armée d'Italie, disait l'Empereur ; elle lui avait écrit au loin sans le connaître, elle le harcela présent. À l'en croire, c'était une monstruosité que l'union du génie à une petite insignifiante créole, indigne de l'apprécier ou de l'entendre, etc. Le général ne répondit malheureusement que par une indifférence qui n'est jamais pardonnée par les femmes, et n'est guère pardonnable en effet, disait-il en riant.
À son arrivée à Paris, il se trouva poursuivi du même empressement, continuait-il ; mais de sa part même réserve, même silence. Mme de Staël, cependant, résolue d'en tirer quelques paroles et de lutter avec le vainqueur de l'Italie, l'aborda debout au corps dans la grande fête que M. de Talleyrand, ministre des Relations extérieures donnait au général victorieux. Elle l'interpella au

milieu d'un grand cercle, lui demandant quelle était à ses yeux la première femme du monde, morte ou vivante. « Celle qui a fait le plus d'enfants », répondit Napoléon avec beaucoup de simplicité. Mme de Staël, d'abord un peu déconcertée, essaya de se remettre en lui faisant observer qu'il avait la réputation d'aimer peu les femmes. « Pardonnez-moi, reprit Napoléon, j'aime beaucoup la mienne, Madame. »

Le général d'Italie eût pu sans doute mettre le comble à l'enthousiasme de la Corinne genevoise, disait l'Empereur ; mais il redoutait ses infidélités politiques et son intempérance de célébrité ; peut-être eut-il tort. Toutefois l'héroïne avait fait trop de poursuites, elle s'était vue trop rebutée pour ne pas devenir une chaude ennemie. « Elle suscita d'abord Benjamin Constant, qui n'entra pas bien loyalement dans la carrière, [remarquait] l'Empereur : lors de la formation du Tribunat, il employa les plus vives sollicitations près du Premier Consul pour s'y trouver compris. À onze heures du soir il suppliait encore à toute force ; à minuit, et la faveur prononcée, il était déjà relevé jusqu'à l'insulte. La première réunion des tribuns fut pour lui une superbe occasion d'invectiver. Le soir, illumination chez Mme de Staël. Elle couronna son Benjamin au milieu d'une assemblée brillante et le proclama un second Mirabeau. À cette farce, qui n'était que ridicule, succédèrent des plans plus dangereux. Lors du concordat, contre lequel Mme de Staël était forcenée, elle unit tout à coup contre moi les aristocrates et les républicains. — Vous n'avez plus qu'un moment, leur criait-elle ; demain le tyran aura quarante mille prêtres à son service. »

Mme de Staël ayant enfin lassé toute patience, disait Napoléon, fut envoyée en exil.

(Ibid., t. I, chap. 8, p. 1034-35, mardi 13 août 1816)

Lamartine

Dans une magnifique page des *Confidences*, Lamartine a raconté la passion qu'à seize ans il portait à l'auteur de *Corinne*, et comment la timidité de cet âge le conduisit à se placer sur la route où devait passer sa calèche, sans oser lui adresser la parole. Plus tard, la notoriété venue, il n'hésita pas à dire fortement la place qu'elle-même et Chateaubriand occupaient pour la génération romantique :

> Deux grands génies que la tyrannie surveillait d'un œil inquiet, protestaient seuls contre cet arrêt de mort de l'âme, de l'intelligence et de la poésie, Madame de Staël et M. de Chateaubriand. Madame de Staël, génie mâle dans un corps de femme ; esprit tourmenté par la surabondance de sa force, remuant, passionné, audacieux, capable de généreuses et soudaines résolutions, ne pouvant respirer dans cette atmosphère de lâcheté et de servitude, demandant de l'espace et de l'air autour d'elle, attirant, comme par un instinct magnétique, tout ce qui sentait fermenter en soi un sentiment de résistance ou d'indignation concentrée ; [...]
>
> Ils savaient que tous les nobles sentiments se touchent et s'engendrent, et que, dans des cœurs où vibrent le sentiment religieux et les pensées mâles et indépendantes, leur tyrannie aurait à trouver des juges, et la liberté des complices. Depuis ces jours, j'ai aimé ces deux génies précurseurs qui m'apparurent, qui me consolèrent à mon entrée dans la vie, Staël et Chateaubriand ; ces deux noms remplissent bien du vide, éclairent bien de l'ombre ! »

(A. de LAMARTINE, Des destinées de la poésie [1834],
éd. G. Lanson, t. 2, Paris, Hachette, 1915, p. 380, 383)

Sainte-Beuve

Dès ses premiers « Lundis » (1849), Sainte-Beuve marqua la place de Mme de Staël dans la révolution littéraire qui devait conduire au romantisme, notamment par un parallèle avec Chateaubriand :

> [...] la révolution dans l'art se préparait au dedans, peu comprise, inaperçue et moquée à l'origine, mais réelle, croissante, irrésistible.
>
> Deux grands génies que nous aimons à citer ensemble et à embrasser dans une égale admiration, M. de Chateaubriand et Mme de Staël ouvrirent cette révolution au début, par des côtés assez éloignés, et selon des directions un peu différentes mais qui ont fini par converger et se confondre. Mme de Staël, dès 1796, avait un sentiment profond et consolant de l'humanité libre, de la société régénérée ; elle était poussée vers l'avenir par une sorte d'aspiration vague et confuse mais puissante ; elle gardait du passé un souvenir triste et intelligent ; mais elle se sentait la force de s'en détacher et de lui dire adieu pour se confier au courant des choses et au

mouvement du progrès, sous l'œil de la Providence.

Toutes ces impressions d'une âme sympathique avec l'esprit nouveau des temps, cette croyance à une philosophie plus réelle et plus humaine, cette liberté morale reconquise, cette spontanéité reconnue, cette confiance accordée aux facultés les plus glorieuses et les plus désintéressées de notre être, toutes ces qualités et ces vues de Mme de Staël, en passant dans les livres d'art qu'elle composa, leur donnèrent un tour unique, une originalité vraiment moderne, des trésors de chaleur, d'émotion et de vie, une portée immense quoique parfois hors de mesure avec la réalité. Ce qu'il y avait de démesuré et de vaguement instinctif dans son œuvre d'art empêcha Mme de Staël d'être comprise alors et d'être appréciée à sa valeur comme artiste et poëte.

La renommée de Mme de Staël était due également à l'opposition politique, à la persécution qui la rendait intéressante, et à la philosophie sentimentale qui était en vogue alors dans tout un certain monde ; l'art n'entrait presque pour rien dans leur gloire ; à ce titre d'artistes, on était disposé plutôt à les railler. La révolution qu'ils préparaient de ce côté n'était pas descendue encore ; elle avait, pour cela, quelque chose de trop particulier à la nature de ces deux grands génies et de trop artificiel par rapport à la société.

(SAINTE-BEUVE, Premiers lundis, Pléiade, p. 372-373)

Alexandre Dumas

Dans un roman dit historique d'Alexandre Dumas, *La Comtesse de Charny,* la reine Marie-Antoinette demande au docteur Gilbert ce qu'il pense de Mme de Staël :

– [...] comme physique, elle a le nez gros, les traits gros, la taille grosse...
La reine sourit : femme, il ne lui était pas désagréable d'entendre dire d'une autre femme dont on s'occupait beaucoup, qu'elle n'était pas belle.
– Continuez, dit-elle.
– Sa peau est d'une qualité médiocrement attirante ; ses gestes sont plutôt énergiques que gracieux ; sa voix est rude, parfois à faire douter que c'est celle d'une femme. Avec tout cela, elle a vingt-quatre ou vingt-cinq ans, un cou de déesse, de magnifiques cheveux noirs, des dents superbes, un œil plein de flamme : son regard est un monde !
– Mais, au moral ? comme talent, comme mérite ? se hâta de demander la reine.
– Elle est bonne et généreuse, madame ; pas un de ses ennemis ne restera son ennemi après l'avoir entendue parler un quart d'heure.
– Je parle de son génie, monsieur.
– On ne fait pas de la politique seulement avec le cœur.
– Madame, le cœur ne gâte rien, même en politique : quant au mot *génie*, que Votre Majesté a prononcé, soyons avares de ce mot, madame. Mme de Staël a un grand et immense talent, mais qui ne s'élève pas jusqu'au génie ; quelque chose de lourd mais de fort, d'épais mais de puissant, pèse à ses pieds quand elle veut quitter la terre : il y a, d'elle à Jean-Jacques, son maître, la différence qu'il y a du fer à l'acier. [...]

(Alexandre DUMAS, La Comtesse de Charny [1852],
chapitre CXXIX, « Un ministre à la façon de Mme de Staël »,
Acamedia, le CD-Rom Littéraire, 1996,
Alexandre Dumas, un aventurier de génie, p. 1935-1936)

SUR CORINNE

1. « CORINNE » D'OVIDE

Dans *De l'amour* (1822), Stendhal cite un passage de l'essai de Ginguené sur l'*Histoire littéraire de l'Italie*, où il est question de la Corinne, personnage vraisemblablement imaginaire des *Amours* d'Ovide :

Corinne est mariée. La première leçon que lui donne Ovide est pour lui apprendre par quelle adresse elle doit tromper son mari ; quels signes ils doivent se faire devant lui et devant le monde pour n'être entendus que d'eux seuls. La jouissance suit de près...

(De l'amour, éd. Martineau, Garnier, 1959, livre II, p. 271)

Pour Balzac, dans *La Peau de chagrin*, cette même Corinne d'Ovide est devenue, par antonomase, le substitut de toute courtisane. Au tout début du roman, un visiteur inconnu s'étonne des merveilles que lui présente un collectionneur, mais, saturé de tant de beauté,

> Un vase inestimable en porphyre antique et dont les sculptures circulaires représentaient de toutes les priapées romaines la plus grotesquement licencieuse, délice de quelque Corinne, eut à peine un sourire.
>
> (H. de BALZAC, La Peau de chagrin, 1831, éd. M. Allem, Garnier, 1960, p. 23-24, 1 Le Talisman)

Dans « Le Somnambule », une pièce dite d'antiquité homérique des *Poèmes antiques et modernes* (1837), Vigny compare sa Néra, que le somnambule va sacrifier, à la Corinne d'Ovide. Et Chateaubriand l'évoque à son tour dans ses *Mémoires d'outre-tombe* (1848) parmi les égéries de l'antiquité.

2. « CORINNE » DE STAËL

Benjamin Constant

Dès la publication de *Corinne*, Benjamin Constant prend la défense de l'ouvrage et réfute ses détracteurs dans trois articles du *Publiciste*, en mai 1807. Ceux-ci sont repris dans son volume de *Mélanges de littérature et de politique*, en 1829. Ayant lu ce roman par dessus l'épaule de l'auteur, si je puis dire, il est le mieux à même d'en justifier la technique, l'identification de l'héroïne à son pays, les personnages secondaires, la morale de Corinne et la portée morale du texte :

> Pour juger un ouvrage comme il doit être jugé, certaines concessions, que j'appellerai *dramatiques*, sont indispensables. Il faut permettre à l'auteur de créer les caractères de ses héros comme il veut, pourvu que ces caractères ne soient pas invraisemblables. Ces caractères une fois fixés, il faut admettre les événements, pourvu qu'ils résultent naturellement de ces caractères. Il faut enfin considérer l'intérêt produit par la combinaison des uns et des autres. Il ne s'agit point de rechercher si les caractères ne pourraient pas être différents. Sont-ils naturels ? Sont-ils touchants ? Conçoit-on que telle circonstance ait dû être l'effet de la disposition de tel personnage principal ? Que cette disposition existant, telle action ait dû être amenée par telle circonstance ? Est-on vivement ému ? L'intérêt va-t-il croissant jusqu'à la fin de l'ouvrage ? Plus ces questions peuvent être résolues par l'affirmative, plus l'ouvrage approche de la perfection.
>
> Corinne est une femme extraordinaire, enthousiaste des arts, de la musique, de la peinture, surtout de la poésie ; d'une imagination exaltée, d'une sensibilité excessive, mobile à la fois et passionnée ; portant en elle-même tous les moyens de bonheur, mais accessible en même temps à tous les genres de peine ; ne se dérobant à la souffrance qu'à l'aide des distractions ; ayant besoin d'être applaudie, parce qu'elle a conscience de ses forces, mais ayant plus encore besoin d'être aimée ; menacée ainsi toujours d'une destinée fatale, n'échappant à cette destinée qu'en s'étourdissant, pour ainsi dire, par l'exercice de ses facultés, et frappée sans ressource, dès qu'un sentiment exclusif, une pensée unique s'est emparée de son âme.
>
> Pourquoi, dira-t-on, choisir pour héroïne une telle femme ? Veut-on nous l'offrir pour modèle ? et quelles leçons son histoire peut-elle nous présenter ?
>
> Pourquoi choisir pour héroïne une telle femme ? Parce que ce caractère s'identifiait mieux qu'un autre, et je dirai même s'identifiait seul avec la contrée que l'écrivain voulait peindre ; et c'est là l'idée heureuse dans l'ouvrage de Mme de Staël. Elle n'a point, ainsi que les auteurs qui, avant elle, ont prétendu réunir deux genres divers, promené froidement un étranger au milieu d'objets nouveaux, qu'il décrivait avec une surprise monotone ou une attention minutieuse ; elle a pénétré son héroïne de tous les sentiments, de toutes les passions, de toutes les idées que réveillent le beau ciel, le climat superbe, la nature amie et bienfaisante qu'elle avait à décrire. L'Italie est empreinte dans Corinne ; Corinne est une production de l'Italie ; elle est la fille de ce ciel, de ce climat, de cette nature ; et de là, dans cet ouvrage, ce charme particulier qu'aucun voyage ne nous présente. Toutes les impressions, toutes les descriptions sont animées et comme vivantes, parce qu'elles semblent avoir traversé l'âme de Corinne et y avoir puisé de la passion.
>
> Le caractère de Corinne était donc nécessaire au tableau de l'Italie, tel que Mme de Staël se

proposait de le présenter ; mais, indépendamment de cette considération décisive, ce caractère est-il improbable ? Y a-t-il dans cette réunion de qualités et de défauts, de force et de faiblesse, d'activité dans l'esprit et de sensibilité dans l'âme, des choses qui ne puissent exister ensemble ? Je ne le crois pas. Corinne est un être idéal, sans doute ; mais c'est un être idéal comme les belles statues grecques, et je ne sache pas que, parce que ces statues sont au-dessus des proportions ordinaires, et qu'en elles sont combinées des beautés qui ne se trouvent que séparément dans la réalité, on les ait jamais accusées d'invraisemblance.

Mais quelle est la morale de *Corinne* ? Ici, je pense qu'il faut s'entendre. Si, par la morale d'un ouvrage on comprend une morale directe, exprimée en toutes lettres, comme celle qui se trouve à la fin des fables de La Fontaine, j'affirme que, dans un ouvrage d'imagination, une pareille morale est un grand défaut. Cette morale devient un but auquel l'auteur sacrifie, même à son insu, la probabilité des événements et la vérité des caractères. Il plie les uns, il fausse les autres pour les faire concourir à ce but. Ses personnages ne sont plus des individus auxquels il obéit, pour ainsi dire, après les avoir créés, parce qu'ils ont reçu de son talent une véritable existence, et qu'il n'en est pas plus le maître qu'il ne serait le maître d'individus doués d'une vie réelle ; ce sont des instruments qu'il refond, qu'il polit, qu'il lime, qu'il corrige sans cesse, et qui perdent par là du naturel, et par conséquent de l'intérêt.

La morale d'un ouvrage d'imagination se compose de l'impression que son ensemble laisse dans l'âme : si, lorsqu'on pose le livre, on est plus rempli de sentiments doux, nobles, généreux qu'avant de l'avoir commencé, l'ouvrage est moral, et d'une haute moralité.

La morale d'un ouvrage d'imagination ressemble à l'effet de la musique ou de la sculpture. Un homme de génie me disait un jour qu'il se sentait meilleur après avoir contemplé longtemps l'Apollon du Belvédère. Il y a, je l'ai déjà dit ailleurs, mais on ne saurait trop le redire, il y a, dans la contemplation du beau en tout genre, quelque chose qui nous détache de nous-même, en nous faisant sentir que la perfection vaut mieux que nous, et qui, par cette conviction, nous inspirant un désintéressement momentané, réveille en nous la puissance du sacrifice, puissance mère de toute vertu. Il y a dans l'émotion, quelle qu'en soit la cause, quelque chose qui fait circuler notre sang plus vite, qui nous procure une sorte de bien-être, qui double le sentiment de nos forces, et qui par là nous rend susceptibles d'une élévation, d'un courage, d'une sympathie au-dessus de notre disposition habituelle.

Corinne n'est point représentée comme une personne parfaite, mais comme une créature généreuse, sensible, vraie, incapable de tout calcul, entraînée par tout ce qui est beau, enthousiaste de tout ce qui est grand, dont toutes les pensées sont nobles, dont toutes les impressions sont pures, lors même qu'elles sont inconsidérées. Son langage est toujours d'accord avec ce caractère, et son langage fait du bien à l'âme. *Corinne* est donc un ouvrage moral.

Je ne sais pourquoi cette morale qui, résultant des émotions naturelles, influe sur la teneur générale de la vie, paraît déplaire à beaucoup de gens. Serait-ce précisément parce qu'elle s'étend à tout, et que, se confondant avec notre disposition tout entière, elle modifie nécessairement notre conduite, au lieu que les axiomes directs restent, pour ainsi dire, dans leur niche, comme ces pagodes de l'Inde que leurs adorateurs saluent de loin, sans en approcher jamais ? Serait-ce qu'on n'aimerait pas pour soi la morale qui naît de l'attendrissement et de l'enthousiasme, parce que cette morale force en quelque sorte l'action, au lieu que les maximes précises n'obligent les hommes qu'à les répéter ? Et ferait-on ainsi de la morale une masse compacte et indivisible, pour qu'elle se mêlât le moins possible aux intérêts journaliers, et laissât plus de liberté dans tous les détails ?

Un ouvrage d'imagination ne doit pas avoir un but moral, mais un résultat moral. Il doit ressembler, à cet égard, à la vie humaine qui n'a pas un but, mais qui toujours a un résultat dans lequel la morale trouve nécessairement sa place. Or, si je voulais m'étendre encore sur ce point, relativement à *Corinne*, je montrerais sans peine que son résultat moral n'est méconnaissable que pour ceux qui se plaisent à le méconnaître. Aucun ouvrage ne présente avec plus d'évidence cette importante leçon, que plus on a de facultés brillantes, plus il faut savoir les dompter ; que lorsqu'on offre aux vents impétueux de si vastes voiles, il ne faut pas tenir un gouvernail faible d'une main tremblante ; que plus les dons de la nature sont nombreux, éclatants et diversifiés, plus il faut marcher au milieu des hommes avec défiance et avec réserve ; qu'entre le génie révolté et la société sourde et sévère, la lutte n'est pas égale, et que pour les âmes profondes, les caractères fiers et sensibles, les imaginations ardentes, les esprits étendus, trois choses sont nécessaires, sous peine de voir le malheur tomber sur eux, savoir vivre seul, savoir souffrir, savoir mépriser.

Mais Corinne est enthousiaste, et l'enthousiasme a bien des dangers. Vraiment, je ne me doutais pas que ces dangers nous entourassent : je regarde autour de moi, et je l'avoue, je ne m'aperçois pas qu'en fait d'enthousiasme, le feu soit à la maison. Où sont-ils donc ces gens entraînés par l'enthousiasme, et qu'il est si pressant d'en préserver ? Voyons-nous beaucoup d'hommes, ou même beaucoup de femmes, sacrifier leurs intérêts à leurs sentiments, négliger par exaltation le soin de leur fortune, de leur considération ou de leur repos ? S'immole-t-on beaucoup par amour, par amitié, par pitié, par justice, par fierté ? Est-il urgent de mettre un terme à ces sacrifices ? À voir tant d'écrivains courir au secours de l'égoïsme, ne dirait-on pas qu'il est menacé ? Rassurons-nous ; il n'a rien à craindre. Nous sommes à l'abri de l'enthousiasme. Les jeunes gens mêmes y sont inaccessibles, admirables par leur amour pour l'étude, leur soif de connaissances, leur impartialité, leur raison ; cette raison semble les sortir de l'enfance, pour les porter de plein saut dans l'âge mur.

Le caractère de Corinne une fois établi, il fallait, pour donner à l'ouvrage le plus vif intérêt, lui opposer un caractère assez semblable au sien, pour sentir tout son charme et se mêler à ses impressions, et néanmoins assez différent par ses penchants, ses habitudes, ses opinions, ses principes même, pour que ces différences amenassent des difficultés que ni les circonstances ni la situation ne pouvaient produire. Ce caractère ne pouvait être celui d'un Français, d'un Allemand ou d'un Italien. En France, l'opinion est tranchante dans les formes, mais elle permet beaucoup de dédommagent à ceux qui s'écartent de ses règles, pourvu qu'ils ne disputent pas son autorité. Corinne était isolée, indépendante. Un Français amoureux de Corinne, et parvenant à lui inspirer un sentiment profond et durable, n'eût vraisemblablement travaillé qu'à la séduire. En Allemagne, les seules distinctions fortement marquées sont celles de rangs. L'opinion, d'ailleurs, est assez indulgente, et tout ce qui sort de la règle commune est plutôt accueilli avec bienveillance que traité avec défaveur. Un Allemand eût donc épousé Corinne, ou, s'il eût été retenu par des considérations tirées de l'obscurité qui enveloppait sa naissance, son hésitation ne reposant que sur des motifs de convenance extérieure, eût été d'un effet commun et dénué d'intérêt. Un Italien se fût consacré à elle, comme les mœurs de ce pays l'autorisent.

Pour faire naître des combats qui eussent leur source au fond du cœur, il fallait que l'amant de Corinne fût un Anglais, c'est-à-dire l'habitant d'un pays où la carrière des hommes fût tracée d'avance, où leurs devoirs fussent positifs, où l'opinion fût empreinte d'une sévérité mêlée de préjugés et fortifiée par l'habitude, enfin, où tout ce qui est extraordinaire fût importun, parce que tout ce qui est extraordinaire y devient nuisible. Lord Nelvil est un mélange de timidité et de fierté, de sensibilité et d'indécision, de goût pour les arts et d'amour pour la vie régulière, d'attachement aux opinions communes et de penchant à l'enthousiasme. C'est un Anglais déjà empreint des préjugés et des mœurs de sa nation, mais dont le cœur est encore agité par la mobilité naturelle à la jeunesse. Il y a une époque de la vie où le caractère se consolide et prend une forme indestructible. À cette époque, suivant les pays, les hommes deviennent ou égoïstes et avides, ou seulement sérieux et sévères ; mais toujours est-il qu'alors l'âme se ferme aux impressions nouvelles ; elle cède à l'action des habitudes et à l'autorité des exemples ; elle se moule pour ainsi dire, d'après le moule universel. Avant cette époque, la nature lutte contre les règles qu'elle ne connaît pas clairement ; et c'est durant cette lutte que l'homme est en proie aux égarements de l'imagination comme aux orages du cœur. C'est ainsi qu'Oswald se présente, lorsque, pour la première fois, il rencontre Corinne. Sans doute, dès cette première rencontre, le destin de tous deux est décidé. Ils ne peuvent pas être heureux ensemble, ils ne pourront plus être heureux séparés. Oswald parcourt l'Italie avec Corinne ; il en contemple toutes les merveilles. Le langage éloquent, la voix harmonieuse, l'enthousiasme poétique de son amie prêtent à tous les objets une splendeur surnaturelle. En sa présence, les ruines se relèvent, les souvenirs renaissent, la nature se pare d'un éclat nouveau : l'Italie antique paraît environnée de toutes ses pompes ; l'Italie moderne brille de toute sa beauté. Mais, au milieu de ce délire qui bouleverse son cœur et ses sens, Oswald se rappelle sa patrie, ses devoirs, la carrière qui lui est tracée. Ravi sans être convaincu, charmé sans être soumis, souvent heureux, jamais content de lui-même, il suit à pas incertains le char triomphal de l'être étonnant qui le subjugue et l'enchante. Il est enivré de l'amour qu'il inspire, il est ébloui de la gloire qu'il contemple, est orgueilleux des succès dont il est témoin ; mais jette, malgré lui, quelquefois un regard de regret vers le pays qui lui promettait des jouissances et plus dignes et plus calmes. Il trouve dans l'air qu'il respire je ne sais quoi de léger qui ne remplit pas sa mâle poitrine. Cette poésie, ces beaux-arts, ces tableaux, cette musique, lui semblent les parures de la vie ; mais la vie elle-même, la vie active, utile et noblement occupée, il se demande où elle est, et la cherche vainement autour de lui.

Indépendamment du caractère d'Oswald, il y en a, dans *Corinne*, plusieurs autres qui décèlent une profonde connaissance de la nature et du cœur humain. Je n'en indiquerai que trois, Lucile, le comte d'Erfeuil et M. de Maltigues.

Le portrait de Lucile se compose d'une foule de traits épars qu'il serait impossible d'extraire et de réunir sans leur faire perdre leur délicatesse et quelque chose de leur vérité. Jamais on n'a revêtu de couleurs plus fraîches, plus douces et plus pures à la fois, le charme de la jeunesse, de la pudeur tremblante, du mystère qui l'entoure et la protège, et de cette réserve craintive qui, par je ne sais quel pressentiment des maux de la vie, paraît demander grâce d'avance à une destinée qu'elle ignore encore.

Le tableau des relations contraintes de lord Nelvil et de Lucile qu'il a épousée, sont décrites avec une finesse d'observation admirable. Il n'est personne peut-être qui n'ait, plus d'une fois dans la vie, été dans une situation pareille, dans une situation où le mot nécessaire, toujours sur le point d'être prononcé, ne l'était jamais, où l'émotion qui aurait été décisive, était toujours interrompue, où il y avait entre deux âmes qui avaient besoin de s'entendre une barrière invincible, un mur de glace qui les empêchait de se rapprocher.

Le portrait du comte d'Erfeuil est un chef-d'œuvre en son genre ; on voit qu'il est observé d'après nature et décrit sans malveillance. Le comte d'Erfeuil est un homme dont toutes les opinions sont sages, toutes les actions louables ; dont la conduite est généreuse sans être imprudente, raisonnable sans être trop circonspecte ; qui ne se compromet ni en servant ses amis ni en les abandonnant ; qui secourt le malheur sans être ému, le souffre sans être accablé ; qui porte dans sa tête un petit code de maximes littéraires, politiques et morales, ramenées toujours à propos dans la conversation, et qui, muni de la sorte, traverse le monde commodément, agréablement, élégamment.

On a reproché à Mme de Staël quelque exagération dans la teinte innocente et légère du ridicule qu'elle donne quelquefois au comte d'Erfeuil. On a prétendu qu'il n'était pas possible qu'un Français, à Rome, appelât une Italienne *belle étrangère*. On avait donc oublié ce trait si connu d'un Français dînant avec beaucoup d'autres Français chez un prince d'Allemagne, et lui disant tout à coup : *C'est singulier, Monseigneur, il n'y a que votre Altesse d'étranger ici*. Celui qui écrit ces lignes a vu de ses yeux, dans un spectacle allemand, un comédien français s'avançant pour haranguer le parterre, et commençant son discours par ces paroles : *Respectables étrangers...*

M. de Maltigues est un autre caractère dont on n'a pas assez remarqué la profondeur, parce que Mme de Staël ne l'a montré qu'en passant. C'est un homme très corrompu, ne voyant dans la vie de but que le succès, professant cette opinion avec une sorte d'impudeur qui naît de la vanité, mais la pratiquant avec adresse. M. de Maltigues est le résultat d'un siècle où l'on a dit que la morale n'était qu'un calcul bien entendu, et qu'il fallait surtout jouir de la vie ; où l'on a créé contre tous les genres d'enthousiasmes le mot puissant de *niaiserie*. La bravoure est sa seule vertu, parce qu'elle est utile aux méchants contre les bons, tout comme aux bons contre les méchants. Il est fâcheux que Mme de Staël n'ait pas mis le caractère de M. de Maltigues en action ; elle aurait pu le développer d'une façon très piquante. On l'aurait vu peut-être réussir dans le monde par la hardiesse de son immoralité ; car il y a une grande masse d'hommes qui regardent l'immoralité professée comme une confidence qu'on leur fait, sont flattés de cette confidence, et ne sentent point qu'en se moquant ainsi avec eux des choses les plus sérieuses, c'est d'eux qu'on se moque en réalité.

Une considération m'a frappé en examinant les deux caractères du comte d'Erfeuil et de M. de Maltigues, c'est qu'il y a entre eux un rapport direct, bien qu'ils suivent une ligne tout opposée. Leur premier principe n'est-il pas qu'il faut prendre le monde comme il est, les choses comme elles vont, ne s'appesantir sur rien, ne pas vouloir réformer son siècle, n'attacher à rien une importance exagérée ? Le comte d'Erfeuil adopte la théorie, M. de Maltigues en tire les résultats ; mais les hommes comme M. de Maltigues ne pourraient pas réussir, si les hommes comme le comte d'Erfeuil n'existaient pas.

Le comte d'Erfeuil est la frivolité bonne et honnête ; M. de Maltigues, l'égoïsme spéculant sur la frivolité, et profitant de l'impunité qu'elle lui assure : tant il est vrai qu'il n'y a de moral que ce qui est profond ; qu'en repoussant les impressions sérieuses, on ôte à la vertu toute garantie et toute base ; que, sans enthousiasme, c'est-à-dire sans émotions désintéressées, il n'y a que du calcul, et que le calcul conduit à tout.

Ce caractère n'est au reste que le développement d'une pensée que Mme de Staël avait indiquée dans son ouvrage sur la littérature[1].

Depuis longtemps, avait-elle dit, on appelle un caractère décidé celui qui marche à son intérêt, au mépris de tous ses devoirs ; un homme spirituel, celui qui trahit successivement avec art tous les liens qu'il a formés. On veut donner à la vertu l'air de la duperie, et faire passer le vice pour la grande pensée d'une âme forte. Il faut s'attacher à faire sentir avec talent que l'immoralité du cœur est aussi la preuve des bornes de l'esprit ; il faut parvenir à mettre en souffrance l'amour-propre des hommes corrompus, et donner au ridicule une direction nouvelle. Ces hommes, qui veulent faire recevoir leurs vices et leurs bassesses comme des grâces de plus, dont la prétention à l'esprit est telle qu'ils se vanteraient presque à vous-même de vous avoir trahi, s'ils n'espéraient pas que vous le saurez un jour ; ces hommes, qui veulent cacher leur incapacité par leur scélératesse, se flattant que l'on ne découvrira jamais qu'un esprit si fort contre la morale universelle est si faible dans ses conceptions politiques ; ces caractères si indépendants de l'opinion des hommes honnêtes, et si tremblants devant celle des hommes puissants, ces

---

1. *De la Littérature*, etc., IIe partie, chap. V, p. 480-490.

charlatans de vices, ces frondeurs des principes élevés, ces moqueurs des âmes sensibles, c'est eux qu'il faut vouer au ridicule ; il faut les dépouiller comme des êtres misérables, et les abandonner à la risée des enfants.

Cette conception neuve, forte de vérité, puissante d'amertume, et empreinte d'une indignation à laquelle on voit se mêler le souvenir d'expériences douloureuses, Mme de Staël l'a réalisée dans le caractère de M. de Maltigues, et, sous ce rapport aussi, *Corinne* est une production du résultat le plus utile et le plus moral.

Stendhal

Dans l'essai *De l'amour*, qui est aussi un récit, Stendhal prête ces mots à Philippine de Bulow en 1807 :

> « *Mais il était marié* », m'a-t-elle répondu ce matin comme je blâmais les quatre ans de silence de l'amant de Corinne, lord Oswald. Elle a veillé jusqu'à trois heures pour lire *Corinne* ; ce roman lui a donné une profonde émotion, et elle me répond avec sa touchante candeur : « *Mais il était marié* ». (*De l'amour, ibid.*, livre II, p. 225)

Peu après, opposant classiques et romantiques, il fait écrire ceci au « classique » qui remarque l'originalité du roman de Mme de Staël parmi tout un fatras d'ouvrages totalement disparus aujourd'hui :

> Examinons le peu d'ouvrages qui, depuis vingt ans, ont eu un succès que chaque jour a confirmé. Examinons *Hector, Tibère, Clytemnestre, Sylla, L'École des vieillards, Les Deux Gendres,* et quelque pièces de Picard et de Duval ; examinons les divers genres, depuis les romans de Mme Cottin jusqu'aux chansons de Béranger, et nous reconnaîtrons que tout ce qu'il y a de bon, de beau et d'applaudi dans tous ces ouvrages, tant pour le style que pour l'ordonnance, est conforme aux préceptes et aux exemples des bons écrivains du vieux temps, lesquels n'ont vécu, lesquels ne sont devenus classiques que parce que, tout en cherchant des sujets nouveaux, ils n'ont jamais cessé de reconnaître l'autorité de l'école. Je ne vois réellement que *Corinne* qui ait acquis une gloire impérissable sans se modeler sur les anciens ; mais une exception, comme vous savez, confirme une règle. (STENDHAL, *Racine et Shakspeare*, n° 2, 1825, p. 74, Lettre I)

Joubert

Mais, pour le philosophe Joseph Joubert, le verdict tombe sans aucune ironie :

> XXXV. Il y a dans le monde une femme d'une âme vaste et d'un esprit supérieur... Madame de Staël était née pour exceller dans la morale ; mais son imagination a été séduite par quelque chose qui est plus brillant que les vrais biens : l'éclat de la flamme et des feux l'a égarée. Elle a pris les fièvres de l'âme pour ses facultés, l'ivresse pour une puissance, et nos écarts pour un progrès. Les passions sont devenues à ses yeux une espèce de dignité et de gloire. Elle a voulu les peindre comme ce qu'il y a de plus beau, et, prenant leur énormité pour leur grandeur, elle a fait un roman difforme.

> XXXVI. Il y a, dans la *Corinne* de Madame de Staël, un besoin de philosopher qui gâte tout. (J. JOUBERT, *Pensées et correspondances* [1824], éd. Raynal, Paris, Lenormant, 1850, p. 222)

Chenedollé

À la même date, Chenedollé, qui fréquenta le salon de Coppet, note dans son journal :

> Ses improvisations étaient beaucoup plus brillantes que ses chapitres écrits... dans *Corinne* la littérature soutient le roman, et le roman fait passer la littérature. Le seul artifice par lequel on puisse rajeunir une langue et lui redonner de la couleur et de la nouveauté, c'est de reporter aussi les expressions du figuré au naturel, mais cela ne peut convenir qu'à une langue et une nation très avancées et usées par un excès de politesse et de civilisation. (CHENEDOLLÉ, *Extraits du journal*, éd. Mme P. de Samy, Caen, Domin, 1922, p. 129)

Delécluze

Le peintre Étienne Delécluze (1781-1863) n'est plus guère connu que pour son *Journal*, publié en 1948, où il portait témoignage sur les salons littéraires de son époque. Relatant une soirée où la jeune Delphine Gay apparaissait cornaquée par sa mère, il commentait :

> Ce barbotage d'honnêteté, de poésie et de mœurs de comédienne a été suggéré à la mère et adopté facilement par la fille, j'en suis sûr, par le roman de *Corinne*. La lecture de cet ouvrage est comme un breuvage empoisonné pour toutes les filles d'esprit qui se mêlent d'écrire. Cette donnée, essentiellement romanesque ou fausse, ce qui revient au même, cette alliance d'une vertu rigide, avec le soulèvement et l'explosion de toutes les passions, séduit on ne peut davantage les femmes. Aussi sont-elles toujours cherchant des Oswald partout ; mais, Dieu merci, l'espèce en est rare et l'homme n'arrive que fort rarement à ce degré de bêtise et de platitude.
>
> (*Journal de Delécluze*, Paris, Grasset, 1948, p. 225)

Mais il a surtout le mérite, à nos yeux, de dire comment fut perçue, à quelque temps de là, cette nouvelle école littéraire dont *Corinne* donnait le ton :

> Pendant que l'école déclamatoire de Delille exploitait les dernières ressources de cette poésie de collège et de salon, une école nouvelle, également déclamatoire, était fondée par Mme de Staël et Chateaubriand. Chénier avait été le dernier homme de talent dont les écrits rappelassent ceux du siècle de Louis XIV. Dans ses ouvrages, tout imparfaits qu'ils sont, on retrouve encore quelque chose des traditions de notre grand siècle littéraire. Delille ne fut qu'un Ovide très fade, sans invention et sans verve, qui fit bien le vers élégant, comme Claudien travaillait bien le vers lourd. Enfin les oreilles étaient tellement rebattues des myriades d'alexandrins vides d'idées que vomirent les Delille, les Parseval, les Michaud, les Campenon, etc., que les opinions et les peintures nouvelles qu'offrirent dans leurs écrits en prose les auteurs de *Corinne*, du *Génie du christianisme* et des *Martyrs* dégourdirent un peu les esprits routiniers des Français. On commença à supposer que, chez d'autres peuples que le nôtre, il régnait d'autres préjugés, d'autres goûts et une autre littérature qui, pour ne pas ressembler à la nôtre, n'en était ni plus barbare ni moins naturelle. L'ouvrage *De l'Allemagne* par Mme de Staël hâta cette révolution dans nos préjugés en développant le principe de ce qu'elle appela littérature *romantique* et en donnant des extraits nombreux d'ouvrages allemands et anglais composés dans ce système. »   (*Ibid.*, p. 368-369)

Il poursuit sur cette révolution :

> Elle commença à l'apparition des poésies d'Ossian, du *Werther* de Goethe, continua sous les auspices de cette foule de romans anglais dont ceux de Radcliffe, de Lewis et de Godwin furent les plus remarquables, et se termine à la publication des grands ouvrages de Chateaubriand et de Mme de Staël, *Corinne* et l'*Allemagne*, le *Génie du christianisme* et les *Martyrs*.
>
> (*Ibid.*, p. 369-370)

Après avoir exécuté moins Chateaubriand que ses épigones, il poursuit :

> Mme de Staël avait encore le cœur moins *plein* que Chateaubriand. Outre cela, elle était totalement privée d'une faculté remarquable chez l'auteur de *L'Itinéraire* ; celle de *voir* beaucoup et bien la nature. Aussi, la composition générale des romans et de toutes les productions de Mme de Staël est-elle pénible et forcée. Les caractères des personnages qu'elle introduit sont extravagants, et son style est toujours gonflé et prétentieux. Tous ces défauts viennent de l'imagination, faculté principale chez cette dame qui, malgré sa prétention constante à n'être pas prosaïque, est l'écrivain le moins poète que je connaisse. Elle ne peint jamais, elle raconte sans cesse. Aussi dois-je revenir encore sur ce dédain que nous avons ordinairement pour les dons réels que la nature nous a faits et sur cette démangeaison de jouer un rôle pour lequel nous ne sommes pas nés. Mme de Staël aurait pu être un écrivain moraliste du premier ordre, comme on peut s'en assurer par son chapitre sur la conversation dans *l'Allemagne*. Là, elle a déployé toutes les ressources de son talent et montré toute la force et la finesse de son intelligence ; elle est là tout entière. Mais il est vraisemblable que, dans son esprit, elle mettait ce morceau bien au-dessous de sa *Corinne*. Cependant, combien y a-t-il encore de gens qui lisent ce mauvais roman ; et qui en connaîtra le titre dans vingt ans ? Il n'y a rien de si rare que de se connaître soi-même ; et presque toujours la faculté et la science dont nous tirons le plus de vanité sont les plus faibles de celles que nous possédons.

Le style de Chateaubriand trouve encore des admirateurs aujourd'hui ; celui de Mme de Staël n'est déjà plus à la mode.   (*Ibid.*, p. 372-373)

Cependant, *Corinne* reste suffisamment d'actualité pour être lu et mentionné en bonne part dans le *Journal* de Michelet en 1823, par Quinet (*Allemagne et Italie*) en 1836, Barbey d'Aurevilly (*Memorandum*) en 1839, Louis Reybaud dans son parodique *Jérôme Paturot* (1842), sans oublier la *Lélia* de George Sand (1833-1839).

Balzac

Puis, dans l'avant-propos à *La Comédie humaine* (1842), Balzac célèbre les mérites du romancier, rangeant Corinne au nombre des personnages ayant une existence plus certaine que celle de l'état-civil :

> N'est-il pas véritablement plus difficile de faire concurrence à l'État-Civil avec Daphnis et Cloé, Roland, Amadis, Panurge, Don Quichotte, Manon Lescaut, Clarisse, Lovelace, Robinson Crusoë, Gil Blas, Ossian, Julie d'Étanges, mon oncle Tobie, Werther, René, Corinne, Adolphe, Paul et Virginie, Jeanie Deans, Claverhouse, Ivanhoë, Manfred, Mignon, que de mettre en ordre les faits à peu près les mêmes chez toutes les nations, de rechercher l'esprit de lois tombées en désuétude, de rédiger des théories qui égarent les peuples, ou, comme certains métaphysiciens, d'expliquer ce qui est ?

Ce même Balzac, qui ne semble pas avoir apprécié l'œuvre de Mme de Staël, fait dire à une jeune fille fraîchement sortie du couvent, et qui lit beaucoup pour se rattraper : « Deux livres cependant m'ont étrangement plu, l'un est *Corinne* et l'autre *Adolphe*. » (*Mémoires de deux jeunes mariées*, 1842, 1re partie, l. II, p. 210), mais elle est si ignorante qu'elle fait rire sa famille en demandant à voir Mme de Staël, ne sachant pas qu'elle est morte depuis une génération. Ce à quoi sa correspondante répond : « Pendant que tu lisais *Corinne*, je lisais Bonald, et voilà tout le secret de ma philosophie : la Famille sainte et forte m'est apparue. » (*ibid.*, p. 273).

L'année suivante, *Illusions perdues* parle à nouveau de *Corinne*, lorsque Mme de Bargeton offre une « soirée à glace, à gâteaux et à thé », conseillant à son amant de prendre le nom de Rubempré :

> De ses blanches mains, elle lui montra la gloire achetée par de continuels supplices, elle lui parla du bûcher des martyrs à traverser, elle lui beurra ses plus belles tartines et les panacha de ses plus pompeuses expressions. Ce fut une contrefaçon des improvisations qui déparent le roman de *Corinne*. Louise se trouva si grande par son éloquence, qu'elle aima davantage le Benjamin qui la lui inspirait...   (BALZAC, *Illusions perdues*, 1re partie, « Les deux poètes », p. 173)

Plus tard, devenu célèbre à Paris, Lucien de Rubempré considérera avec mépris cette Louise de Bargeton comme une « Corinne d'Angoulême » (*ibid.*, p. 455). Au cours d'une discussion avec Lucien, qui aspire à la gloire littéraire, le journaliste Lousteau fait écho à l'argumentation de Balzac lui-même dans l'avant-propos à *La Comédie humaine* en faisant valoir les difficultés qui attendent le romancier :

> Oui, vous écrirez au lieu d'agir, vous chanterez au lieu de combattre, vous aimerez, vous haïrez, vous vivrez dans vos livres ; mais quand vous aurez réservé vos richesses pour votre style, votre or, votre pourpre pour vos personnages, que vous vous promènerez en guenilles dans les rues de Paris, heureux d'avoir lancé, en rivalisant avec l'état civil, un être nommé Adolphe, Corinne, Clarisse ou Manon, que vous aurez gâté votre vie et votre estomac pour donner la vie à cette création, vous la verrez calomniée, trahie, vendue, déportée dans les lagunes de l'oubli par les journalistes, ensevelie par vos meilleurs amis.
> (*Ibid.*, 2e partie, « Un grand homme de province à Paris », p. 348)

Dans le même ordre d'esprit, Blondet lui conseille d'inventer, à l'instar de Mme de Staël, le *progrès*, « une adorable mystification à faire aux bourgeois », et il esquisse la théorie du roman :

Le roman, qui veut le sentiment, le style et l'image, est la création moderne la plus immense. Il succède à la comédie qui, dans les mœurs modernes, n'est plus possible avec ses vieilles lois. Il embrasse le fait et l'idée dans ses inventions qui exigent l'esprit de La Bruyère et sa morale incisive, les caractères traités comme l'entendait Molière, les grandes machines de Shakespeare et la peinture des nuances les plus délicates de la passion, unique trésor que nous aient laissé nos devanciers. Aussi le roman est-il bien supérieur à la discussion froide et mathématique, à la sèche analyse du dix-huitième siècle. Le roman, diras-tu sentencieusement, est une épopée amusante. Cite *Corinne*, appuie-toi sur Mme de Staël. Le dix-huitième siècle a tout mis en question, le dix-neuvième est chargé de conclure ; aussi conclut-il par des réalités ; mais par des réalités qui vivent et qui marchent...   (*I bid.* 2e partie, « Un grand homme de province à Paris »)

Dans *Modeste Mignon* (1845), c'est une femme prise pour une Corinne qui avoue que les improvisations de la poétesse l'ont particulièrement ennuyée (536).

Sainte-Beuve

Dans *La Revue des Deux-Mondes* (1er et 15 mai 1835), Sainte-Beuve publie cet article capital, qu'il reprendra en 1844 dans ses *Portraits de femmes* :

> *Corinne* parut en 1807. Le succès fut instantané, universel, mais ce n'est pas dans la presse que nous devons en chercher les témoignages. La liberté critique, même littéraire, allait cesser d'exister ; Mme de Staël ne pouvait, vers ces années, faire insérer au *Mercure* une spirituelle mais simple analyse du remarquable Essai de M. de Barante sur le XVIIIe siècle. On était, quand parut *Corinne*, à la veille et sous la menace de cette censure absolue. Le mécontentement du souverain contre l'ouvrage, probablement parce que cet enthousiasme idéal n'était pas quelque chose qui allât à son but, suffit à paralyser les éloges imprimés. *Le Publiciste* toutefois, organe modéré du monde de M. Suard et de la liberté philosophique dans les choses de l'esprit, donna trois bons articles signés D.D., qui doivent être de Mlle de Meulan (Mme Guizot). D'ailleurs M. de Feletz, dans *Les Débats*, continua sa chicane méticuleuse et chichement polie ; M. Boutard loua et réserva judicieusement les opinions relatives aux beaux arts. Un M. C. (dont j'ignore le nom) fit dans *Le Mercure* un article sans malveillance, mais sans valeur. Eh ! qu'importe dorénavant à Mme de Staël cette critique à la suite ? Avec *Corinne* elle est décidément entrée dans la gloire et dans l'empire. Il y a un moment décisif pour les génies, où ils s'établissent tellement, que désormais les éloges qu'on en peut faire n'intéressent plus que la vanité et l'honneur de ceux qui les font. On leur est redevable d'avoir à les louer ; leur nom devient une illustration dans le discours ; c'est comme un vase d'or qu'on emprunte et dont notre logis se pare. Ainsi pour Mme de Staël, à dater de *Corinne*. L'Europe entière la couronna sous ce nom. *Corinne* est bien l'image de l'indépendance souveraine du génie, même au temps de l'oppression la plus entière, *Corinne* qui se fait couronner à Rome, dans ce Capitole de la Ville éternelle, où le conquérant qui l'exile ne mettra pas le pied. [...]
>
> Quand Bernardin de Saint-Pierre se promenait avec Rousseau, comme il lui demandait un jour si Saint-Preux n'était pas lui-même : « Non, répondit Jean-Jacques ; Saint-Preux n'est pas tout à fait ce que j'ai été, mais ce que j'aurais voulu être. » Presque tous les romanciers poëtes peuvent dire ainsi. Corinne est, pour Mme de Staël, ce qu'elle aurait voulu être, ce qu'après tout (et sauf la différence du groupe de l'art à la dispersion de la vie) elle a été. De Corinne, elle n'a pas eu seulement le Capitole et le triomphe, elle en aura aussi la mort par la souffrance.
>
> Cette Rome, cette Naples, que Mme de Staël exprimait à sa manière dans le roman-poëme de *Corinne*, M. de Chateaubriand les peignait vers le même moment dans l'épopée des *Martyrs*. Ici ne s'interpose aucun nuage léger de Germanie ; on rentre avec Eudore dans l'antique jeunesse ; partout la netteté virile du dessin, la splendeur première et naturelle du pinceau. Pour la comparaison de toutes ces manières diverses de sentir et de peindre Rome depuis que Rome a commencé d'être une ruine, on ne saurait rien lire de plus complet qu'un docte et ingénieux travail de M. Ampère.
>
> Rome, Rome ! des marbres, des horizons, des cadres plus grands, pour prêter appui à des pensées moins éphémères !
>
> Une personne d'esprit écrivait : « Comme j'aime certaines poésies ! il en est d'elles comme de Rome, c'est tout ou rien : on vit avec, ou on ne comprend pas. » *Corinne* n'est qu'une variété imposante dans ce *culte romain*, dans cette façon de sentir à des époques et avec des âmes diverses la Ville éternelle.
>
> Une partie charmante de *Corinne*, et d'autant plus charmante qu'elle est moins voulue, c'est l'esprit de conversation qui souvent s'y mêle par le comte d'Erfeuil et par les retours vers la société française. Mme de Staël raille cette société trop légèrement spirituelle, mais en ces moments

elle en est elle-même plus qu'elle ne croit : ce qu'elle sait peut-être le mieux dire, comme il arrive souvent, elle le dédaigne.

Comme dans *Delphine*, il y a des portraits : Mme d'Arbigny, cette femme française qui arrange et calcule tout, en est un, comme l'était Mme de Vernon. On la nommait tout bas dans l'intimité, de même qu'aussi l'on savait de quels éléments un peu divers se composait la noble figure d'Oswald de même qu'on croyait à la vérité fidèle de la scène des adieux, et qu'on se souvenait presque des déchirements de Corinne durant l'absence.

Quoi qu'il en soit, malgré ce qu'il y a dans *Corinne* de conversations et de peintures du monde, ce n'est pas à propos de ce livre qu'il y a lieu de reprocher à Mme de Staël un manque de consistance et de fermeté dans le style, et quelque chose de trop couru dans la distribution des pensées. Elle est tout à fait sortie, pour l'exécution générale de cette œuvre, de la conversation spirituelle, de l'improvisation écrite, comme elle faisait quelquefois (*stans pede in uno*) debout, et appuyée à l'angle d'une cheminée. S'il y a encore des imperfections de style, ce n'est que par rares accidents ; j'ai vu notés au crayon, dans un exemplaire de *Corinne*, une quantité prodigieuse de *mais* qui donnent en effet de la monotonie aux premières pages. Toutefois, un soin attentif préside au détail de ce monument ; l'écrivain est arrivé à l'art, à la majesté soutenue, au nombre.

Baudelaire

« Aimer les femmes intelligentes est un plaisir de pédéraste » notait Baudelaire dans ses *Journaux intimes*. Mais, dès son compte rendu du Salon de 1846, il donnait la parole à l'un des héros du « Colloque des chiens » de Cervantès :

> J'ai senti passer dans mon esprit, amenées par je ne sais quelle association d'idées, ces sages paroles du chien Berganza, qui fuyait les bas-bleus aussi ardemment que ces messieurs les recherchent : « Corinne ne t'a-t-elle jamais paru insupportable ? À l'idée de la voir s'approcher de moi, animée d'une vie véritable, je me sentais comme oppressé par une sensation pénible, et incapable de conserver auprès d'elle ma sérénité et ma liberté d'esprit... »
>
> (BAUDELAIRE, « Salon de 1846 », *Curiosités esthétiques*, éd. H. Lemaitre, Garnier, p. 160, « Du portrait »)

Flaubert

Au cours de ses promenades *Par les champs et par les grèves*, Flaubert évoque le style italien, républicain, romain, mis à la mode par Mme de Staël :

> On était pompeux, grandiose et noble. C'était le temps où on sculptait des urnes sur les tombeaux, où l'on peignait tout le monde en manteau et chevelure au vent, où Corinne chantait sur sa lyre, à côté d'Oswald qui a des bottes à la russe, et où il fallait enfin qu'il y eût sur toutes les têtes beaucoup de cheveux épars et dans tous les paysages beaucoup de ruines.
>
> (FLAUBERT, *Voyages* [1848], éd. R. Dumesnil, Les Belles Lettres, 1948, p. 212)

Chateaubriand

Dans ses *Mémoires d'outre-tombe*, Chateaubriand désigne constamment Mme de Staël par la périphrase « l'auteur de *Corinne* » ou, plus brièvement, il la nomme Corinne. Mais il connaît parfaitement le roman lui-même, qu'il cite à plusieurs reprises, notamment lorsqu'il dépeint le salon de certaines anglaises :

> Chez Mme O'Larry venaient de vieilles voisines avec lesquelles j'étais obligé de prendre du thé à l'ancienne façon. Mme de Staël a peint cette scène dans Corinne chez lady Edgermond : « ma chère, croyez-vous que l'eau soit assez bouillante pour la jeter sur le thé ? – ma chère, je crois que ce serait trop tôt. »
> (CHATEAUBRIAND, *Mémoires d'outre-tombe* [1848], éd. Levaillant, t. I, 1re partie, livre 11, p. 473)

Évoquant nostalgiquement Rome et ses illustres visiteurs, il mentionne une scène capitale du chef-d'œuvre de Mme de Staël :

> Après ce dernier orage de poésie, Byron ne tarda pas à mourir. J'aurais pu voir Goethe à Weimar, et je ne l'ai point vu ; mais j'ai vu tomber Mme de Staël qui, dédaignant de vivre au delà de

sa jeunesse, passa rapidement au Capitole avec Corinne : noms impérissables, illustres cendres, qui se sont associés au nom et aux cendres de la ville éternelle.

(*Ibid.*, t. 3, 3ᵉ partie, 2ᵉ ép., livre 8, p. 433)

De la même façon, lorsqu'il traite des « beaux génies inspirés par Venise », il se réfère à *Corinne*, qu'il cite longuement :

Mᵐᵉ de Staël livre Venise à l'inspiration de Corinne : celle-ci écoute le bruit du canon qui annonce l'obscur sacrifice d'une jeune fille... Avis solennel « qu'une femme résignée donne aux femmes qui luttent encore contre le destin. »... Corinne monte au sommet de la tour de Saint-Marc, contemple la ville et les flots, tourne les yeux vers les *nuages du côté de la Grèce* : « La nuit elle ne voit passer que le reflet des lanternes qui éclairent les gondoles : on dirait des ombres qui glissent sur l'eau guidées par une petite étoile. » Oswald part ; Corinne s'élance pour le rappeler. « Une pluie terrible commençait alors ; le vent le plus violent se faisait entendre. » Corinne descend sur le bord du canal. « La nuit était si obscure qu'il n'y avait pas une seule barque ; Corinne appelait au hasard des bateliers qui prenaient ses cris pour les cris de détresse de malheureux qui se noyaient pendant la tempête, et néanmoins personne n'osait approcher, tant les ondes agitées du grand canal étaient redoutables. »

(*Ibid.*, t. 4, 4ᵉ partie, livre 7, p. 365-366)

Lamartine

Quant à Lamartine, dans *Graziella*, transposition romancée de sa vie sentimentale, il ne dissimule pas sa passion pour l'auteur de *Corinne* qui lui a fait connaître le ciel et la mer d'Italie avant qu'il ne s'y rende lui-même. Il cite même le roman, avec lequel il amalgame le *Werther* de Goethe, substituant curieusement le myrte à l'oranger :

[...] la mer, dont les voyageurs et les poëtes avaient jeté dans mon esprit tant d'éclatantes images ; le ciel italien, dont j'avais, pour ainsi dire, aspiré déjà la chaleur et la sérénité dans les vers de Goëthe et dans les pages de *Corinne* : « connais-tu cette terre où les myrtes fleurissent ! » les monuments encore debout de cette antiquité romaine, dont mes études toutes fraîches avaient rempli ma pensée...   (LAMARTINE, *Les Confidences*, [1849], Paris, M. Lévy [1857],

Livre septième, *Graziella*, p. 135-136)

Sainte-Beuve (*bis*)

On a vu ci-dessus l'important article que Sainte-Beuve a consacré à *Corinne*. Voici, peut-être moins connues mais plus piquantes, ses notes publiées en 1869 dans *Mes poisons* :

Dans *Delphine*, le portrait de Mathilde est celui de Montmorency (Mˡˡᵉ de Luynes), ainsi dévote et étroite ; le portrait de Mᵐᵉ de Vernon est M. de Talleyrand retourné en femme, M. de Talleyrand dans ses relations d'amitié envers elle ; la Française Mᵐᵉ d'Arbigny dans *Corinne* est Mᵐᵉ de Flahaut (de Souza) qui arrangeait ainsi toutes choses, intrigues, mariages, etc. Mᵐᵉ De Flahaut a dû épouser le duc d'Orléans (aujourd'hui roi) ; [...]

Si j'avais un jeune ami à instruire de mon expérience, je lui dirais : — Aimez une coquette, une dévote, une sotte, une grisette, une duchesse. Vous pourrez réussir, et la dompter, la réduire. Mais si vous cherchez quelque bonheur dans l'amour, n'aimez jamais une muse. Là où vous croirez trouver son cœur, vous ne rencontrerez que son talent.

N'aimez pas Corinne. — et surtout si Corinne n'est point encore montée au Capitole ; car le Capitole alors est au dedans, et à tout propos, sur tout sujet (et même les plus doux sujets), elle y monte.

Tout amant préfère le sentier, mais Corinne aime la voie romaine.

(SAINTE-BEUVE, *Mes poisons* [1869], éd. V. Giraud, Paris, Plon, 1926, p. 73-74)

৪০০৪

LEXICOMÉTRIE ET VOCABULAIRE

> « c'était de ces mots qui deviennent ce qu'ils peuvent ; si on les écoute, à la bonne heure ; si on ne les écoute pas, à la bonne heure encore » (87)

Le vocabulaire spécifique de *Corinne*

SPÉCIFICITÉS POSITIVES

Quels sont les mots caractéristiques de *Corinne* ? Il est possible de répondre à cette question en se servant d'une base de données textuelles comme FRANTEXT. Cela revient en effet à demander à l'ordinateur de sélectionner les mots qui apparaissent plus souvent dans le roman de Mme de Staël que dans un corpus de référence. Toute la difficulté tient à la constitution de ce corpus. En effet, si l'on se contente de comparer *Corinne* à toute la littérature française, ce sont les caractéristiques de l'époque, ou du genre romanesque qui vont apparaître. J'ai choisi ici de comparer le texte de Mme de Staël avec celui d'autres romans publiés dans la période 1789-1815. FRANTEXT nous en fournit dix :

BERNARDIN DE SAINT-PIERRE, *La Chaumière indienne* (1791) ;
SADE, *Justine* (1791) ;
Mme de GENLIS, *Les Chevaliers du cygne* (1795) ;
RÉTIF DE LA BRETONNE, *Histoire de Sara* (1796) ;
SÉNAC DE MEILHAN, *L'Émigré* (1797) ;
FIÉVÉE, *La Dot de Suzette* (1798) ;
Mme COTTIN, *Claire d'Albe* (1799) ;
Mme de KRÜDENER, *Valérie* (1803) ;
Mme COTTIN, *Mathilde* (1805) ;
CHATEAUBRIAND, *Les Martyrs* (1810).

Il s'agit de romans de thèmes et de styles variés, qui permettent de se rendre compte, par comparaison, de ce qui différencie *Corinne* des romans contemporains. C'est le thème, comme le suggère le sous-titre, qui est le plus caractéristique : *Italie, Rome, italiens, Naples, italienne, italien, Capitole, Florence, Dante, Ancone, romains, Alfieri,* sont des mots qui apparaissent avec une plus grande fréquence dans *Corinne* que dans tous les romans de l'époque[1]. C'est une manière de nous rappeler que ce thème italien, si banal pour nous qui connaissons le romantisme, représente une certaine nouveauté au début du XIXe siècle. Sur les 295 occurrences du mot *Italie* dans nos romans, 230 sont dans *Corinne*.

---

1. J'ai utilisé le calcul des spécificités, procédé statistique qui permet de repérer les formes qui ont une fréquence anormalement élevée (ou basse) dans une des parties d'un corpus. Je n'utilise ici que les spécificités inférieures à 1E-10. Les listes de formes sont classées par ordre de spécificité (en commençant par la forme la plus remarquable).

Mais *Corinne* n'est pas seulement un roman sur l'Italie. D'autres mots spécifiques nous montrent que le thème italien se conçoit dans un réseau géographique et dans un système de comparaison Nord-Sud : *pays, Angleterre, Écosse, anglais, midi, anglaise.* Plus encore, le voyage en Italie est l'occasion de développements sur les beaux-arts : *arts, génie, musique, poésie, talent, statues, tableaux, monuments, harmonie, théâtre, poètes, tragédie, dramatique, œuvre.* Le roman de Mme de Staël est le seul à utiliser les mots *improviser, peintres, ballet.* Les longues discussions esthétiques qui étonnent le lecteur d'aujourd'hui et lui font parfois perdre le fil de la narration sont donc aussi inhabituelles dans les romans de l'époque. *Corinne* est un guide touristique et un traité des beaux-arts tout autant qu'un roman.

Ce qui caractérise aussi le roman, c'est le vocabulaire des sentiments : *imagination, ame, sentiment, émotion, impression, sentait, éprouvait, aimait, enthousiasme, charme, impressions, sentiments, plaisait, affections.* Il s'agit le plus souvent de sentiments amoureux mais le propre de *Corinne* est justement de mêler indissociablement, dans la diégèse comme dans les propos sur l'art, les effusions de l'amour à celles du Beau.

Jusque là, rien, dans les résultats fournis par l'ordinateur, ne surprend le lecteur, qui a déjà repéré ces thèmes dans le roman. Le traitement nous montre cependant qu'il s'agit d'innovations dans le contexte romanesque de l'époque, que *Corinne* se distingue bien, aux yeux des contemporains, par cette thématique-là. Il permet aussi de mettre en évidence des thématiques plus secrètes, qui ne sautent pas immédiatement aux yeux du lecteur : *vie, nature.*

Par ailleurs, la liste des mots spécifiques nous permet de relever des traits stylistiques qu'il est plus malaisé de détecter à la lecture, bien qu'ils contribuent à bâtir une ambiance romanesque à laquelle le lecteur est sensible. Je note par exemple une utilisation particulièrement élevée du pronom indéfini *on.* Cela tient essentiellement aux propos généraux que tiennent les protagonistes, c'est la tournure de l'aphorisme ou du guide touristique (« on voit », « on aperçoit »,...) L'histoire se veut exemplaire, généralisable. De même, on note la fréquence remarquable de *quand,* de *ainsi,* de *néanmoins,* qui sont les marques d'une rhétorique argumentative, d'un discours théorique. Les tournures sont volontiers catégoriques, généralisantes, voire péremptoires : *beaucoup, encore, presque, très, tout, souvent, plus, tant.* Les contextes, souvent dialogiques, amènent aussi une grande quantité de négations et d'adversatifs : *mais, néanmoins, pas, seulement, ni.*

Le système des pronoms particulier à ce roman renvoie à certaines de ses caractéristiques : *elle* (roman dont le personnage principal est une femme, où elle est sujet) est très abondant et, à l'inverse, *je, nous* et *tu* sont très rares dans le texte (au point qu'il n'y a que 48 occurrences de *tu* dans tout le roman). On note aussi que les phrases de *Corinne* sont plus courtes[1] et que, cependant, les subordonnants *que* et *qu'* y sont plus fréquents qu'ailleurs. Signalons également l'abondance du déictique *ce, c'* et du pronom *y.*

SPÉCIFICITÉS NÉGATIVES

Il est également possible d'étudier, grâce au même traitement informatique, les mots rares dans le roman (relativement, toujours, aux romans contemporains). Une œuvre se caractérise autant par ce qu'elle dit que par ce qu'elle ne dit pas. On notera par exemple la rareté des points d'exclamation dans le roman, ce qui permet de corriger l'impression que l'on peut retirer de la lecture : les effusions, les émotions, les opinions sont en réalité exprimées sur un ton calme, posé, rationnel. Sur le plan thémati-

---

1. On le déduit tout simplement du nombre de points, plus important que dans les autres romans.

que, on constate que ce roman en français situé presque entièrement à l'étranger exclut des titres sociaux français des plus courants, qui sont complètement absents du roman : *marquis, duc, duchesse, comtesse, archevêque, président, sire, commandeur.* Ce roman du déracinement, dont l'héroïne est en rupture avec sa famille et avec les règles courantes de la bienséance, évite aussi l'emploi de termes indiquant ces relations sociales : *fils, mari, amitié, frère, cousin, fille.* Ces évitements du texte nous renvoient à la situation des personnages principaux, dont le mariage est rendu impossible par l'écrasante présence des interdits parentaux (on parle beaucoup de *père* et de *mère* mais peu de *fils* et de *fille*) et dont l'amitié est elle-même interdite par l'amour qui les enflamme au premier contact.

On constate également que Corinne, femme hors du commun, n'appelle pas à l'usage d'un certain nombre des mots habituellement associés à l'image de la femme dans les romans contemporains : *jeune, vertu, vierge, sexe, intéressante, jolie, mademoiselle.* De même, certaines parties du corps tels *main(s), bras, yeux*, sur lesquelles les romans attirent volontiers l'attention, sont ici peu présentes. Le portrait physique de Corinne de la page 52 est à peu près tout ce que le roman recèle de détails corporels[1]. Symétriquement, Oswald est un militaire sans emploi, et des mots comme *armée* et *soldats* sont peu fréquents dans le roman. À noter également, la rareté du mot *Dieu*, qui pointe sur l'absence d'une véritable problématique religieuse dans le roman.

Sur le plan stylistique, il est intéressant de relever que *aussitôt, après* et *ensuite* sont relativement rares dans *Corinne*, ce qui renvoie à la lenteur de l'action, systématiquement entrecoupée de considérations générales.

Découpages de *Corinne*

LIVRES

Les vingt livres dont le roman est composé sont de tailles assez proches : le plus court (le dernier, « Conclusion ») compte 5 187 mots, le plus long (Livre VII, « La littérature italienne ») 13 651, soit un rapport de 1 à 2,6. Le tableau suivant montre quels sont les mots caractéristiques de chacun des livres[2], ce qui permet d'avoir une idée de leur contenu et, parfois, donne des indications d'ordre stylistique :

N°	Titre	Mots et expressions spécifiques
I	Oswald	*Erfeuil, comte, flammes, ville, matelots, Ancone, mer, habitants, incendie, pompes*
II	Corinne au Capitole	*char, Capitole, génie, fit, couronne*
III	Corinne	*comte, Erfeuil, conversation, chez, vous, langues, très*
IV	Rome	*temple, mont, Rome, collines, Saint-Pierre, Forum, Capitole, Panthéon, Aventin, arc, Palatin, enceinte, ruines, Auguste, monument, romain, débris, Jupiter, édifice, colonnes, œuvres, luxe, bains, grandeur, sept, Agrippa, antiques, élevé, pierres, Tibre, édifices, bâti, portique, ces, on*

1. Voir ci-dessous p. 55.
2. Spécificités positives inférieures à 1E-5.

V	Les tombeaux, les églises et les palais	*tombeaux, Rome, les, des, arbres, pyramide, Appienne, jardins, églises, ornements, on, sont, romains, colonnes, obélisque, voie*
VI	Les mœurs et le caractère des Italiens	*bal, femmes, danse, Amalfi, M., prince, tambour de basque, ont*
VII	La littérature italienne	*Roméo, théâtre, pièces, Alfiéri, tragédie, tragédies, dramatique, Shakespeare, Juliette, littérature, comédie, Métastase, ballet, acte, scène, acteur, pièce, poètes, Sénèque, traduction, Montague, prose*
VIII	Les statues et les tableaux	*tableaux, peinture, sujets, tableau, statues, historiques, sculpture, Phèdre, Bélisaire, afin*
IX	La fête populaire et la musique	*chevaux, carnaval, musique, palefreniers, masques, barrière*
X	La semaine sainte	*cérémonies, couvent, religion, pratiques, prédicateurs, chaire, religieuses, sainte, Chartreux, culte, religieux*
XI	Naples et l'ermitage de St. Salvador	*Naples, Vésuve, Pompéia, vaisseau, mer, Terracine, volcan*
XII	Histoire de lord Nelvil	*Madame, Arbigny, je, Maltigues, me, m', Raimond, j', mon, France, M., avais, père, moi, fus, étais, Paris, nous, frère, sœur, voulais, révolution, pas, vous*
XIII	Le Vésuve et la campagne de Naples	*mer, Naples, Virgile, rochers, Bayes, nature*
XIV	Histoire de Corinne	*me, ma, je, mon, belle-mère, avais, j', m', mes, étais, ans, petite, tante, moi, esprit, perdis, vous, Maclinson*
XV	Les adieux à Rome et le voyage à Venise	*Venise, ton, gouvernement, Corinne*
XVI	Le départ et l'absence	*lady, Edgermond, fille, tu, Lucile, Oswald, toi, ta, miss, fils, mère*
XVII	Corinne en Écosse	*elle, Lucile, Edgermond, sa, voiture, avait, son, cheval, lady, régiment, lord, loge, Londres, était, lettres, lui*
XVIII	Le séjour à Florence	*Florence, Erfeuil, Médicis, comte, prince Castel-Forte*
XIX	Le retour d'Oswald en Italie	*Lucile, Nelvil, neige, avait, il, hiver, voyage, Bologne, fille, lady, Dickson, lord, Italie, Mont-Cenis, sa, Corrège, lui, mère*
XX	Conclusion	*vous, m', je, Lucile, ai, Juliette, mes, prince, ma, Castel-Forte, votre, j', moi, elle*

Comme le montre ce tableau, certains livres usent d'un vocabulaire très caractéristique, le plus souvent technique (livres sur les monuments, le théâtre, la religion, etc.) D'autres, les plus narratifs, se concentrent autour de quelques désignations de personnages ou de lieux. Les deux livres qui racontent respectivement les vies de Nelvil et de Corinne (XII et XIV) sont caractérisés par un mode d'énonciation différent (abondance de la première et de la deuxième personne) mais aussi par les termes désignant des liens familiaux. On notera aussi que le pronom *on*, dont la fréquence a déjà été signalée plus haut, est surtout caractéristique des chapitres théoriques et touristiques.

CHAPITRES

Le découpage en chapitres est plus inégal. Il y a, entre le chapitre le plus court (XX, 1, 333 mots) et le plus long (XII, 2, 7 662 mots) un rapport de 1 à 23 ! On note cependant une tendance générale au raccourcissement des chapitres au fur et à mesure que le roman avance.

Les chapitres ne portant pas de titres, il m'a paru utile de dresser une table des matières qui permettra de repérer les chapitres plus facilement d'après un bref résumé de leur contenu :

Chap.	Page	Contenu
I, 1	27	Oswald quitte l'Écosse pour se rendre en Italie. Traversée maritime.
I, 2	32	Voyage en Allemagne.
I, 3	33	Rencontre d'Erfeuil à Innspruck.
I, 4	39	Oswald secourt les habitants d'Ancône lors d'un incendie.
I, 5	46	Arrivée à Rome.
II, 1	49	Arrivée de Corinne au Capitole.
II, 2	54	Discours du prince de Castel-Forte
II, 3	59	Improvisation de Corinne sur l'Italie.
II, 4	67	Couronnement de Corinne. Elle échange quelques mots avec Oswald.
III, 1	70	Soirée chez Corinne.
III, 2	77	D'Erfeuil révèle à Oswald l'intérêt que lui porte Corinne.
III, 3	80	Oswald retourne chez Corinne, qui parle de son don pour l'improvisation.
IV, 1	88	Oswald va chaque soir chez Corinne, qui lui propose de lui faire visiter Rome.
IV, 2	95	Visite du Panthéon.
IV, 3	98	Visite de Saint-Pierre.
IV, 4	107	Visite du Capitole, du Forum.
IV, 5	116	Visite des sept collines.
IV, 6	123	Oswald ne veut plus voir Corinne. Ils se retrouvent enfin.
V, 1	127	Visite des tombeaux de la Voie Appienne.
V, 2	133	Visite des *columbariums* et du Tibre.
V, 3	136	Visite de la Rome moderne : églises, palais, jardins.
VI, 1	143	Corinne au bal. Elle danse la tarentelle.
VI, 2	150	Soirée après le bal. Mœurs amoureuses des Italiens.
VI, 3	156	Échange de lettres entre Oswald et Corinne, sur la moralité des Italiens.
VI, 4	166	Visite de M. Edgermond, qu'Oswald présente à Corinne.
VII, 1	173	Discussion chez Corinne sur la poésie italienne.
VII, 2	177	Discussion sur le théâtre.
VII, 3	192	Corinne joue *Roméo et Juliette*.
VIII, 1	201	Hésitations d'Oswald. Il lit avec Corinne, qui est venu le soigner, les papiers laissés par son père.
VIII, 2	214	Visite au musée. Les statues.
VIII, 3	221	La peinture religieuse.
VIII, 4	228	La peinture historique chez Corinne, à Tivoli.
IX, 1	239	Jour de Carnaval à Rome.

IX, 2	246	Oswald et Corinne au concert.
IX, 3	251	Corinne est partie en retraite. Oswald voit chez elle le portrait qu'elle a fait de lui.
X, 1	255	Oswald dans les couvents de Rome.
X, 2	258	Les prêcheurs romains.
X, 3	262	Les cérémonies de la semaine sainte.
X, 4	265	Vendredi saint à la Sixtine. Oswald revoit Corinne.
X, 5	268	Discussion sur les pratiques religieuses italiennes.
X, 6	277	Préparatifs et départ pour Naples.
XI, 1	283	Voyage vers Naples. Une nuit dans la nature.
XI, 2	290	Arrivée à Naples. Les Napolitains.
XI, 3	294	Corinne reçue sur un navire anglais comme Lady Nelvil.
XI, 4	299	Visite de Pompéia.
XII, 1	305	Histoire d'Oswald. Son voyage en France. Rencontre avec les d'Arbigny.
XII, 2	315	Retour en France pour sauver Mme d'Arbigny, auprès de qui il s'attarde. Mort du père d'Oswald.
XIII, 1	336	Le Vésuve en éruption.
XIII, 2	340	Corinne laisse entendre à Oswald qu'ils ne peuvent s'unir.
XIII, 3	342	Promenade dans les environs de Naples.
XIII, 4	348	Improvisation de Corinne au cap Misène.
XIII, 5	355	Retour vers Naples.
XIII, 6	356	Oswald sauve un vieillard de la noyade, au péril de sa vie.
XIII, 7	359	Oswald donne un anneau à Corinne et apprend qu'elle connaissait son père.
XIV, 1	360	Corinne raconte par écrit l'histoire de sa vie. Son enfance, son séjour en Angleterre.
XIV, 2	372	Projets de mariage pour Corinne.
XIV, 3	376	Corinne fuit l'Angleterre.
XIV, 4	386	Vie sentimentale de Corinne. Son amour pour Oswald.
XV, 1	391	Corinne retrouve Oswald à Portici. Leurs projets.
XV, 2	395	Triste retour à Rome, avec Castel-Forte.
XV, 3	401	Corinne, atteinte par une maladie contagieuse, est soignée par Oswald.
XV, 4	407	Dernière promenade de Corinne dans Rome. Son départ.
XV, 5	412	Voyage en Italie. À Ancône, les habitants honorent Oswald.
XV, 6	417	Voyage dans le Bolonais.
XV, 7	420	Arrivée à Venise.
XV, 8	422	Le gouvernement et la société de Venise.
XV, 9	427	Visite de Venise.
XVI, 1	431	Accueil des Vénitiens.
XVI, 2	434	Corinne joue la comédie.
XVI, 3	437	Séparation déchirante des deux amants.
XVI, 4	447	Arrivée d'Oswald en Angleterre.
XVI, 5	449	Oswald se rend chez les Edgermond et retrouve Lucile.
XVI, 6	456	Oswald apprend que son père lui destinait Lucile et non Corinne.
XVI, 7	463	Oswald retourne en Écosse dans la maison familiale.
XVI, 8	465	M. Dickson montre à Oswald la lettre de son père à lord Edgermond.
XVII, 1	469	Corinne, à Venise, attend en s'inquiétant des lettres d'Oswald.

XVII, 2	472	Corinne, au désespoir, se résout à partir pour l'Écosse.
XVII, 3	477	Corinne arrive en Angleterre.
XVII, 4	480	Corinne voit Oswald et Lucile au théâtre.
XVII, 5	483	Oswald se rapproche toujours plus de Lucile.
XVII, 6	487	Corinne voit Oswald et Lucile lors d'une revue.
XVII, 7	492	Corinne va remettre une lettre à Oswald quand elle apprend son départ pour l'Écosse.
XVII, 8	494	Corinne, incognito, rencontre M. Dickson.
XVII, 9	497	Lors d'un bal chez lady Edgermond, Corinne revoit Lucile et Oswald. Elle décide de fuir, laissant une lettre pour ce dernier.
XVIII, 1	505	D'Erfeuil sauve Corinne et l'aide à s'embarquer pour l'Italie.
XVIII, 2	510	Corinne s'établit près de Florence.
XVIII, 3	513	Corinne visite les églises de Florence.
XVIII, 4	517	Corinne visite la Galerie de Florence.
XVIII, 5	520	« Fragment des pensées de Corinne », où elle exprime sa douleur.
XVIII, 6	526	Castel-Forte vient s'établir à Florence pour réconforter Corinne.
XIX, 1	529	Oswald décide d'épouser Lucile.
XIX, 2	533	Oswald apprend le voyage de Corinne en Angleterre et en Écosse.
XIX, 3	538	Oswald est éloigné par la guerre.
XIX, 4	542	Oswald, après la mort de lady Edgermond, décide de retourner en Italie.
XIX, 5	548	Voyage vers l'Italie. Périlleuse traversée des Alpes.
XIX, 6	554	Arrivée en Italie. Milan, Parme.
XIX, 7	559	Bologne.
XX, 1	562	Arrivée en Toscane.
XX, 2	563	Oswald prend contact avec Castel-Forte, chez qui il voit un portrait de Corinne.
XX, 3	567	Échange de lettres entre Oswald et Corinne.
XX, 4	574	Oswald envoie sa fille Juliette chez Corinne, que Lucile finit par rencontrer.
XX, 5	579	Dernière improvisation de Corinne, qui meurt peu après.

On notera, dans ce sommaire, l'importance des parallélismes et des symétries dans l'économie narrative du roman. En voici quelques exemples : *retours* : Oswald à Ancône (I, 4 et XV, 5), Oswald en Écosse (XII, 2, XVI, 7 et XVII, 7) ; *scènes récurrentes* : les improvisations de Corinne (II, 3, XIII, 4 et XX, 5), départs d'Angleterre (I, 1, XIV, 3 et XVIII, 1), Corinne joue au théâtre (VII, 3 et XVI, 2), hésitations d'Oswald et retrouvailles (IV, 6, VIII, 1 et XV, 1), Oswald retrouve Corinne à Saint-Pierre (X, 4), à Florence (XX, 5) ; *réciprocité* : Corinne soigne Oswald (VIII, 1), Oswald la soigne (XV, 3) ; *motifs* : les portraits (IX, 3 et XX, 2).

AUTRES DÉCOUPAGES

S'il ne prend pas en compte les partitions établies par l'auteur du texte, l'ordinateur peut essayer d'établir si certaines des zones ne sont pas caractérisées par un vocabulaire spécifique[1]. Dans ce cas, il découpe dans la masse du texte des blocs qui ne correspondent pas *a priori* avec le découpage en chapitres et parties. Ainsi, la machine repère dans *Corinne* quelques ruptures qui signalent des changements de vocabulaire.

1. J'ai utilisé un programme écrit par Michel Bernard (Université Paris III).

La plus importante, significativement, se situe au début du chapitre XI, 2 (290), c'est-à-dire juste après la nuit dans la campagne napolitaine, au moment où les amants entrent dans Naples. Il s'agit effectivement d'un tournant du roman, puisque la nuit leur a révélé leur désir et qu'ils ont su le vaincre, comme en une scène initiatique. Ce qui motive l'ordinateur, ce n'est évidemment pas cette charnière narrative mais le fait que dans la première moitié du roman, le vocabulaire « romain » (*Rome, Romains, Capitole, musée, tableaux*, etc.) est plus abondant (Naples est une transition dans la transposition de l'intrigue sur d'autres théâtres : Venise, l'Angleterre, Florence) et que, sur le plan stylistique, les formes *des* et *les*, celles du pluriel et des généralités sur l'Italie et les Italiens, vont céder la place à *elle* et *je*, c'est-à-dire à une narration plus resserrée autour des personnages et de leurs tribulations.

Une autre coupure importante (du point de vue statistique tout au moins) se situe p. 329, vers la fin de l'*Histoire de lord Nelvil* et délimite donc un bloc dans le roman (290-329, de l'arrivée à Naples à l'autobiographie d'Oswald), qui présente des caractéristiques lexicales spécifiques (en raison surtout du livre XII, écrit à la première personne). C'est la première intrusion de l'Angleterre dans le récit italien : scène sur le navire anglais, histoire de la jeunesse d'un jeune Anglais. Le double décalage introduit par le récit (une scène anglaise sur un navire dans la baie de Naples, les aventures françaises d'un Anglais) fait de cette partie, si l'on y rajoute le voyage dans le temps que constitue la visite de Pompéia, un moment de rupture et de transition.

On note des coupures du même ordre (mais moins nettes) au début du chapitre XIII, 3 (343), juste avant la scène au cap Misène, et une autre (478) correspond à l'arrivée de Corinne en Angleterre. Ces différents mouvements dessinent la structure générale du roman, dont le centre exact (calculé en nombre de mots) se situe p. 310, au moment où Oswald narre sa première rencontre avec Mme d'Arbigny. Le livre XIII, flanqué des deux autobiographies d'Oswald (livre XII) et de Corinne (livre XIV) constitue ainsi un pivot, avec la figure du Vésuve en motif central, qui divise le livre en un cycle romain heureux et en un cycle des errances malheureuses. En dehors de cette partie centrale, très fragmentée du point de vue lexical, le reste du roman ne présente que peu de ruptures.

Segments répétés

L'ordinateur permet de repérer dans le texte du roman des suites de mots qui se répètent[1]. Les plus fréquentes ont peu d'intérêt : *Lord Nelvil, de la, à la*, etc. En revanche, il est intéressant de s'arrêter sur les « segments répétés » les plus longs, qui révèlent certaines des tournures favorites de Mme de Staël et des parallélismes narratifs suggestifs.

> Quelle ressource restait-il donc à Corinne pour savoir CE QUI SE PASSAIT DANS LE CŒUR D'OSWALD !　　　　　　　　　　　　　　　　　　　　　　　　　　　　　　　　　(124)

> une autre que Corinne eût été certaine de CE QUI SE PASSAIT DANS LE CŒUR D'OSWALD ;　(473)

Si Corinne ne peut lire dans le cœur d'Oswald, c'est justement parce qu'elle l'aime : « *un sentiment passionné rend à la fois plus pénétrante et plus crédule* » (473), paradoxe amoureux. La répétition de l'expression attire aussi notre attention sur ce motif qu'est le cœur d'Oswald, « cœur », si l'on me passe le jeu de mots, de toute l'intrigue, en ce sens que seules les intermittences et les tergiversations du cœur de lord Nelvil font évoluer l'histoire, du *spleen* initial au désespoir final en passant par toutes les étapes de sa passion malheureuse. Corinne, elle, ne change pas de sentiment (et cette fixité fait à la fois son malheur et son aveuglement). La focalisation zéro du récit

---

1. J'ai utilisé le logiciel *Lexico 2*, dû à André Salem (Université Paris III), pour effectuer cette recherche.

permet en revanche au lecteur de savoir « *ce qui se passait dans le cœur d'Oswald* », à travers une double analyse psychologique qui oppose l'homme et la femme, le Britannique et l'Italienne, le protestant et la catholique.

> Il ne voulait pas écrire ce qui se passait dans son ame ; (473)

> [...] il ne jugea pas bien ce qui se passait dans son ame, et comparant sa douleur silencieuse avec les éloquents regrets de Corinne lorsqu'il se sépara d'elle à Venise, il n'hésita pas à croire que Lucile l'aimait faiblement. (539)

Dans le premier cas, Oswald veut cacher à Corinne ce qu'il éprouve pour Lucile, dans le second, il se méprend sur ce qu'éprouve cette dernière. Il est à la fois capable de se dissimuler à Corinne et incapable de lire dans l'âme de Lucile comme il peut lire dans celle de Corinne. C'est que Lucile est la femme anglaise, qui peut masquer ses sentiments, contrairement à la femme italienne. On notera aussi au passage que l'on peut mentir en écrivant une lettre, ce qui s'oppose à la poésie orale et publique de Corinne, purement expressive, ou même à ses « *éloquents regrets* ». La récurrence de l'expression « *ce qui se passait* » fait aussi réfléchir aux caractéristiques de l'action dans *Corinne*, roman où l'on peut croire qu'« il ne se passe rien », justement parce que les mouvements de l'âme y tiennent lieu de dramaturgie.

> Ce fut alors que LORD NELVIL ÉCRIVIT AU PRINCE CASTEL-FORTE la première lettre, que celui-ci ne crut pas devoir montrer à Corinne, et qui l'aurait sûrement touchée, par l'inquiétude profonde qu'elle exprimait. (537)

> En arrivant à Florence, LORD NELVIL ÉCRIVIT AU PRINCE CASTEL-FORTE, et peu d'instants après le prince se rendit chez lui. (563)

Les lettres de Nelvil au prince Castel-Forte, par lesquelles il croit pouvoir faire éclater la vérité de ses sentiments, sont un autre exemple de la vanité de l'écriture, communication différée dont on ne peut jamais être sûr qu'elle parvient à son destinataire final. Dans le second cas, la visite du prince permettra de lever toutes les ambiguïtés, même si Oswald, très ému, « *fut long-temps sans pouvoir lui parler* » (563). On notera également l'usage des titres, très fréquent dans le roman : le nom de Castel-Forte est toujours accompagné de son titre de prince, celui de Nelvil dans 99 % des cas. C'est qu'il s'agit bien ici des rapports entre un lord et un prince italien, quelle que soit l'amitié qui les unit par ailleurs. De même, le nom de d'Erfeuil est toujours précédé de son titre de comte[1]. Ces titres donnent aussi une coloration nationale aux personnages, en renforçant leur dimension archétypale.

> ICI L'ON SE CONSOLE DES PEINES MÊME DU CŒUR, en admirant un dieu de bonté, en pénétrant le secret de son amour, non par nos jours passagers, mystérieux avant-coureurs de l'éternité, mais dans le sein fécond et majestueux de l'immortel univers. (64)

> Il avait penché sa tête sur sa main lorsque Corinne avait dit : *ICI L'ON SE CONSOLE DES PEINES MÊME DU CŒUR* ; et depuis lors il ne l'avait point relevée. (64-5)

Cette répétition est d'un type très courant puisqu'il s'agit de la reprise de la citation d'une expression utilisée par Corinne dans sa première improvisation (intratextualité). Si Oswald la ressent si vivement, c'est qu'elle a trait encore une fois au « cœur » et à ses peines. Le texte met ainsi en scène l'effet du texte littéraire sur son auditeur/lecteur, mise en abyme rendue encore plus complexe par les circonstances qui entourent cette citation : c'est parce qu'Oswald penche la tête sur sa main que Corinne le remarque, ce qui déclenchera et leur rencontre et les aventures qui en découlent. C'est dans un pays artistique comme l'Italie qu'Oswald pourra consoler les peines de son cœur (*cf.* ce que lui dit Corinne à propos de ses goûts artistiques : « *Vous n'êtes ému que par ce qui vous retrace les peines du cœur.* » (225).

---

1. Sauf un « M. d'Erfeuil » (71), pour éviter une répétition.

IL Y AVAIT DANS LE REGARD DE CORINNE UNE expression de repentir et de timidité, qui ne lui permit pas de la juger avec rigueur, et il lui sembla qu'un rayon du ciel descendait sur elle pour l'absoudre. (132)

IL Y AVAIT DANS LE REGARD DE CORINNE UNE prière si tendre : tant de respect pour son amant tant d'orgueil de son choix, lorsqu'elle disait : — Noble Roméo ! Beau Montague ! qu'Oswald se sentit aussi fier qu'il était heureux. (197)

Dans le premier cas, c'est Corinne qui avoue à demi-mot à Oswald qu'elle a déjà été amoureuse d'autres hommes, dans le second, elle joue *Roméo et Juliette* et son personnage s'excuse d'être trop passionnée. Le parallélisme entre la vie et le théâtre nous invite à reconsidérer la valeur donnée ici au regard. Ce qu'expriment les yeux, « miroir de l'âme », est supposé vrai. De même que Corinne a de la peine à savoir « *ce qui se passait dans le cœur d'Oswald* » (*cf. supra*), elle laisse lire en elle avec facilité. C'est dans la manière dont elle regarde qu'elle se donne le plus clairement (voir aussi 52, 68, 348, 356, 546). On retrouve ce thème dans les passages de critique esthétique du roman : Corinne projette ses sentiments dans les œuvres d'art qu'elle contemple.

Après LA JOURNÉE QUI VENAIT DE SE PASSER, Oswald ne put fermer l'œil de la nuit. (201)

Oswald put réfléchir à son aise sur LA JOURNÉE QUI VENAIT DE SE PASSER. (455-6)

Les deux « journées » en question ont vu la représentation de *Roméo et Juliette* et la première rencontre d'Oswald et de Lucile. Dans les deux cas, Oswald repasse dans sa mémoire les événements écoulés et les revit de manière intense. Ce ressassement, qui est peut-être voisin de la pratique protestante de l'examen de conscience (*cf.* 271), est aussi une des caractéristiques de la narration dans *Corinne*. Les retours réflexifs sur l'action y sont nombreux, spécialement quand les émotions ont submergé les personnages et qu'ils éprouvent le besoin de se reprendre pour parvenir à se dire et à se penser. La répétition de l'expression souligne aussi le parallélisme entre Corinne et sa sœur sous le regard d'Oswald.

Dans une des pièces de ce genre, l'amant tue le frère de sa maîtresse dès le second acte ; au troisième il brûle la cervelle à sa maîtresse elle-même sur le théâtre ; le quatrième est rempli par l'enterrement ; DANS L'INTERVALLE DU QUATRIÈME AU CINQUIÈME ACTE, l'acteur qui joue l'amant vient annoncer le plus tranquillement du monde, au parterre, les arlequinades que l'on donne le jour suivant, et reparaît en scène au cinquième acte pour se tuer d'un coup de pistolet. (179-80)

DANS L'INTERVALLE DU QUATRIÈME AU CINQUIÈME ACTE, Corinne remarqua que tous les regards se tournaient vers une loge, et dans cette loge elle vit lady Edgermond et sa fille ; car elle ne douta pas que ce ne fût Lucile, bien que depuis sept ans elle fût singulièrement embellie. (481)

Ainsi, la pièce italienne caricaturée par d'Erfeuil va avoir un pendant dans la vie de Corinne puisque c'est entre le quatrième et le cinquième acte de *Isabelle ou le fatal mariage* (au titre cruellement ironique) qu'elle a tout à la fois la révélation de la beauté de Lucile et celle de l'amour que lui porte Oswald. Dans une scène doublement théâtrale, Corinne va voir ce spectacle affligeant pour elle : Lucile regarde la pièce et se trouve mal d'émotion, Oswald regarde Lucile et s'émeut de son indisposition ; Corinne en est, à son tour, « *cruellement troublée* » (483). La pièce italienne, si grotesque dans son exagération, est cependant le double symbolique de l'histoire des amants : Oswald vient de tuer sa maîtresse en lui préférant sa sœur. L'« *arlequinade* » est pour Mme de Staël un genre où les personnages sont « *sous tous les rapports, des masques et non pas des visages : c'est-à-dire que leur physionomie est celle de tel genre de personnes et non pas de tel individu.* » (181). La formule, on le voit, peut fort bien s'appliquer aux personnages de *Corinne* qui, à l'exception de l'héroïne, ne peuvent que jouer, *volens nolens*, un rôle convenu.

Et le vain tumulte des applaudissements devrait-il suffire À UNE AME TELLE QUE LA VÔTRE ? (150)

Qui pourrait se ravir la jouissance suprême de faire du bien À UNE AME TELLE QUE LA VÔTRE !
(345)

Dans les deux cas, c'est Oswald qui s'adresse à Corinne, en exaltant ses qualités d'âme tout en la plaçant au-dessus de la mesure commune : la première fois pour lui faire grief du succès que lui a valu la représentation de *Roméo et Juliette*, la seconde pour la convaincre de se confier à lui. C'est donc toujours pour obtenir une faveur qu'Oswald emploie cette formule ambiguë. Du reste, c'est bien à son caractère exceptionnel que Corinne doit à la fois sa réputation et son malheur. Elle est déjà, comme dans les textes romantiques postérieurs, un être à la fois doué et malheureux, marqué par le destin pour être au-dessus et au-dessous de la condition humaine.

Corinne cependant fut TOUT À COUP SAISIE PAR UN ATTENDRISSEMENT irrésistible : elle considéra ces lieux enchanteurs, cette soirée enivrante, Oswald qui était là, qui n'y serait peut-être pas toujours, et des larmes coulèrent de ses yeux.   (352)

Corinne était placée derrière les arbres, et sans pouvoir être découverte, elle voyait facilement sa sœur qu'un rayon de la lune éclairait doucement ; elle se sentit TOUT À COUP SAISIE PAR UN ATTENDRISSEMENT purement généreux.   (502)

Ces deux scènes nocturnes se font pendant pour Corinne : la soirée au cap Misène, au sommet du bonheur, et la soirée en Écosse, où elle comprend que tout est perdu. Une fois de plus, c'est la nature de Corinne qui s'exprime, sous la forme de cet « *attendrissement* » qui s'empare d'elle et lui met les larmes aux yeux. Femme tendre et sensible, elle subit les mouvements qui s'impriment dans son âme, sans pouvoir s'en défendre. En « *sibylle* » (53), elle prévoit l'avenir et ne peut vivre son bonheur au jour le jour : elle est toujours consciente de son destin tragique mais ne peut que·le subir.

Corinne ! s'écria-T-IL EN SE JETANT À SES genoux, je suis pardonné ;   (231)

Corinne, continua-T-IL EN SE JETANT À SES pieds, règne à jamais sur ma vie.   (359)

Exclamations, génuflexions, déclarations et serments : la sensibilité d'Oswald s'exprime par les marques extérieures courantes dans le roman sentimental du XVIIIᵉ siècle. Cependant, ces manifestations sont aussi les seuls contacts physiques entre les deux amoureux. Au plus fort de la passion, la nuit avant d'arriver à Naples, la possibilité d'une relation physique est évoquée par cette image : « *Une fois il embrassa ses genoux avec violence, et semblait avoir perdu tout empire sur sa passion ; mais Corinne le regarda avec tant de douceur et de crainte, elle semblait tellement reconnaître son pouvoir en lui demandant de n'en pas abuser, que cette humble défense lui inspira plus de respect que toute autre.* » (289) C'est aussi à l'image d'une divinité que Corinne reçoit ces hommages. Il est à noter que lord Nelvil, protestant, ne se met pas à genoux à l'église (262, 273) mais qu'il s'agenouille devant Corinne (voir aussi 393, 405, 586).

Et n'est-ce pas, en effet, l'air natal pour un Anglais, qu'UN VAISSEAU AU MILIEU DE LA MER ?
(295)

[…] le vent le plus violent se faisait entendre, et la maison où demeurait Corinne était ébranlée presque comme UN VAISSEAU AU MILIEU DE LA MER.   (446)

La récurrence de cette image offre un intéressant parallèle entre les sentiments inversés d'Oswald, pour qui le vaisseau anglais ancré dans la baie de Naples est une partie du sol national (il en éprouve « *le plaisir de se trouver dans sa patrie* » 295) et ceux de Corinne qui, dans la maison vénitienne[1] d'où Oswald vient de partir pour s'embarquer, ressent tous les tourments de la séparation. C'est que le vaisseau symbolise dans le roman tout ce qui sépare les deux amants, distance géographique et distance culturelle.

1. Venise est ailleurs comparée à un vaisseau (420).

Les pronoms de *Corinne*

Les échanges verbaux entre les personnages sont régis par des conventions assez strictes, dues au milieu social des intervenants. Le vouvoiement est de rigueur, que ce soit dans la vie sociale, ou dans l'intimité des relations familiales, Oswald et Lucile se vouvoient, même après plusieurs années de mariage ; Corinne vouvoie sa demi-sœur, et Lucile vouvoie sa fille. Le tutoiement reste marginal, dans le cas du théâtre, de la poésie, ou de prière à des personnes disparues. Les relations passionnées entre Oswald et Corinne autorisent quelques incursions dans la familiarité, laquelle se manifeste également par l'interférence de *on* comme substitut de nous.

I. *VOUS*

A. Oswald à Lucile

La timidité et la froideur qui règnent entre les époux se reflètent au niveau du langage. Oswald n'adresse à Lucile que quelques phrases brèves et laconiques, du type « *Vous avez une sœur en Italie* » (547), où la mise à distance du vouvoiement n'a d'égale que la sécheresse de la phase (sujet – verbe – complément) ; ou « *Ma chère Lucile, permettez que je reste seul aujourd'hui* » (567) : ici, le vouvoiement est accompagné d'un ton plus que cérémonieux, proche de la formule de politesse : le « *Ma chère Lucile* » d'Oswald n'est pas sans rappeler le « *Mon cher Nelvil* » adressé par le comte d'Erfeuil à Oswald page 38 ; et l'impératif « *permettez* » est proche de la litote. Les phrases sont à peine plus longues lorsqu'enfin perce un peu de sentiment : « *Et vous aussi venez, je pourrai vous porter toutes deux* » (552). Lorsqu'il arrive enfin à exprimer ses sentiments pour Lucile, Oswald utilise des formules impersonnelles : « *La sibylle ne rend plus d'oracles ; son génie, son talent, tout est fini : mais l'angélique figure du Corrège n'a rien perdu de ses charmes ; et l'homme malheureux qui fit tant de mal à l'une ne trahira jamais l'autre* » (562), « *Ce tableau dans peu de temps n'existera plus, mais moi j'aurai toujours sous les yeux son modèle* » (559).

B. Oswald à Corinne

Oswald est beaucoup plus enflammé lorsqu'il s'adresse à Corinne, même lorsqu'il la vouvoie. Les formules nominales mettant l'emphase sur le pronom ne sont pas rares : « *Vous, de la douleur ? est-ce au milieu d'une carrière si brillante, de tant de succès, avec une imagination si vive ?* » (126). Le *vous* peut également être souligné par un connecteur argumentatif « *Mais vous, madame, mais vous, à laquelle de vos poésies donnez-vous la préférence ? Est-ce à celles qui sont l'ouvrage de la réflexion ou de l'inspiration instantanée ?* » (84), avec reprise de ce connecteur suivi de *vous*, et double interrogation. Autre exemple d'éloquence de la part d'Oswald construit sur l'utilisation de la conjonction *mais* et la reprise d'une même structure : « *Oui, mais en vous regardant, mais en vous écoutant, je n'ai pas besoin d'autres merveilles* » (98). Oswald peut s'adresser à Corinne par son prénom « *Corinne, Corinne, votre âme délicate n'a-t-elle rien à se reprocher ?* » (131-132) : la chaleur du mouvement apparaît dans la reprise de ce prénom, et le vouvoiement est adouci, voire même anéanti, tant il est proche du tutoiement grâce à l'utilisation de la métonymie « *votre âme* », suivie de l'adjectif « *délicate* ». Ce type de vouvoiement assorti d'un redoublement du prénom de la personne interpellée peut également marquer la crainte : « *Corinne, Corinne, on ne peut s'empêcher de vous redouter en vous aimant !* » (158) Il arrive aussi à Oswald de s'adresser à elle à l'aide d'une périphrase qui rendra le vouvoiement laudatif : « *Étonnante personne, qui donc êtes-vous ?* » (93). Cette mise en valeur peut également s'effectuer à la forme affirmative par la construction du verbe. Elle est ici soulignée par la formule restrictive *ne...plus...que* : « *Ces quatre jours d'absence m'ont trop bien appris que je n'existais plus maintenant que par vous* ». Une autre forme de mise en relief montrant l'intimité d'Oswald et Corinne malgré le vouvoiement est la mise en parallèle des pronoms *moi* et *vous* dans des constructions prépositionnelles similaires : « *Si je pouvais disposer de moi, si je pouvais m'offrir à vous, n'aurais-je point de rivaux dans le passé ?* » (132). En somme, le vouvoiement qu'Oswald adresse à Corinne est proche du tutoiement.

C. Corinne à Oswald

La façon dont Corinne s'adresse à Oswald témoigne d'une grande anxiété, qui peut même tourner à la détresse. On y note également de la soumission envers l'homme qu'elle aime. Les particules exclamatives sont fréquentes : « *Ah ! c'est de mon bonheur que vous parlez ; il ne s'agit déjà plus du vôtre* » (393-394). Cette marque d'intérêt intense peut également se trouver avec un vouvoiement exclamatif répété dans une phrase nominale suivie d'une interjection : « *Vous, des remords, vous ! Ah ! Je suis certaine qu'ils ne sont en vous qu'une vertu de plus, un scrupule du cœur, une délicatesse exaltée* » (128). L'angoisse de Corinne est également exprimée par l'interrogatif *quoi* : « *Quoi, vous partez, quoi, vous allez en Angleterre sans moi ?* » (394), ici redoublé et faisant écho phonétiquement à « *sans moi* », qui répond et s'oppose à vous : *Vous...sans moi* dessine déjà le rejet de Corinne hors de l'Angleterre et hors de la vie d'Oswald. Dans la même page, Corinne désespérée apostrophe Oswald à l'aide d'une épithète détachée décalée en début de phrase : « *Cruel, vous ne répondez rien, vous ne combattez pas ce que je vous dis. Ah, c'est donc vrai !* ». Ce même *cruel* peut être redoublé : « *Cruel ! cruel, qu'avez-vous fait ?* » (358). On attendrait un tutoiement, à l'instar de *Phèdre* s'adressant à Hippolyte (Acte II, scène VI) : « *Ah, cruel ! tu m'as trop entendue* ». Dans l'énoncé suivant, le vouvoiement indique la soumission de l' « *esclave* » envers son bourreau : « *Hé bien, s'il est ainsi, emmenez-moi comme épouse, comme esclave...* » (214), il peut accompagner une supplication « *Au moins laissez-moi vous accompagner jusques en Angleterre* », ou être une interrogation oratoire adressée à un Oswald absent lors des adieux de Corinne à Rome : « *Oswald, Oswald, pourquoi donc vous aimer avec tant d'idolâtrie ?* » (409).

II. *TU*

A. *Tu* d'Oswald à Corinne

Lorsque la passion atteint son paroxysme, Oswald en oublie son flegme britannique et se laisse aller au tutoiement. L'amour arrive alors enfin à briser les convenances et à faire se rejoindre Oswald et Corinne par le langage, si ce n'est dans la réalité : « *Arrête ! c'en est trop. Je suis décidé à rester : tu feras de moi ce que tu voudras. Je subirai ce que le ciel me destine, mais je ne t'abandonnerai point dans ce malheur ; et je ne te conduirai point en Angleterre, avant d'y avoir assuré ton sort. Je ne t'y laisserai point exposée aux insultes d'une femme hautaine. Je reste ; oui, je reste, car je ne puis te quitter* » (438-439). Le redoublement du prénom qui, assorti du vouvoiement, marquait la crainte, trahit, lorsqu'il est accompagné du tutoiement, le débordement de la passion et l'incapacité de se séparer de l'être aimé : « *Corinne, Corinne, ah ! Je ne puis te quitter. Je sens mon courage défaillir* » (442). Ce débordement peut même aller jusqu'au souhait onirique et marquer le délire d'un esprit enfiévré : « *Ah ! si l'on nous conduisait loin de tout ce que je connais sur la terre, si l'on pouvait gravir les monts, s'élancer dans une autre vie où nous retrouverions mon père qui nous recevrait, qui nous bénirait ! Le veux-tu, chère amie ?* » (413, voir aussi 439). À l'instar des prières, l'utilisation de la deuxième personne peut être une marque de respect envers une Corinne sanctifiée par Oswald : « *quelles vertus oserait-on élever plus haut que ta générosité, ta franchise, ta bonté, ta tendresse ? Céleste créature ! Que les femmes communes soient jugées par les règles communes ! Mais honte à celui que tu aurais aimé, et qui ne se respecterait pas autant qu'il t'adore ! Rien, dans l'univers, n'égale ton esprit ni ton cœur. À la source divine où tes sentiments sont puisés, tout est amour et vérité »* (442). Le tutoiement peut exprimer un serment assorti d'une effusion : « *Chère amie, je jure qu'avant trois mois je ne te quitterai pas, et peut-être même alors...* » (395), ou, sous l'emprise d'une profonde émotion : « *Jamais, jamais Oswald ne peut te dire un dernier adieu que sur son lit de mort* » (440). Enfin, l'utilisation du *tu* peut traduire les affres du doute d'Oswald déchiré entre sa passion pour Corinne et la volonté de son père : « *Chère amie ! Que ton cœur ne se trouble pas ainsi, et laisse-moi, si je le puis, te révéler ce que j'éprouve ; c'est moins que tu ne crains, bien moins ; mais il faut, il faut pourtant que je connaisse les raisons que mon père peut avoir eues pour s'opposer, il y a sept ans, à notre union ; il ne m'en a jamais parlé : j'ignore tout à cet égard* » (394).

B. *Tu* de Corinne à Oswald

Dans ses élans de passion, Corinne peut avoir des accents raciniens : « *Fais ce que tu voudras de moi, enchaîne-moi comme une esclave à ta destinée* » (413), où, contrairement à l'exemple cité précédemment, la soumission totale de l' « *esclave* » à son bourreau s'exprime par l'utilisation du *tu* : « *Cruel et cher Oswald, à quel supplice tu me condamnes !* » (406), tutoiement d'autant plus frappant qu'il est immédiatement suivi d'une apostrophe à Dieu vouvoyé : « *ô mon Dieu ! Puisqu'il ne veut pas vivre sans moi, vous ne permettrez pas que cet ange de lumière périsse ! Non, vous ne le permettrez pas !* ». Trois pages plus loin, dans un élan similaire comprenant une apostrophe à Oswald suivie d'une apostrophe à Dieu, Corinne vouvoiera Lord Nelvil : « *Oswald, Oswald, pourquoi donc vous aimer avec tant d'idolâtrie ? Pourquoi s'abandonner à ces sentiments d'un jour, d'un jour en comparaison des espérances infinies qui nous unissent à la divinité ? ô mon Dieu, s'il est vrai, comme je le crois, qu'on vous admire d'autant plus qu'on est plus capable de réfléchir, faites-moi donc trouver dans la pensée un asile contre les tourments du cœur* » (409).

Corinne s'abandonne moins souvent qu'Oswald au tutoiement, par contre, comme le prouvera la fin du roman, cet abandon est total : de la même façon que Corinne recommande son âme à Dieu, elle s'en remet complètement à Oswald, jusqu'à lui confier les secrets de sa vie, les sentiments les plus intimes de son être, il est l'objet de son inspiration, de ses pensées ; cette forme de tutoiement réalise la fusion totale avec Lord Nelvil : le *je* n'existe que par *toi* : « *je n'ai plus rien qu'en commun avec toi* » : « *Nous nous sommes aimés, Oswald, avec une tendresse profonde. Je t'ai confié les secrets de ma vie : ce n'est rien que les faits ; mais les sentiments les plus intimes de mon être, tu les sais tous. Je n'ai pas une idée qui ne soit unie à toi. [...] Enthousiasme, réflexion, intelligence, je n'ai plus rien qu'en commun avec toi* » (443). C'est encore à la deuxième personne du singulier qu'aura recours Corinne pour traduire son désespoir au moment du départ d'Oswald pour l'Angleterre : « *Ah ! Laisse-moi, laisse-moi, tu te trompes à mon calme apparent, demain, quand le soleil reviendra, et que je me dirai :* je ne le verrai plus, je ne le verrai plus ! *il se peut que je cesse de vivre, et ce serait bien heureux !* » (439).

C. *Tu* à des entités imaginaires

On trouve aussi quelques cas marginaux de tutoiement, le plus curieux étant dans la traduction en français en note de bas de page d'un poème d'Horace : « *Dellius, il faut mourir... / Il faut quitter la terre et ta demeure, et ton épouse chérie* » (135).

La traduction d'anglais en français des vers de Shakespeare (196-197) « *Il est vrai, beau Montague, je me suis montrée trop passionnée, et tu pourras penser que ma conduite a été trop légère ; mais crois-moi, noble Roméo, tu me trouveras plus fidèle que celles qui ont plus d'art pour cacher ce qu'elles éprouvent ; ainsi donc pardonne-moi* », présente deux particularités intéressantes : d'une part, l'auteur prend le parti de traduire le *you* anglais par *tu*, et d'autre part, ces vers adressés par Juliette à Roméo représentent une mise en abîme de la situation de Corinne par rapport à Oswald.

Les improvisations de Corinne comportent des apostrophes à son pays ; dans la première, elle s'adresse à l'Italie en la tutoyant : « *Italie, empire du soleil ; Italie, maîtresse du monde ; Italie, berceau des lettres, je te salue. Combien de fois la race humaine te fut soumise ! Tributaire de tes armes, de tes beaux-arts et de ton ciel !* » (59), alors qu'à la fin du roman, elle la vouvoiera : « *Belle Italie ! C'est en vain que vous me promettez tous vos charmes, que pourriez-vous pour un cœur délaissé ? Ranimeriez-vous mes souhaits pour accroître mes peines ? Me rappelleriez-vous le bonheur pour me révolter contre mon sort ?* » (583). Le souvenir de Rome auquel Corinne s'adresse lors de son improvisation dans la campagne de Naples (350) aura également droit au tutoiement : « *Oh ! souvenir, noble puissance, ton empire est dans ces lieux ! De siècle en siècle, bizarre destinée ! L'homme se plaint de ce qu'il a perdu.* »

Oswald, pourtant si respectueux envers son père, s'adresse à son portrait en le tutoyant : « *Ô toi ! Dit-il en s'adressant au portrait de son père ; toi, le meilleur ami que j'aurai jamais sur la terre, je ne peux plus entendre ta voix ; mais apprends-moi par ce regard muet, si puissant encore sur mon ame, apprends-moi ce que je dois faire pour te donner dans le ciel quelque contentement de ton fils.* (201-202).

Enfin, si Corinne prie Dieu en le vouvoyant, Lucile, quant à elle, utilise le tutoiement pour adresser au Seigneur la prière composée par sa mère (455).

III. *NOUS*

A. *Nous* désignant une communauté

Antonomase de l'Italie, Corinne emploie naturellement la première personne du pluriel pour parler des Italiens, dont elle fait partie (272) ; réciproquement, il arrive à Oswald de s'exprimer de la même façon lorsqu'il évoque le barde Ossian (106). Mais dans un énoncé comme « *Ne croyez pas, cependant, que notre caractère soit léger et notre esprit frivole* » (106), on sent dans le *nous* une implication plus personnelle de Corinne, qui défend aussi bien sa propre personnalité aux yeux d'Oswald que celle des Italiens.

B. *Nous* désignant Oswald et Corinne

Le pronom *nous* utilisé par Oswald et Corinne désigne leur appartenance à la même sphère sentimentale. Ceci est d'ailleurs exprimé très clairement au début du Chapitre IV du Livre IV, page 107 : « *Le lendemain Oswald et Corinne partirent avec plus de confiance et de sérénité. Ils étaient des amis qui voyageaient ensemble ; ils commençaient à dire* nous. *Ah ! Qu'il est touchant ce* nous *prononcé par l'amour ! Quelle déclaration il contient timidement et cependant vivement exprimée ! — Nous allons donc au Capitole, dit Corinne. — Oui, nous y allons, reprit Oswald ; et sa voix disait tout avec des mots si simples, tant son accent avait de tendresse et de douceur !* ». Si les deux *notre* de « *Notre ame et notre esprit n'ont-ils pas la même patrie* » (250) signifient encore leur intimité sentimentale, l'utilisation d'un pronom à la première personne du pluriel peut également, par contraste, faire ressortir les différences entre eux : « *Que n'êtes-vous, s'écria-t-il, de la même religion, du même pays que moi ! — Et puis, il s'arrêta après avoir prononcé ce vœu. — Notre ame et notre esprit n'ont-ils pas la même patrie, répondit Corinne ? — C'est vrai, répondit Oswald ; mais je n'en sens pas moins avec douleur tout ce qui nous sépare* » (250). Dans la dernière phrase *je* s'exclut déjà du couple formé par *nous*. On retrouve ce schéma ailleurs : « *Oswald, si je croyais que nous ne nous quitterons jamais, je ne souhaiterais rien de plus ; mais...* » (400). Mais en règle générale, l'utilisation du pronom *nous* illustre la fusion : « *Oswald ! Oswald ! Vous êtes là : dans la mort comme dans la vie nous serons donc réunis !* » (406, voir aussi 231).

C. *On*

Le morphème *on* constitue une autre marque de familiarité dans l'œuvre. Il apparaît à quelques reprises dans les paroles d'Oswald et de Corinne, avec différentes valeurs, qui vont du *on* indéfini désignant une autorité indéterminée : « *Le langage poétique est si facile à parodier en Italie, qu'on devrait l'interdire à tous ceux qui ne sont pas dignes de le parler* » (555), à un pronom à mi-chemin entre l'indéfini et le substitut de *nous*, en l'occurrence Corinne et Oswald : « *Cher Oswald, n'arrive-t-il pas souvent que l'on n'ose élever ses vœux jusques à l'être suprême ?* » (414) ; en passant par un *on* plus inhabituel, substitut de la troisième personne du pluriel : « *Je suis libre, et je vous aime comme je n'ai jamais aimé, que voulez-vous de plus ? Faut-il me condamner à vous avouer qu'avant de vous avoir connu, mon imagination a pu me tromper sur l'intérêt qu'on m'inspirait !* » (132). Ce *ils* sous-entendu représente les deux hommes qui ont occupé la vie de Corinne avant qu'elle ne connaisse Oswald, le grand seigneur allemand et le prince italien (387). Voici un exemple de *on* substitut de *nous* dans la bouche de Corinne : « *Je ne sais si je me trompe, mais il me semble qu'on se devient plus cher l'un à l'autre, en admirant ensemble les monuments qui parlent à l'âme par une véritable grandeur* » (98). Dans l'exemple suivant, tiré de la réponse de Corinne à Oswald lorsqu'il lui reproche d'avoir beaucoup réfléchi sur le sentiment, les différents *on* ne sont pas complètement indéfinis, ils représentent les personnes amoureuses : « *Je ne crois pas que le cœur soit ainsi fait, que l'on éprouve toujours ou point d'amour, ou la passion la plus invincible. Il y a des commencements de sentiment qu'un examen plus approfondi peut dissiper. On se flatte, on se détrompe, et l'enthousiasme même dont on est susceptible, s'il rend l'enchantement plus rapide, peut faire aussi que le refroidissement soit plus prompt* » (94). Très personnel, ce type de *on* proféré par Oswald est presque un *je* : « *Quand on vit près de vous, voit-on jamais le terme de ce qui fait penser et sentir !* » (429). Un dernier exemple, adressé par Oswald à Corinne peu avant leur séparation, offre un intéressant échantillonnage de pronoms utilisés pour d'autres : « *Non, ils ne se sépareront pas, chaque jour j'en ai moins la force ; votre inaltérable douceur joint encore le charme de l'habitude à la passion que vous inspirez. On est heureux avec vous, comme si vous n'étiez pas le génie le plus admirable, ou plutôt parce que vous l'êtes, car la supériorité véritable donne une parfaite bonté : on est content de soi, de la nature, des autres ; quel sentiment amer pourrait-on éprouver ?* » (418), le pronom *ils* étant le substitut de *nous*, mais alors que l'on s'attendrait ensuite à « *chaque jour ils en ont moins la force* », l'énonciateur reprend en charge son discours à la première personne : « *j'en ai moins la force* », pour ensuite s'effacer derrière la neutralité du *on* : « *on est heureux avec vous* » alors qu'il aurait été logique de dire : « *je suis heureux avec vous, je suis content de moi, etc.* »

Corinne ou l'Italie offre donc une gamme beaucoup plus subtile de nuances qu'il n'y paraît à première lecture. Les relations entre les personnages, allant de la convention à la passion, jouent sur un clavier utilisant non seulement différents pronoms, mais également les différentes valeurs de ces pronoms, multipliant ainsi les possibilités d'expression de cette passion entravée par la peur d'Oswald et les contraintes socio-culturelles.

∞◌∞

POÉSIE ET VÉRITÉ

J'emprunte le titre de ce chapitre à l'autobiographie poétisée de Goethe, composée entre 1811 et 1832, postulant qu'il n'y a pas de frontière entre la poésie entendue au sens large de composition artistique et ce qu'on dit être la vérité, invitant à un perpétuel va et vient de l'une à l'autre. C'est ainsi qu'on pourra rêver sur le voyage réel de Mme de Staël en Italie et sur le parcours de ses personnages dans le pays et particulièrement dans Rome, confronter la chronologie interne de l'œuvre avec la chronologie esquissée ci-dessus et la biographie donnée dans Folio, méditer sur l'image de l'Italie dans notre littérature avant *Corinne* et dans le roman.

Le voyage de Madame de Staël en Italie en 1805

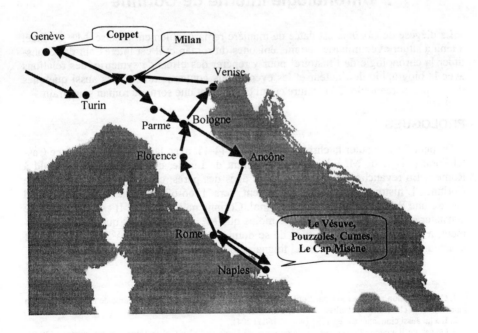

Itinéraires d'Oswald en Italie

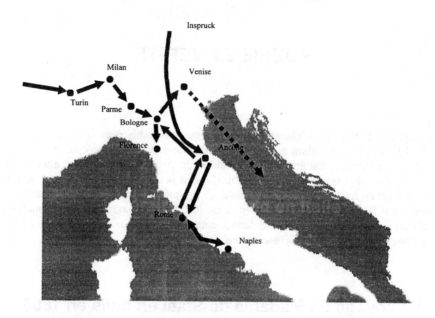

Chronologie interne de Corinne

La diégèse de *Corinne* est datée de manière remarquablement précise. Mme de Staël a tenu à situer avec minutie certains épisodes du roman et il est intéressant de reconstituer la chronologie de l'histoire[1] pour y repérer des effets de symétrie, des relations avec la biographie de l'auteur et les événements contemporains, mais aussi quelques détails peu perceptibles à la lecture et qui constituent une sorte de roman souterrain.

PROLOGUES

On peut faire débuter la chronologie vers 1744-45, avec la naissance du Prince Castel-Forte (54) et de M. Edgermond (le parent de Lucile, qui rend visite à Oswald à Rome)[2]. En revanche, on ne sait rien des âges des pères, celui d'Oswald[3] et celui de Corinne. L'histoire commence réellement vers 1766-67, lorsque lord Edgermond épouse une Romaine, la mère de Corinne[4]. Corinne naît en 1768[5]. Il est intéressant de constater qu'elle a ainsi deux ans de moins que Mme de Staël mais que celle-ci, justement, a pris, dès 1789, l'habitude de se donner deux ans de moins[6]. Corinne a donc exactement l'âge que Mme de Staël feignait d'avoir.

---

1. Cette opération a été facilitée par l'utilisation de l'ordinateur (repérage systématique de tous les termes en rapport avec la chronologie, établissement d'un calendrier).
2. Il a lui aussi cinquante ans en 1795 (voir p. 168 et 204).
3. On sait qu'il a connu Paris « *vers la fin du règne de Louis XV* » (306), c'est-à-dire dans les années 1770-74. Il meurt fin 1793, à un âge qui semble avancé.
4. Il a vécu douze ans avec sa femme, morte vers 1778 (voir p. 361 et 364).
5. Elle a « *à peu près vingt-six ans* » en 1794 (50, voir aussi 94, 169, 389, 488).
6. Voir Ghislain de Diesbach, *Madame de Staël*, p. 87.

Oswald, lui, naît dix-huit mois après Corinne[1], soit à la fin de 1769 ou au début de 1770. Vers 1771, et donc peu de temps après sa naissance, son père et celui de Corinne se lient d'amitié[2]. Il y a là une difficulté puisqu'à cette époque lord Edgermond vit en Italie avec sa femme et sa fille. Faut-il supposer un voyage de lord Nelvil père à Rome ? Toujours est-il que c'est vers 1778 que Corinne perd sa mère[3] et que son père retourne en Angleterre en laissant sa fille à Florence chez une tante. Lord Edgermond refait promptement sa vie puisque Lucile, demi-sœur de Corinne, naît dans les derniers mois de 1780[4], ce qui laisse supposer un mariage en 1779 ou au tout début de 1780.

C'est seulement en 1783-84 que Corinne, alors âgée de quinze ans, rejoint son père en Angleterre, après la mort de sa tante (361). C'est à peu près à ce moment-là que Thérésine, sa femme de chambre, entre à son service[5]. C'est aussi vers cette date qu'Oswald perd sa mère[6]. Il y a là un parallélisme intéressant puisque ce deuil intervient au moment où Corinne, déjà orpheline de mère, rejoint l'Angleterre, où elle aurait dû épouser Oswald. C'est en 1788 que ces tractations matrimoniales interviennent[7]. Elles sont terminées par la mort de lord Edgermond.

Il y a ici une des rares incohérences chronologiques du roman. Lord Edgermond meurt quand Corinne a vingt ans (376), soit en 1788-89, mais il serait encore vivant en 1791 puisque c'est pendant le séjour d'Oswald en France que lord Nelvil écrit à son vieil ami pour lui demander la main de Lucile (466). Mon propos n'est pas ici de jouer les censeurs mais cette erreur de dates est fort intéressante par les effets textuels qu'elle induit. Elle constitue en effet une véritable ambiguïté narrative, au cœur même de l'intrigue, puisque la mort du père de Corinne déclenche la fuite en Italie, alors que la lettre de lord Nelvil montre que tout était encore possible en 1791. S'agissant de l'analyse d'une fiction, cette discordance a comme seul effet d'ouvrir la diégèse à une autre dimension, d'ordre poétique ou, pour des lecteurs d'aujourd'hui, psychanalytique.

En 1789 (l'année de la Révolution française), Corinne et Thérésine s'enfuient d'Angleterre[8] et s'installent à Rome vers 1790[9]. Le premier ouvrage de Corinne (elle choisit alors ce pseudonyme) paraît à ce moment, en 1789-90[10]. Il est donc à peu près contemporain des premières publications de Mme de Staël (*Lettres sur les écrits et le caractère de Jean-Jacques Rousseau* fin 1788, *Éloge de M. de Guibert* en 1790).

Pendant ce temps, Oswald arrive lui aussi à ses vingt et un ans (en 1791) et il fait un voyage en France au début de l'année (306). Il y reste six mois (306, 312) et rentre donc en Écosse durant l'été 1791[11]. C'est pendant ce laps de temps, nous l'avons vu, que son père est supposé avoir écrit à lord Edgermond pour arranger un mariage avec Lucile. C'est d'ailleurs pendant l'année[12] qu'il passe en Écosse avec son père (1791-92) qu'il rencontre celle-ci[13]. Les événements français vont précipiter sa destinée quand, le 10 août 1792, le comte Raimond est massacré aux Tuileries (316). La date est bien sûr parfaitement historique (elle marque la chute de la royauté) et il faut rap-

1. Voir p. 372, 466. Il a « *vingt-un ans accomplis* » au début de 1791 (306), ce qui le ferait naître au début de 1770, et Corinne en été 1768. Voir aussi p. 28. La différence d'âge entre Corinne et Oswald est exactement la même que celle entre Mme de Staël (née le 22 avril 1766) et Benjamin Constant (né le 25 octobre 1767).
2. Ils sont liés « *depuis vingt ans* » en 1791 (466).
3. Elle a dix ans (361).
4. Lucile a douze ans de moins que Corinne (389, 466). Elle « *entrait à peine dans sa seizième année* » quand Oswald la revoit en décembre 1795 (450, voir aussi 166, 253, 362, 382).
5. Thérésine se dit attachée à Corinne « *depuis onze ans* » en 1795 (253).
6. Il a quatorze ans (205).
7. Corinne a « *près de vingt ans* » (372, voir aussi 373). Mme de Staël, elle, est mariée depuis 1786, après un véritable marchandage : on retrouve donc le même décalage de deux ans entre les deux destinées.
8. Corinne a vingt et un ans, Lucile en a neuf (382, voir aussi 481).
9. Corinne est à Rome depuis quatre ans fin 1794 (74, voir aussi 282).
10. Il a paru cinq ans avant la fin 1794 (50).
11. La fuite du roi et son arrestation à Varennes, fin juin, contribuèrent à tendre un peu plus la situation politique française, ce qui motiva peut-être le départ d'Oswald.
12. « *près d'une année* » (315).
13. Elle a alors douze ans (166, voir aussi 253, 450).

peler que Mme de Staël a vécu les massacres de cette « journée » révolutionnaire, où elle a perdu quelques amis[1]. Oswald vient alors d'arriver à Londres, où il reçoit l'appel au secours de Mme d'Arbigny.

Trois jours après, il est à Paris[2] puis court rejoindre Mme d'Arbigny dans une ville à soixante lieues de Paris (317). Cet éloignement de la capitale correspond donc à peu près à celui de Mme de Staël, qui se réfugie en Suisse au début de septembre 1792. Oswald s'attarde beaucoup plus que prévu : il veut rentrer au moment de la déclaration de guerre entre la France et l'Angleterre (1er février 1793) mais Mme d'Arbigny le retarde (319), et c'est seulement en septembre 1793 qu'une deuxième lettre de son père[3] le détermine à partir. Pendant le séjour d'Oswald en France, son père a passé l'été (468) chez les Edgermond, où il s'est chargé de l'éducation de Lucile, qu'il destine désormais à son fils. Miné par le chagrin, il meurt enfin, dans les derniers mois de 1793. Oswald apprend sa mort par les journaux[4], en arrivant en Angleterre après un voyage de près d'un mois, par l'Allemagne (331). On notera que c'est aussi de 1793 que date le voyage de Mme de Staël en Angleterre et qu'elle perd sa mère en 1794.

DATES ITALIENNES

Voici donc tous les événements qui se sont déjà déroulés lorsque commence le roman, durant « *l'hiver de 1794 à 1795* » (27)[5]. On peut être plus précis. Pour pouvoir arriver à Rome à la fin novembre, il fallait, dans les conditions de l'époque, qu'Oswald fût parti au moins en septembre d'Angleterre. Des séjours comme ceux qu'il fait à Innspruck (33) ou à Ancone[6], les détours nécessités par la guerre ne peuvent qu'allonger le délai, sa santé ne lui permettant pas de rouler « *nuit et jour* » comme lors de son retour en Angleterre. La mention de l'« *hiver* » est donc un peu inexacte mais permet d'expliquer les orages sur la mer du Nord (31).

La datation du séjour d'Oswald à Rome peut être basée sur la date de la lettre que Corinne lui adresse le 15 décembre 1794 (90)[7]. En s'aidant de ce repère ostensiblement fixé par le texte, on peut établir qu'Oswald arrive à Rome vers le 27 novembre et que Corinne est couronnée le lendemain (49)[8]. Leurs premières visites de Rome se situent entre le 15 et le 19 décembre (voir 93, 107, 116) puis, après une première brouille, dans les derniers jours de décembre (voir 125, 127, 136). De même, la lettre d'Oswald à Corinne du 24 janvier 1795 (156) permet de dater la suite des événements : Corinne va au bal le 22 janvier (145), Oswald introduit M. Edgermond chez elle le 26 janvier (171), elle joue *Roméo et Juliette* au début de février (192).

La suite de la chronologie peut s'appuyer sur la date de Pâques en 1795 : le 5 avril[9]. Cependant, cette date, si elle concorde avec celles que donne le roman, n'y figure pas explicitement, et l'on est en droit de se demander si Mme de Staël n'a pas pris des libertés avec la date réelle. Voyons cependant ce que donne cette hypothèse. La « *fin*

---

1. Voir Ghislain de Diesbach, *Madame de Staël*, p.123.

2. C'est-à-dire vers le 16 août si la lettre de Mme d'Arbigny, écrite le 10, a mis le même temps pour arriver.

3. Voir p. 324. Sur la première lettre de lord Nelvil, voir p. 322. La défaite anglaise de Hondschoote, en Hollande (septembre 1793) est peut-être pour quelque chose dans ce rappel d'Oswald, qui est officier.

4. Cet événement se situe « *vingt mois* » (332) avant qu'Oswald en fasse le récit à Corinne (juin-juillet 1795), soit en octobre-novembre 1793.

5. Il n'est pas étonnant qu'un officier anglais ait pu obtenir « *un congé d'une année* » (168) à cette date. En effet, l'Angleterre préférait alors contribuer financièrement aux guerres continentales (qui tournaient d'ailleurs à l'avantage des Français) et se contentait d'envoyer un corps expéditionnaire aux Antilles. Le 13 décembre 1794, quelques membres du Parlement anglais demandaient même de conclure un traité de paix avec la France (ce que faisaient la Prusse et l'Espagne de leur côté).

6. « *Quelques jours* » (39).

7. Il est à noter que toutes les dates données dans le roman ne sont pas libellées selon le calendrier révolutionnaire, alors en usage.

8. La rencontre de Mme de Staël et de Benjamin Constant a lieu elle aussi dans l'automne 1794.

9. On trouvera sur le site Internet *http://www.pourlascience.com/paques/paques.htm* toutes les indications voulues pour effectuer ce calcul.

du carnaval » (239), si cette expression se réfère bien au mardi gras, tombait le 17 février. C'est également ce jour-là que Corinne emmène Oswald dans sa maison de Tivoli pour lui faire voir les peintures qu'elle y collectionne (227, 228). La veille (16 février), elle lui avait montré les tableaux et les sculptures de Rome (215). Comme Oswald est resté couché pendant six jours après la représentation de *Roméo et Juliette* (212) et que les visites n'ont pu reprendre qu'après son rétablissement (215), la représentation n'a donc pu avoir lieu que dans les tout premiers jours de février. La semaine sainte a débuté le lundi 30 mars, et c'est donc à peu près le moment où Corinne s'absente pour faire retraite (251). Oswald la revoit le vendredi saint, 3 avril (265).

Mais c'est seulement à la fin du mois de mai[1] que les amoureux partent à Naples (277), il aura donc fallu presque deux mois pour les préparatifs. Corinne, à vrai dire, retarde autant qu'elle peut le moment de sa confession. Le voyage (environ 200 km) est cependant assez rapide puisqu'ils arrivent au soir du premier jour à Terracine, à mi-chemin et en vue de Naples (277), où ils font leur entrée le lendemain (290). Puisqu'ils assistent à un office dominical le lendemain de leur arrivée, sur le navire anglais (294)[2], on peut en déduire que la fatale soirée à Terracine a eu lieu un vendredi (jour de Vénus / mort du Christ). Tout s'enchaîne ensuite très vite dans une narration coupée par les longues autobiographies des héros : le lundi (299) ils visitent Pompéia et le Vésuve, où Oswald raconte l'histoire de sa vie, le mardi (340), c'est au tour de Corinne de mettre la sienne par écrit. Huit jours plus tard (342, 344, on est donc au début de juin), a lieu la fameuse scène du cap Misène. Trois jours après (359), Corinne remet sa confession à Oswald. Leur triste retour à Rome, avec le prince Castel-Forte, a lieu fin juillet (399-401). Corinne tombe malade, elle est veillée pendant huit jours par Oswald (406), puis elle retarde autant que possible leur départ, et c'est « *au commencement du mois de septembre* » (412) qu'ils partent pour Venise. Leur voyage, par les Appenins (413), Notre-Dame de Lorette (414), Ancone, Ferrare (417-419), est assez long, puisqu'ils n'arrivent à Venise qu'au début novembre : Corinne joue dans *La Fille de l'air* le 17 novembre (434, *cf.* 576). Ce jour est aussi celui de leur séparation[3].

DATES BRITANNIQUES

Le voyage maritime d'Oswald doit prendre environ un mois[4], après quoi il arrive à Londres où il attend six semaines (449) le départ de son régiment, initialement prévu pour la mi-décembre (437), c'est-à-dire juste au moment où il arrive d'Italie. Il part alors (on doit être à la mi-janvier) pour l'Écosse (474), où il revoit lady Edgermond et Lucile (450). Il attend alors plusieurs mois (472) le départ de son régiment, sans cesse repoussé[5].

Le séjour de Corinne en Angleterre est plus difficile à dater avec précision. On peut conjecturer qu'elle arrive en Angleterre au mois de février 1796. Cela correspond avec le contenu de la lettre d'Oswald qui la décide à partir. Il y parle (475) d'un délai de six semaines, ce qui correspond avec celui qu'il a eu en décembre, et durant lequel il est resté à Londres (449). Il aurait donc écrit à ce moment-là à Corinne une lettre arrivée début janvier à Venise, ce qui laisse à celle-ci tout juste le temps de faire le voyage d'un mois jusqu'en Angleterre pour voir Oswald avant son départ. Elle est ensuite malade pendant quinze jours (478), dès son arrivée. Pendant ce temps, Oswald revient à Londres, et il assiste à la représentation du *Fatal mariage* (480, 481), où Corinne le revoit avec Lucile. Quinze jours après (486), elle les revoit lors d'une cérémonie mili-

1. Ils reviennent de Naples à la fin juillet (401), deux mois (400) après leur départ. C'est la date du périlleux voyage de Mme de Staël à Paris avec Benjamin Constant (ils y arrivent le 25 mai 1795).
2. Les deux dates possibles, pour 1795, sont les dimanches 24 et 31 mai.
3. Oswald, à cette date, a largement excédé les limites de son congé d'un an.
4. C'est le temps que mettra Corinne pour faire le trajet inverse, mais sans passer par la mer Adriatique et avec « *un vent favorable* » (510).
5. En mars 1796, le ministère anglais entamait des négociations avec la France, par l'entremise de la Suisse.

taire. On est donc en mars. C'est le même jour que Corinne se rend chez Oswald et apprend qu'il est reparti pour l'Écosse (493). Elle se met en route à son tour (493) et tombe à nouveau malade pendant huit jours (495, 496). C'est le lendemain qu'elle rencontre M. Dickinson (496) et qu'elle assiste, cachée, au bal chez les Edgermond (498). Elle est à nouveau malade pendant huit jours (c'est la troisième fois en Angleterre...), elle est soignée par d'Erfeuil (506). Le lendemain de son rétablissement (encore un vendredi), elle lit dans le journal l'annonce du mariage d'Oswald et de Lucile (506, 507), qui a lieu le dimanche suivant (507). C'est le même jour que Corinne quitte l'Angleterre et s'embarque à Plymouth (507). On doit être à la fin mars ou au début d'avril.

RETOURS EN ITALIE

Corinne, après un voyage de « *moins d'un mois* » (510), arrive à Livourne puis se rend à Florence (511), où elle doit donc s'installer courant mai[1]. « *Un soir de juin* » (513), elle visite les églises de Florence puis, le lendemain, la galerie des Offices (517). Les autres événements de cette année 1796 sont plus difficiles à situer. Castel-Forte, qui est venu s'installer à Florence (526), reçoit une première lettre d'Oswald (537), qui ne s'est aperçu que quelques jours après son mariage du voyage de Corinne en Écosse (533) et à qui d'Erfeuil n'apprend toute la vérité qu'après l'envoi de cette première lettre (537). Il écrit alors une deuxième lettre, dans laquelle il annonce son départ pour l'Amérique (528)[2]. C'est là-bas qu'il reçoit une lettre de lady Edgermond qui lui apprend la grossesse de Lucile (538).

Juliette naît donc à la fin de 1796 ou au début de 1797[3]. D'Erfeuil quittera l'Écosse près d'une année après son arrivée, donc vers mars 1797 (539), Oswald, lui, fait la guerre durant quatre ans, jusqu'en 1800, avant de rentrer chez lui (539, 540). On doit être aux alentours d'octobre-novembre puisque Lucile, dont nous avons vu qu'elle est née vers novembre, « *avait près de vingt ans* » (542). Oswald écrit encore une fois à Castel-Forte une lettre qui n'arrivera pas (545)[4] et ce n'est qu'avec la paix d'Amiens (27 mars 1802) qu'il peut envisager un voyage en Italie (545). Mais au mois de novembre de la même année, la santé de sa belle-mère empire (546) et elle meurt. Oswald est lui-même au plus mal et décide d'aller passer l'hiver en Italie.

Les événements subissent là une curieuse accélération puisque Oswald et Lucile sont dans les Alpes « *au commencement de décembre* » (548), après avoir traversé la France. Cela laisse peu de temps et laisse supposer un départ précipité après les funérailles, justifié par la santé de Nelvil. Quand ils arrivent à Turin, après une difficile traversée, ils apprennent la mort d'Alfieri (553), mort en réalité le 8 octobre 1803. Il faut conjecturer ici une erreur ou une inadvertance[5] ; il est impossible de supposer un voyage de dix mois, et de penser qu'Oswald, aussi désireux de chaleur que de revoir Corinne, se serait attardé dans la montagne. Ils arrivent à Turin « *au milieu de l'hiver* » (553), et donc peu après leur traversée, sans doute en janvier. Ils vont ensuite à Milan (556), à Parme (558), à Bologne (559) et n'arrivent à Florence qu'à la fin de l'automne (562), sans doute en décembre. C'est donc à un périple touristique très lent qu'est consacrée l'année 1803, avec des haltes prolongées dans les villes visitées. Ce voyage, avec un jeune enfant, dure près d'un an.

---

1. Elle arrive donc en Italie au moment des campagnes napoléoniennes (commencées en avril). On sait que Napoléon n'apprécia guère que *Corinne* n'y fît aucune allusion.
2. Peut-être fait-il partie de l'armée qui, sous les ordres d'Abercromby, prend la Trinité en février 1797.
3. Le mariage ayant eu lieu au plus tôt fin mars, elle ne peut guère naître avant décembre, et elle a « *plus de trois ans* » quand Oswald rentre de ses campagnes, fin 1800 (542).
4. À cause de la guerre. Le 28 mars 1801 était signé à Florence un traité par lequel le royaume de Naples s'engageait à ne plus admettre de navires anglais dans ses ports.
5. Mme de Staël, cependant, a longuement fréquenté en 1805 la comtesse d'Albany, qui lui a parlé d'Alfieri, dont elle avait été l'égérie.

Les événements à Florence sont plus rapides puisque la dernière improvisation de Corinne à l'Académie a lieu à la mi-janvier 1804 (580) et que l'héroïne meurt quelques jours après (586)[1]. La reprise progressive des relations entre Juliette, Lucile, Oswald et Corinne (564, 571, 575, 577) n'a donc duré qu'un mois environ.

L'image de l'Italie

I. L'ITALIE, DEUX FOIS MÈRE DES ARTS

Allégoriques et métonymiques de la grandeur de l'Italie, les grandes figures littéraires tels Virgile, Horace, Sénèque et Plaute, pour l'Antiquité ; Dante, Pétrarque, L'Arioste et Le Tasse, pour l'époque moderne, érigent ce pays en patrie des arts. Les poètes français se placeront sous l'égide de ces auteurs tutélaires.

A. L'Age d'Or

Ils trouveront chez eux leur inspiration : Jodelle et Hardy de Virgile, pour leurs respectives *Didon se sacrifiant* (1574 et 1624), Voltaire du Tasse, auquel il emprunte son personnage de Tancrède (*Tancrède*, 1776), Bossuet de Pline, dont il reprend la tradition des annales, avec son *Discours sur l'histoire universelle* (1681). La pratique de la traduction les rapprochera encore de cette Italie révérée, celle d'un Brebeuf offrant *La Pharsale* (1655*)*, ou d'un Dellile revisitant *Les Géorgiques* (1770).

Admiratifs et conscients de la dette qu'ils ont contractée, les hommes et femmes de lettres français prêtent un serment d'allégeance aux génies italiens. Les formules sont éloquentes : Guez de Balzac pose que « *la peinture, la musique, et la comédie sont estrangers en France, et naturelles en ITALIE* » (*Lettres*, 1624), Madame Dacier évoque « *ceux qui sont encore maistres, et qui nous enseignent à penser, à raisonner, à parler, à escrire* » (*Cause de la corruption du goust*, 1714), Diderot « *l'inspiration des grands modèles* » (*Salons*, 1768), et il n'est pas jusqu'à d'Alembert, qui, dans le « *Discours préliminaire* » de *L'Encyclopédie*, ne salue l'Italie car « *c'est à elle sur tout que nous devons les beaux-arts* ».

De tels parangons esthétiques sont aptes à assurer les bases des arts poétiques : dans *La Pratique du théâtre* (1657), l'abbé d'Aubignac fait de Plaute le modèle à suivre en matière d'art dramatique comique, et dans son *Art poétique* (1763), Marmontel, afin de parer aux austères unités aristotéliciennes, argue de la prodigieuse luxuriance de l'opéra italien.

B. Le crépuscule des Dieux

L'influence exercée par l'Italie littéraire sur les artistes français est telle que leur refus péremptoire de se conformer aux canons italiens équivaut encore à un aveu de soumission.

La révélation des défaillances du génie italien vient dessiller une idolâtrie aveugle : dans la préface du *Berger extravagant* (1627), Charles Sorel relève les invraisemblances de Virgile, l'abbé Dubos stigmatise le manque de talent des Italiens pour la tragédie (*Réflexions critiques sur la poésie et la peinture*, 1773), et Boileau dénonce

---

1. Corinne meurt la même année que Necker (mort en avril 1804).

l'artificialité de leur style exubérant : « *Laissons à l'Italie de tous les faux brillans l'éclatante folie* ».

L'Italie est de surcroît accusée, notamment par Philippe de Vienne (*Philosophie de court*, 1548), et par Fougeret de Maubron (*Le cosmopolite*, 1750), de récolter des lauriers depuis longtemps fanés.

La peinture de l'italianisme du temps comme un phénomène de mode a aussi son rôle à jouer dans cette révolte contre les maîtres italiens. Sorel moque la ridicule introduction de noms italiens en vogue parmi les courtisans (*La Bibliothèque françoise*, 1664), l'abbé Dubos rit d'appellations comme « *Caton galand et Brutus dameret* » (*op. cit.*).

Grandie par ce travail de sape du génie italien, la France peut s'approprier une place tant convoitée au Parnasse. Pour preuve, les mots du père Bonhours, dans les *Entretiens d'Ariste et d'Eugène* (1671) : « *Le siecle present est pour la France ce que le siecle passé étoit pour l'Italie ; on diroit [...] que tous les autres peuples soient barbares en comparaison des Français.* »

II. ITALIA, TERRA DEL DESIDERIO

A. Les délices de Bacchus

Hautement érotisée par la littérature française, la terre italienne tend sur le papier son sein généreux, s'abandonnant autant qu'elle invite à s'offrir à une fête des sens et de l'amour. Pays où courent de branche en branche les pampres, qui « *apportent en dot leur abondance* » (*Voyage en Italie* du XVIᵉ), prodiguant la « *volupté d'un matin de printemps d'Italie* » (madame de Krudener, *Valérie*, 1803), mais aussi « *ces hyvers tiedes, et chargez de roses, qui sot reservez à nostre belle Italie* » (Guez de Balzac, *Lettres*, 1624).

Nourris de ces fruits enivrants, les enfants de ce pays apparaissent prédisposés à l'amour : des femmes libertines (voir *Les Illustres Françoises* de R. Chasle, 1713), et des sigisbées (voir Helvétius : *De l'homme*, 1771). Il est donc entendu qu'à leur contact, le jeune voyageur accomplira son initiation au désir, comme le rappelle plaisamment Rousseau, dans *Les Confessions* (I, 3), avouant être revenu du voyage « *comme peut-être jamais à mon âge on en est revenu. J'en avais rapporté non ma virginité, mais mon pucelage.* »

Généreuse, l'Italie console aussi les cœurs malheureux. Maynard, dans ses *Odes à la belle Vieille* (1646), chante la douceur même d'y être mélancolique :

> Et couché sur des fleurs et sous des orangers,
> J'ay monstré ma blessure aux deux mers d'Italie.

Mais, volcanique, elle peut toujours être la scène des fatales passions. C'est la terre sur laquelle Antiochus vient retrouver Bérénice :

> Mais enfin succombant à ma mélancolie
> Mon désespoir tourna mes pas vers l'Italie.
> Le sort m'y réservoit le dernier de ses coups.

B. Le secret des dieux

Excités par l'abondance italienne, les yeux de l'observateur français, vecteurs du désir, stimulent également un insatiable appétit de savoir. Quel autre pays que l'Italie pouvait donc alors servir de terrain d'investigation aux recherches de l'avide « *docteur Fauste* », dans le récit qu'en donne Palma-Cayet, en 1598 ?

C'est d'ailleurs à ce désir dévorant que les écrivains français imputent la frénésie du voyage en Italie, comme pérégrination géographique autant que genre littéraire. La main qui écrit le *Voyage en Italie*, au XVIᵉ siècle, invoque une « *affamée curiosité des François* », et Pasquier, dans ses *Lettres familières* de 1613, une « *convoitise de voir* ».

C. La *furia* étrangère

Impertinent pays de cocagne, héritier de l'arrogante puissance latine, l'Italie déchaîne par-dessus tout une soif de pouvoir, dont les littérateurs français témoignent abondamment.

Ils prennent plaisir à décliner les multiples facettes de l'obscur objet du désir que constitue pour eux l'Italie. Et si Montesquieu (*Correspondance*, 1755) pose avec une feinte naïveté que « *l'Italie doit être une belle chose, car tout le monde veut l'avoir* », Montchrestien (*Traicté d'oeconomie politique*, 1615) nomme sans complaisance les enjeux de cette avidité : « *le desir de regner, la convoitise des richesse, l'ambition de gloire* ».

Et les écrivains d'égrener avec une certaine délectation la longue liste des envahisseurs de l'Italie. Les Barbares y figurent en bonne place, chez Honoré d'Urfé, détaillant dans *L'Astrée* (1610) le fort des troupes de Genséric : « *des affriquains, des mores, ou vandales* », chez Georges de Scudéry faisant un héros du chef des Goths, dans *Alaric ou Rome vaincue* (1654). Constantinople, autre lieu éminemment fantasmé, est aussi désignée comme un bras destructeur de la grande Italie : dernière création de la vaniteuse hydre romaine, elle amorce l'interminable déclin italien, expliquent l'abbé de Mably (*Parallèle de Romains et de Français*, 1740) et Voltaire (*Essay sur l'histoire générale*, 1756) ; Marmontel fait d'ailleurs d'un chef byzantin, Bélisaire, le héros de mémoires imaginaires (*Bélisaire*, 1767).

Les luttes intestines ravageant le pays apportent une variation à cette littérature consacrée au trépas de l'Italie. Qu'elles opposent les Florentins aux Pisans (Pare, *Monstres et prodiges*, 1585), ou les Guelfes aux Gibelins (père Le Moyne, *Saint-Louys*, 1653), elles trouvent toujours leur origine dans la concupiscence de ce pays si désirable :

> Mais la soif de régner règne toujours sur l'âme ;
> Et comme la grandeur a d'éternels appas,
> L'Italie est sujette à de soudains trépas.
>
> (CORNEILLE, *Pertharite*)

Penchés, non sans perversité, sur l'Italie agonisante, les écrivains français formulent à mots couverts des souhaits de mort à l'encontre de ce pays trop envié. L'Usbek des *Lettres persanes* prononce la sentence : « *une nation autrefois maîtresse du monde, aujourd'hui esclave de toutes les autres* ». Et si de pudiques appétits transpirent du récit des secours portés par Pépin au pape, dans *La Fleur de la maison Charlemagne*, de Fauchet (1601), ils sont criants sous la plume de Guez de Balzac : « *S'ils le desiroient, les François, je ne doute pas qu'ils emportassent à la fin l'entiere couronne d'Italie* » (*Le Prince*, 1631).

III. L'ITALIE VOISINE, OU LE MÊME ET L'AUTRE

A. Le centre du monde

Même affaiblie, l'Italie reste le parangon de la civilisation occidentale, et, par voie de conséquence, le pays autour duquel se construit toute cartographie imaginaire.

Elle est pour les écrivains français le pays-étalon, dont la référence rend le monde lisible. Le père du Halde effectue cette opération intellectuelle, quand il compare les étranges plats de viandes disposés sur les tables chinoises aux « *figures de sucre qu'on met sur la table, dans les festins d'Italie* » (*Description de l'empire de Chine*, 1735). Et c'est sur ce rapport de conformité que Cyrano de Bergerac fonde son effet de surprise, en attribuant une Italie au monde de la Lune.

Appelant l'adhésion identificatrice, l'Italie se fait miroir de la France, où, distanciés, conflits politiques et mouvements d'idées gagnent en épaisseur et en clarté. Le Grand

Siècle voit se multiplier les tragédies prenant pour sujet la passion politique italienne : Racine offre bien sûr *Bérénice*, Corneille, *Cinna*, mais l'on doit aussi à ce dernier *Attila* et *Sertorius*, et à G. de Scudéry un *Eudoxe*. Agrippa d'Aubigné situe l'ennemi catholique au-delà des Alpes et se projette en Hannibal allant à la rencontre des « *monstres d'Italie* ».

Habilement orienté, l'écran de projection italien permet de surcroît d'échapper à la censure. Aussi n'est-on pas dupe de Guez de Balzac dénonçant un festin romain d'une profusion « *telle qu'elle épuisa une partie de l'Italie* » (*Dissertations critiques*, 1654). On remarquera également l'esprit séditieux et conspirateur des héros italiens mis à l'honneur par le XVIIIe siècle : Caïus Gracchus et Marius (Vertot, *Histoire de révolutions*, 1719), Catilina (Crébillon, *Catilina*, 1749), Spartacus (Saurin, *Spartacus*, 1760).

B. L'allié commercial

Distinguée en tant que prospère voisine, l'Italie est aussi décrite comme la partenaire idéale d'échanges.

Son heureuse situation maritime fait d'elle un modèle en matière de commerce, aux yeux de Montchrestien (*op.cit*) ou de l'abbé Raynal (*Histoire philosophique et politique*, 1770).

Ses quais, recevant des comptoirs des produits exotiques, piquent la curiosité. Peiresc dans ses *Lettres au père Dupuy* (1634), décrit un « *alzaron* » qu'il a pu admirer, ayant « *la corpulence et gracilité des membres d'un cerf, le manteau, la queüe et les cornes d'un bœuf* ».

Sa technicité est aussi recherchée par des écrivains se voulant le fer de lance de transactions concrètes. L'abbé Galiani signale l'apparition d'une « *étuve à bleds* » (*Dialogues sur le commerce de bleds*, 1770), Bernardin de Saint-Pierre étudie l'implantation des cultures sur le sol italien : l'amandier, le prunier, l'olivier (*Voyage à l'Ile de France*, 1773).

C. La menace

Mais l'intérêt positif ne parvient pas à chasser les fantômes de la peur s'infiltrant aux portes de la France. Et la littérature a pu se faire le vecteur du fantasme d'une Italie vénéneuse et menaçante.

Les miasmes de la peste émanent de cette terre malsaine, avertissent Peiresc (*Lettres au père Dupuy*, 1634) et Baillet (*Vie de monsieur Descartes*, 1691).

Une rare cruauté anime ses habitants, si l'on en croit Bernardin de Saint-Pierre, nous rappelant que nous leur devons l'art du duel (*Études de la nature*, 1784), ou l'abbé de Mably, brandissant le spectre de Médicis l'empoisonneuse, « *princesse consommée par les intrigues rafinées et peu sûres* » (*Parallèle des Romains et des Français*, 1740).

Enfin, les passions débridées des Italiens menacent la belle raison française, que ce soit parce que, chez eux, on tue par amour, « *par une voie trop ordinaire en Italie* » (Abbé Prévost, *Nouvelles lettres angloises*, 1755), autant que pour l'atmosphère superstitieuse qui y règne, poussant même les bandits à faire dire des messes pour le succès de leurs entreprises (Voltaire, *La Bible enfin expliquée*, 1776).

හ⊘ଓ

PARCOURS THÉMATIQUE

Personnages

I. LE PHYSIQUE DES PERSONNAGES

Si Madame de Staël s'étend largement sur la psychologie de ses personnages, nous fait suivre les méandres de leurs passions et de leurs désespoirs, elle est en revanche très avare de détails quant à leur description physique.

A. Corinne

Nous n'avons de « *la jeune et belle Corinne* » (183) qu'un portrait à peine ébauché : « *Ses bras étaient d'une éclatante beauté ; sa taille grande, mais un peu forte, à la manière des statues grecques, caractérisait énergiquement la jeunesse et le bonheur ; son regard avait quelque chose d'inspiré.* » (52). Supposerons-nous qu'elle a les yeux noirs, puisque nous savons qu'elle est à demi Italienne et qu'elle est brune : « *ses cheveux noirs, son teint un peu bruni par le soleil d'Italie* » (488) ? Ses cheveux sont mentionnés à plusieurs reprises : « *Elle détacha le schall qui entourait son front, et tous ses cheveux, d'un noir d'ébène, tombèrent en boucles sur ses épaules* » (67), « *ses cheveux noirs tout épars* » (178). Il est également précisé que ses traits sont « *prononcés* » (488), et que sa physionomie est « *la plus vive et la plus mobile* » (77). Cette physionomie si vive se trouve altérée à la fin du roman, alors qu'elle est mourante : « *ce qui le frappa surtout, c'est l'inconcevable changement de la figure de Corinne. Elle était là, pâle comme la mort, les yeux à demi fermés, et ses longues paupières voilaient ses regards et réfléchissaient une ombre sur ses joues sans couleur* » (566-567).

B. Oswald

« *Oswald lord Nelvil, pair d'Écosse* » (27) n'est qu'esquissé. Comme pour Corinne, nous en sommes réduits aux suppositions. Lorsque Corinne le remarque, « *à ses traits, à la couleur de ses cheveux, à son costume, à sa taille élevée, à toutes ses manières* » (65), elle le reconnaît « *pour un Anglais* », il faut donc imaginer qu'il a le teint et les cheveux clairs. L'auteur précise (27) qu'il a « *une figure noble et belle, beaucoup d'esprit* », « *le regard fier et doux* » (32), des manières dignes ainsi que de la « *noblesse dans les expressions* » et de l'élégance (89). Nous avons un autre aperçu de sa prestance à la fin du livre (488), lorsqu'il parcourt Hyde Park à la tête de son régiment : « *Il avait, dans son uniforme, la plus belle et la plus imposante figure du monde* ».

C. Lucile

Paradoxalement, c'est au sujet de Lucile que l'on trouve le plus de détails, à commencer par un portrait d'elle enfant : « *Ma petite sœur, qui avait alors trois ans, me fut amenée ; c'était la figure la plus blanche, les cheveux de soie les plus blonds que j'eusse jamais vus* » (362). La beauté et la couleur des cheveux de Lucile sont soulignés à maintes reprises : « *des cheveux d'un blond admirable* », que lord Nelvil « *avait remarqués très attentivement, il y avait trois ans, à cause de leur rare beauté* » (253) ; « *ses beaux cheveux blonds, légers comme l'air, tombaient avec grâce sur son charmant visage* » (490). De Lucile enfant, nous passons à Lucile adolescente, « *étonnamment embellie* » par le passage « *de l'enfance à la jeunesse* » (449-450). Oswald de retour en Angleterre découvre donc « *une jeune personne de la taille la plus élégante, avec des cheveux blonds d'une admirable beauté, qui étaient à peine retenus par son chapeau* ». L'adolescente élancée laissera une impression profonde à Lord Nelvil, qui sera frappé « *de cet air imposant et modeste, et de cette figure vraiment angélique* » (450) : « *C'était Lucile qui entrait à peine dans sa seizième année. Ses traits étaient d'une délicatesse remarquable : sa taille était presque trop élancée, car un peu de faiblesse se faisait remarquer dans sa démarche ; son teint était d'une admirable beauté, et la pâleur et la rougeur s'y succédaient en un instant. Ses yeux bleus étaient si souvent baissés que sa physionomie consistait surtout dans cette délicatesse de teint qui trahissait à son insu les émotions que sa profonde réserve cachait de toute autre manière* » (450). Mme de Staël insiste sur l'apparence angélique et parfois même surnaturelle de Lucile : « *tous ses mouvements donnaient l'idée d'une de ces sylphides que l'imagination nous peint avec des couleurs si délicates* » (490). Corinne délaissée revoit sans cesse dans le miroir « *le visage aérien de sa sœur* » (488), et Oswald en arrive même à la voir passer en songe, mêlant rêve et réalité : « *Lucile dessinait déjà sur le balcon. Ses cheveux, qu'elle n'avait point encore rattachés, étaient soulevés par le vent. Elle ressemblait ainsi au songe de lord Nelvil, et il fut un moment ému en la voyant, comme par une apparition surnaturelle* » (456). L'apparence fluide et éthérée de Lucile est due d'une part à sa très grande jeunesse : « *On a tant de plaisir à ramener la joie sur un visage encore enfant ! Le chagrin n'est pas fait pour ces physionomies où la réflexion même n'a point encore laissé de traces.* » (486), d'autre part aux premiers émois adolescents : « *c'est l'admirable beauté de seize ans, l'expression angélique de cet âge, l'ame timide et neuve qui consacre à l'objet de son choix les premiers sentiments qu'elle ait jamais éprouvés* » (487). La beauté de Lucile tient en outre de sa pureté, de sa piété : « *Elle contempla cette expression de piété si pure, ce visage si jeune, que les traits de l'enfance s'y faisaient remarquer encore* » (502) ; « *Lucile se mit à genoux devant la tombe de son père : elle écarta ses blonds cheveux qu'une guirlande de fleurs tenait rassemblés, et leva les yeux au ciel pour prier avec un regard angélique* » (502). Si le mariage de Lucile et d'Oswald occupe bien moins de place dans le roman que la relation de ce dernier avec Corinne, par contre, nous suivons Lucile de l'enfance jusqu'à l'âge adulte, où elle ne perd rien de son charme : « *Lucile était encore embellie, elle avait près de vingt ans. Sa beauté avait pris un caractère imposant, et inspirait à lord Nelvil un sentiment de respect* » (542). Corinne nous dévoile des bras d'une éclatante beauté, mais c'est un « *pied charmant* » que nous montre Lucile au moment de monter à cheval (490). Sa beauté est telle qu'elle mettra Corinne, qui n'est alors plus très loin de la trentaine, au désespoir, et lui fera revêtir son habit de deuil : « *Elle se compara dans sa pensée avec elle, et se trouva tellement inférieure, elle s'exagéra tellement, s'il était possible de se l'exagérer, le charme de cette jeunesse, de cette blancheur, de ces cheveux blonds, de cette innocente image du printemps de la vie* » (481). Qu'on la trouve « *ravissante* »

(451) ou « *élégante* » (462), la figure de Lucile fait l'unanimité. Elle est « *la plus belle personne d'Angleterre* » (483), et l'auteur n'hésite pas à utiliser des superlatifs : « *même en Angleterre où les femmes sont si belles, il n'avait paru une personne aussi remarquable* » (481).

II. LUCILE

Lucile est de tous les personnages celui qui présente la plus grande cohérence psychologique pour le lecteur actuel.

Le premier émoi amoureux de cette adolescente, sa timidité devant l'homme qu'elle aime, sa jalousie et son incapacité à résoudre le malaise qui règne dans son couple paraissent plus vraisemblables, plus cohérents que la passion mortelle qui détruira Corinne. Peut-être la longueur de la fréquentation (à la fin du roman, Oswald connaît Lucile depuis plus de cinq ans, alors que la relation avec Corinne n'aura duré qu'un an) et le cadre des histoires d'amour (Oswald est marié avec Lucile, ils ont un enfant, mais le type de relation amoureuse avec Corinne n'est pas parfaitement défini et paraît moins ancré dans le réel) permettent-ils une évolution psychologique plus cohérente avec Lucile qu'avec Corinne.

C'est l'éveil des sentiments chez une adolescente : lorsqu'elle apprend qu'elle doit dîner avec Oswald, elle « *rougit plus vivement encore que dans le jardin* » (451), puis s'occupe « *sans jamais lever les yeux, ni se mêler de la conversation* ». Au moment de la prière, nous la voyons « *plus touchée que de coutume* » (455) en présence d'Oswald, sujette à des pleurs qu'elle essaye de dérober aux regards de ceux qui l'entourent. Ce « *cœur timide, innocent, à lui-même inconnu* » (94) reçoit avec Oswald « *la première impression qui la fai[t] sortir de l'enfance* » (531). Malgré sa modestie (532) et cette grande timidité qui la trouble au point de ne plus voir ni entendre (498-499), elle est capable de rester avec Oswald quelques minutes sans sa mère (457), et de le suivre en se cachant derrière les arbres, avec cependant un grand sentiment de culpabilité : « *la pauvre enfant n'avait rien éprouvé de si vif, ni de si coupable en sa vie, que le sentiment qui l'avait conduite à désirer de voir passer lord Nelvil ; et loin de penser à le saluer tout simplement, elle se croyait perdue dans son esprit pour avoir été devinée* » (462). Son mariage la comble : « *Lucile n'avait que de l'espoir ; l'enfance se mêlait en elle à la jeunesse, et la joie à l'amour* » (533), en ne lui ôtant pas sa timidité : elle a du mal à prendre confiance en son époux et à établir un contact avec lui. Bien qu'elle soit « *affligée du départ d'Oswald* » à la guerre, elle reste très froide (538, 540 et 574), même dans ses lettres, qui sont « *bien moins sensibles que le fond de son cœur* » (540). Le malaise s'instaure entre les époux, à la fois à cause du silence d'Oswald envers Lucile, et de la timidité de celle-ci, qui a redoublé au point qu'elle n'ose pas lui dire qu'elle est enceinte (538). Lucile ayant deviné l'amour de son mari pour sa sœur se montre tour à tour « *jalouse de Corinne et mécontente d'Oswald, qui avait pu se montrer si cruel envers une femme dont il était tant aimé* » (539), au point d'en éprouver de la douleur et de craindre pour son propre bonheur : le fait qu'Oswald ait sacrifié le bonheur de Corinne lui paraît de mauvais augure pour son propre mariage (539) et lui fait craindre qu'il ne l'ait choisie qu'à cause de sa position sociale. Lucile aime son mari, mais elle est persuadée qu'il ne l'aime pas, et n'ose lui communiquer ses craintes (563). Son époux étant lui-même triste et préoccupé, il ne l'encourage pas : « *ils étaient tous les deux retenus par une timidité pareille, inquiets de leur disposition mutuelle* » (574). Lucile est blessée de la tristesse d'Oswald, mais détourne toujours « *un entretien qui aurait pu conduire à une explication* » et reste « *digne et froide* » (574).

Nous suivons pas à pas les affres de Lucile, ses tentatives pour apprendre par le comte d'Erfeuil les détails de la relation entre Oswald et Corinne (539), sa « *douleur de ne pas se croire aimée* » (543), sa jalousie, et la façon dont elle cache ses sentiments par fierté, son silence, sa froideur (544) et sa réserve, dus aux idées positives que sa mère lui a inculquées, et qui masquent sa « *grande douceur de caractère* » (143), la façon dont elle est blessée lorsque son mari lui donne des conseils, dans lesquels elle voit un souvenir de Corinne (143), sa peine et son silence lorsque, « *par l'instinct du cœur* », elle reconnaît, « *dans l'intérêt plus vif que lord Nelvil mettait à ses propres discours, le retentissement de son affection pour Corinne* » (544), puis la culpabilité qu'elle éprouve au retour de Lord Nelvil en lui présentant sa fille (542). Le fait que Lucile soit aussi soumise à sa mère (143 et 532) qu'à son époux, en qui elle voit son protecteur (533) ne fait rien pour arranger les choses : en partageant trop vivement les inquiétudes de sa fille (540), Lady Edgermond confirme ses craintes « *pour exciter davantage sa fierté* » (540), et empêche donc Lucile de se réunir à son époux (543-544), ce qui aurait été possible, car elle a « *plus d'esprit* [que sa mère] *et plus de flexibilité dans le caractère* ». Malheureusement, alors qu'elle est capable d'affections vives, Lucile est contrainte par son éducation : « *on l'avait bien convaincue qu'il ne fallait pas révéler ce qu'elle éprouvait, mais elle ne prenait aucun plaisir à dire autre chose* » (548).

Bien que remplissant au mieux ses devoirs (547), Lucile est rongée par le doute : dans la reconnaissance que lui exprime lord Nelvil lorsqu'elle se rallie à son projet d'aller en Italie pour sa santé, elle ne voit que « *le dessein de la préparer au voyage* » (545), et en est blessée ; elle est partagée entre son amour pour son mari et son inquiétude pour sa santé, qui la poussent à « *s'exagérer la maladie de son époux* » et sa jalousie envers Corinne qui l'engage à « *chercher des raisons pour atténuer ce que les médecins mêmes disaient du danger qu'il courait en restant en Angleterre* » (545). Le fossé se creuse entre les époux, car, par fierté, Lucile met le plus grand soin à cacher sa sensibilité, Oswald attribue donc sa conduite « *à l'indifférence et à l'égoïsme* » (545), la trouve froide (547) ; ils en arrivent à « *se bless*[er] *réciproquement, parce qu'ils ne s'avou*[ent] *pas leurs sentiments avec franchise* » (545). Les moments où un début d'entretien est amorcé entre Lucile et Oswald, pour ensuite avorter et se terminer par un silence sont innombrables (533, 547, 556). : « *Dans ce moment, la mère et la fille étaient charmantes. Oswald les regarda toutes les deux avec tendresse ; mais encore une fois le silence suspendit un entretien qui peut-être aurait conduit à une explication heureuse* » ; 547, « *le silence de tous les deux finit l'entretien* » ; 556, « *Les larmes étaient prêtes à la suffoquer, et si elle se fût abandonnée à cette émotion, peut-être ce moment eût-il été le plus doux de sa vie ; mais elle se contint, et la gêne qui existait entre les deux époux n'en devient que plus pénible* ». Lorsque, dans l'église de Parme (558-559), Lucile est attendrie par les paroles de son mari la comparant à la madone *della Scala* du Corrège, elle se sent prête « *à lui demander si son cœur pouvait se fier à cette expression de tendresse* », mais quand un mot d'Oswald lui paraît froid, « *sa fierté l'empêch*[e] *de s'en plaindre* » ; pire, lorsqu'elle est « *heureuse d'une expression sensible* », elle craint de « *troubler ce moment de bonheur* » (559).

La vérité est qu'au moment de son mariage, Lucile est encore une enfant : son « *visage si jeune* » a une « *expression de piété si pure* [...] *que les traits de l'enfance s'y faisaient remarquer encore* » (502). L'accent est mis sur cette très grande jeunesse et cette vertu : « *Quand il l'a vit, elle était si charmante, qu'un ange qui serait descendu sur la terre n'aurait pu choisir une autre figure pour donner aux mortels l'idée des vertus célestes* » (532), Oswald ne peut contenir son émotion devant « *cet air de jeunesse qui tenait de si près à l'enfance, ce regard qui semblait conserver encore le souvenir récent du ciel* » (455). Le prince Castel-Forte, pourtant très amoureux de Corinne, est lui aussi frappé de sa beauté : « *Elle est charmante lady Nelvil* [...] *quelle jeunesse, quelle fraîcheur* » (564), qui contraste avec les traits épuisés de Corinne affaiblie par la maladie. Du jardin où elle se cache sans oser aborder Oswald, Corinne aussi contemple « *cette expression de piété si pure, ce visage si jeune, que les traits de l'enfance s'y faisaient remarquer encore* » (502). La grande piété de Lucile lui confère un regard (502) ou une expression « *angélique* » (487). Au moment de la mort de Corinne, elle est d'ailleurs un « *ange de paix entre le désespoir et l'agonie* » (585).

Ses sentiments ne sont pas uniquement gouvernés par l'émoi amoureux. Comme le constate Oswald, elle a un « *aimable caractère* » (457) : outre le regret qu'elle éprouve envers sa sœur (elle n'a « *point oublié la tendresse qu'elle* [*lui*] *a témoignée* » pendant son enfance (547) ; elle lui a toujours conservé de la reconnaissance (539), elle fait montre envers sa mère d'une très grande « *tendresse filiale* » (450) qui force le respect d'Oswald. Il la voit « *à genoux, et la tête cachée dans le sein de sa mère* » (531). Elle prend le bras de sa mère (452) pour l'aider à marcher, pâlit lorsque celle-ci mentionne sa douloureuse maladie, puis elle n'ose lui prendre la main « *pour que son attendrissement ne fût pas observé* » (452) lorsque Lady Edgermond exprime ainsi sa reconnaissance : « *Les soins de ma fille, néanmoins, m'ont déjà sauvé la vie une fois, et me la sauveront peut-être encore long-temps* ». En effet, Lucile veut « *épargner les moindres fatigues à sa mère* » (453) et s'occupe d'elle « *avec un soin continuel* », comme le montre cette émouvante requête exprimée en secret (454) : « *Mylord, marchez doucement* ». Une même inquiétude transparaît lorsque Lucile effrayée s'empresse de « *soulager sa mère* » (461), et jette sur Oswald « *un regard inquiet qui semblait lui dire : Est-ce vous qui avez fait mal à ma mère ?* ».

La délicatesse de l'âme de Lucile, tout en demi-teintes apparaît par petites touches, à travers sa profonde réserve (450), ses non-dits. Son esprit a beau paraître stérile à Oswald (547), elle est capable de sentiments passionnés (548), et cet esprit lui sert « *plutôt à deviner ce que pens*[*ent*] *les autres, qu'à les intéresser par ce qu'elle pens*[*e*] *elle-même* » (547). L'inquiétude et le doute qui ravagent son âme n'apparaissent pas à son mari, parce qu'elle est « *très timorée* » (549), mais Lucile fatigue souvent son âme « *à force de scrupules et d'interrogations secrètes sur sa conduite* » (549) et ne trouve de refuge que dans la piété : « *de longues prières intérieures la tranquillisaient* ». La fin du roman laisse augurer une amélioration des relations entre les époux grâce à l'intervention de Corinne, mais la « *vie domestique la plus régulière* » dont Oswald donne l'exemple (587) parviendra-t-elle à tranquilliser Lucile et à lui rendre la parole ?

III. LADY EDGERMOND

La très grande dureté de Lady Edgermond l'apparente presque plus à une marâtre sortie d'un conte de Perrault qu'à un personnage de roman. Seuls son amour pour sa fille et son affection pour Oswald adoucissent un peu ce portrait de femme sévère (479), âpre et fière (484). Son attachement à son pays et aux conventions est encore plus étroit que ne l'est celui du comte d'Erfeuil. Elle aime « *exclusivement la province où elle était née* » (362), et oblige son mari, qu'elle domine, à lui faire le sacrifice du séjour de Londres ou d'Édimbourg.

Elle est totalement enfermée dans ses habitudes, d'après le portrait qu'en fait Corinne à Oswald : « *C'était une personne froide, digne, silencieuse, dont les yeux étaient sensibles quand elle regardait sa fille ; mais qui avait d'ailleurs quelque chose de si positif dans l'expression de sa physionomie et dans ses discours, qu'il paraissait impossible de lui faire entendre, ni une idée nouvelle, ni seulement une parole à la-*

quelle elle ne fût pas accoutumée » (362). Elle s'irrite des talents de sa belle-fille, pensant qu'ils sont inutiles et ne la rendront pas plus heureuse (365) ; elle lui conseille de les cacher, une femme étant faite « *pour soigner le ménage de son mari et la santé de ses enfants* ». Toujours d'après Corinne, elle peut rester des jours entiers sans proférer « *un mot qui répondît ni à une idée ni à un sentiment* » (369), et ne veut pas que sa fille apprenne la musique (372). En l'occurrence, on ne peut pas accuser Corinne d'exagération ; voici les propres mots de lady Edgermond : « *je ne fais aucun cas des talents qui détournent une femme de ses véritables devoirs. Il y a des actrices, des musiciens, des artistes enfin, pour amuser le monde ; mais pour des femmes de notre rang, la seule destinée convenable, c'est de se consacrer à son époux et de bien élever ses enfants* » (458). À son avis, « *la plus rigoureuse réserve* » convient aux femmes (452). Corinne la considère comme une personne despotique (375) : sa timidité l'empêche souvent de s'exprimer, mais elle ne supporte pas qu'on ne la devine pas, et ne pardonne pas qu'on lui résiste. Elle peut faire preuve de sang-froid, de sécheresse, et de dureté dédaigneuse (382).

Cependant, malgré ses « *opinions si arrêtées* » (452), et le fait qu'elle n'admette « *point de nuances ni d'exceptions* », elle éprouve une grande tendresse pour sa fille. Elle a beau lui donner une éducation sévère (452), et être jalouse des soins que Corinne lui prodigue (383), elle éprouve une véritable passion pour Lucile : « *car plus elle s'était imposé de sacrifices sur tous les points, plus elle était passionnée dans la seule affection qu'elle se fût permise. Tout ce qu'il y a dans le cœur humain, de vif et d'ardent, maîtrisé par sa raison sous tous les autres rapports, se retrouvait dans son caractère quand il s'agissait de sa fille* » (383). Elle n'a de cesse d'avoir confié le bonheur de Lucile à son gendre (533).

Le portrait dressé par Corinne est un peu tempéré par l'impression d'Oswald : « *il le* [le portrait] *trouva vrai, à beaucoup d'égards ; mais cependant il lui sembla qu'il y avait dans les regards de lady Edgermond plus de sensibilité que Corinne ne lui en attribuait* » (451). Lord Nelvil trouve que la mère de Lucile mérite le respect, et excuse sa sévérité, Lady Edgermond étant « *plus sévère encore pour elle-même que pour les autres* » (455) ; il la croit intelligente, et attribue les bornes de son esprit « *à l'extrême rigueur de ses principes* ». Son amour pour sa fille compense sa roideur, et lui donne un côté émouvant en dépit de sa sévérité et des liens qu'elle s'était imposés : « *il y avait une passion pour sa fille d'autant plus profonde que l'âpreté de son caractère venait d'une sensibilité réprimée, et donnait une nouvelle force à l'unique affection qu'elle n'avait pas étouffée* » (455). Oswald est d'autant plus porté à l'indulgence envers sa belle-mère que pendant son séjour en France, elle a été la seule personne à pouvoir consoler son père, qui avait passé tout un été auprès d'elle (468).

Son refus de voir Corinne, de la réhabiliter, et même d'en entendre parler (458) est provoqué par ce qu'elle considère comme un manque de respect de sa belle-fille à ses devoirs. Elle estime qu'en s'enfuyant, Corinne a abdiqué « *son rang, sa famille, le propre nom de son père* » (459), elle ne peut accepter sa vie indépendante, qui à son avis donne un exemple pernicieux. Pour elle, la moralité ne put s'entendre que par « *l'exacte observation des règles établies* » (459). Ce souci de pureté et de vertu trouve son expression la plus parfaite dans la prière qu'elle a composée pour sa fille : « *Fais-nous aussi la grâce, ô mon Dieu, que la jeune fille de cette maison vive et meure sans que son ame ait été souillée par une seule pensée, par un seul sentiment qui ne soit pas conforme à ses devoirs ; et que sa mère, qui doit bientôt retourner près de toi, puisse obtenir le pardon de ses propres fautes au nom des vertus de son unique enfant.* » (454-455).

La vie de lady Edgermond est marquée par la rigueur, la monotonie et une morale exagérée (543). Ses principes ne font que croître avec l'âge, et la maladie augmente ses défauts. Elle finit par ne plus supporter ce qui sort « *de la règle habituelle de sa vie* », par voir « *du mal à tout* », et « *réduire l'existence aux moindres frais possibles* ». À la veille de sa mort, « *elle ne cessait de désenchanter la vie, en faisant un tort des moindres plaisirs, en opposant un devoir à chaque emploi des heures qui pouvait différer un peu de ce qu'on avait fait la veille* » (543).

IV. LE COMTE D'ERFEUIL OU LA FRANCE

La personnalité du comte d'Erfeuil, que Simone Balayé décrit dans sa préface (19) comme chauvin, « *frivole, vaniteux et passablement ignorant* » ne peut manquer de laisser perplexe. En effet, on reste surpris du contraste entre cette frivolité (37) et sa propension à supporter les revers et à venir en aide à son prochain, qu'il s'agisse d'une personne de sa famille ou d'une amie : « *Cet homme avait supporté la perte entière d'une très grande fortune avec une sérénité parfaite ; il avait vécu et fait vivre, par son talent pour la musique, un vieil oncle qu'il avait soigné jusqu'à sa mort ; il s'était constamment refusé à recevoir les services d'argent qu'on s'était empressé de lui offrir ; il avait montré la plus brillante valeur, la valeur française pendant la guerre, et la gaieté la plus inaltérable au milieu des revers* » (33-34). Ni la souffrance, ni le fait de côtoyer des mourants, ni les difficultés financières n'arrivent à altérer ses « *manières élégantes* », sa « *politesse facile et de bon goût* » ou à le faire départir de son calme : « *il se montrait parfaitement à son aise. On s'étonnait, en le voyant, de tout ce qu'il avait souffert, car il supportait son sort avec un courage qui allait jusqu'à l'oubli, et il avait dans sa conversation une légèreté vraiment admirable, quand il parlait de ses propres revers, mais moins admirable, il faut en convenir, quand elle s'étendait à d'autres sujets* » (34).

Le comte d'Erfeuil a beau être léger, — Oswald se pose des questions à propos de « *son existence légère* » (37), se permet de l'interrompre (77) pour lui reprocher une légèreté qui, loin d'être juste dans la conversation, est également spirituelle (38) —, il n'en tient pas moins un rôle de poids dans l'œuvre : c'est, en quelque sorte, l'instigateur de la relation entre Oswald et Corinne, et c'est lui qui la soignera lorsqu'elle sera en proie au délire : « *Le comte d'Erfeuil suivit Corinne, et pendant huit jours que l'infortunée eut la fièvre et le délire, il ne la quitta point ; ainsi c'était l'homme frivole qui la soignait, et l'homme sensible qui lui perçait le cœur* » (506).

Le comte nous est présenté comme un homme dont la légèreté n'a d'égale que son souci de mesure et d'équilibre en tout. Il se veut raisonnable, expérimenté, et sans excès : « *mais puisque le sort m'a épargné, il faut vivre aussi bien qu'on le peut* », « *je me trouverai bien partout ; quand on est jeune et gai, tout s'arrange. Ce ne sont pas les livres ni la méditation qui m'ont acquis la philosophie que j'ai, mais l'habitude du monde et des malheurs* » (35). Ses propos peuvent cependant être très blasés, voire morbides : « *Mais c'est heureux pour lui d'être mort, ce le serait aussi pour moi, ajouta-t-il en riant, car je n'ai pas grand espoir dans ce monde. J'ai fait de mon mieux à la guerre pour être tué* » (35).

Ce pessimisme est loin de plonger le comte d'Erfeuil dans la maladie et la douleur comme Oswald, il se trouve compensé par un immense sens de la dérision ; le comte éprouve le besoin d'amuser et de s'amuser : les environs de Rome lui inspirent « *de comiques lamentations* » (47), et à la page suivante, le dôme de Saint-Pierre se trouve patriotiquement comparé au dôme des Invalides. Le comte d'Erfeuil se veut homme d'esprit (36-37) : « *quelques moments après recommença l'entretien par des traits d'esprit et de gaieté fort aimables. Il jouait avec les mots, avec les phrases, d'une façon très ingénieuse ; mais ni les objets extérieurs ni les sentiments intimes n'étaient l'objet de ses discours. Sa conversation ne venait, pour ainsi dire, ni du dehors ni du dedans, elle passait entre la réflexion et l'imagination, et les seuls rapports de la société en étaient le sujet. Il nommait vingt noms propres à lord Nelvil, soit en France, soit en Angleterre, pour savoir s'il les connaissait, et racontait à cette occasion des anecdotes piquantes avec une tournure pleine de grâce ; mais on eût dit, à l'entendre, que le seul entretien convenable pour un homme de goût, c'était, si l'on peut s'exprimer ainsi, le commérage de la bonne compagnie* ». Cette distraction perpétuelle, cet irrépressible besoin de s'amuser exaspèrent Corinne en proie à la maladie et au délire (508).

Cette volonté de faire de l'esprit l'incite à des indiscrétions fort utiles à la dynamique du récit. Ainsi, Lucile arrive sans difficulté à lui faire révéler la vérité au sujet de la relation de son mari avec sa sœur : « *Tout innocente qu'elle était, elle avait encore assez d'art pour faire parler le comte d'Erfeuil, tant il en fallait peu pour cela* » (539). Car même si au départ il ne souhaite pas dire ce qu'il sait, il est incapable de garder la vérité pour lui : « *il était fâché qu'on ignorât qu'il savait un secret important, et qu'il était assez discret pour le taire* » (537), et Oswald arrive à lui arracher l'histoire de Corinne « *par le plaisir qu'eut le comte d'Erfeuil à raconter tout ce qu'il avait fait pour elle* [...] *il fit ce récit sans s'apercevoir le moins du monde de l'effet qu'il produisait sur lord Nelvil, et n'ayant d'autre but en ce moment que d'être, comme disent les Anglais,* le héros de sa propre histoire » (537). Il ne s'aperçoit pas plus de ce qui se passe dans l'âme de Corinne au moment ou elle quitte l'Angleterre pour retourner mourir en Italie (510), alors même qu'il prend le plus grand soin à s'occuper « *de tous les détails qui pouvaient rendre sa traversée plus agréable* ». Il s'était déjà montré grossièrement maladroit avec Corinne lorsqu'il lui avait demandé avec insistance les raisons pour lesquelles elle maîtrisait si parfaitement l'anglais (74), car il croyait « *qu'on pouvait tout dire, pourvu que ce fût avec grâce* » et s'imaginait « *que l'impolitesse consistait dans la forme, et non dans le fond* ». Le comte d'Erfeuil peut donc avoir une attitude blessante, non seulement par excès, mais aussi par défaut : il lui arrive de ne pas entendre la fin des paroles de son interlocuteur, même lorsqu'il s'agit de Corinne se lamentant d'avoir l'air aussi malade (508), ou de poursuivre le cours de ses propres idées sans s'apercevoir qu'il a blessé Lord Nelvil (86). Cette incapacité à partager les peines, cette insupportable légèreté le pousse au début du roman à s'ennuyer de la mélancolie d'Oswald (38) et à chercher à la dissiper, et à la fin à consoler Corinne (506 et 508) et à essayer de la tirer de sa tristesse (508) car celle-ci l'ennuie.

Le comte d'Erfeuil étant plus capable « *de nobles actions que de paroles sérieuses* » (506), il passe pour un égoïste (87), et ses amis en arrivent presque à « *oublier ses actions généreuses comme il les oubliait lui-même* » (508). L'inconséquence du comte d'Erfeuil n'étant pas « *précisément inconvenable* » (72), elle est difficile à cerner, même s'il parle « *trop fort ou trop légèrement* » (72). Ses amis en reçoivent certes une « *impression désagréable* » (203), mais ne peuvent ni parer à des arguments aussi fallacieux, ni « *légitimement se fâcher* » de ce qu'il dit (203). Oswald lui reproche cependant d'avoir une manière d'être qui ne convient qu'à lui (147), et d'être ainsi « *par nature, et non par réflexion* » (145). Cette manière de voir n'est pas partagée par le comte d'Erfeuil, qui pense que sa propension à rester à la surface des choses correspond à une volonté de se montrer raisonnable en toutes circonstances, comme il l'explique à Oswald : « *Je vous parais frivole ; hé bien, néanmoins je parie que dans la conduite de la vie je serai plus raisonnable que vous* » (87), puis de nouveau : « *À la bonne heure,* [...] *je suis plus gai que vous, j'en conviens ; mais qui sait si je ne suis pas plus sage ? Il y a beaucoup de philosophie, croyez-moi, dans mon apparente légèreté ; la vie doit être prise comme cela* » (146). L'auteur lui reconnaît « *à beau-*

coup d'égards, ce qu'on appelle une bonne tête » (38), et admet qu'il tient des propos raisonnables.

La philosophie du compte d'Erfeuil lui impose le respect des convenances. Il ne fait « *jamais rien qui puisse* [*lui*] *attirer la désapprobation du monde* » (243), car il y « *certaines convenances établies qu'il ne faut pas braver, sous peine de passer pour un homme bizarre* ». Il va jusqu'à faire la morale à Oswald 243, « *quand l'amour est passé, le blâme de l'opinion reste* », puis à Corinne : « *l'amour est éphémère et ne justifie pas que l'on se compromette* » (279). Le comte a l'esprit pragmatique, et l'opinion des autres lui importe plus que ses propres penchants. Ainsi, même lorsqu'il éprouve un « *véritable enchantement* » pour Corinne (85), il ne perd cependant pas en l'admirant « *la bonne habitude de se laisser guider par l'opinion des autres* », car, à son sens, « *l'on ne cesse pas de vivre au milieu de la société et d'avoir besoin d'elle* » (278). Avec de telles théories, tout demeure en surface, et le comte ne peut pas vraiment avoir d'opinion propre ni éprouver d'enthousiasme (88). Il est donc incapable de sentiments profonds et de sensibilité. Finalement, on ne le voit s'enflammer vraiment et prendre fait et cause pour une opinion que lorsqu'il s'agit de défendre « *l'esprit français* » (188) ; il peut même aller jusqu'à opposer un « *dédain gracieux* » (178) lorsqu'on se permet de contester la suprématie des Français dans le domaine du théâtre et de la littérature, car il est persuadé que nous avons « *les véritables autorités classiques* » : « *Bossuet, La Bruyère, Montesquieu, Buffon, ne peuvent être surpassés* » (176) ; il peut en outre « *affirmer sans présomption que nous sommes les premiers dans l'art dramatique* » (178), et ne tarit pas d'éloges pour « *le goût, l'élégance du style français* ».

En bref, dans la conversation, le comte d'Erfeuil aime montrer qu'il est brillant (203) et qu'il a de l'esprit (180), faisant ainsi preuve d'amour-propre (le seul domaine dans lequel il puisse être sérieux, 38), au détriment de sa bienveillance naturelle (180) et de sa sensibilité (204). Il est donc incapable de se rendre compte de ses défauts (203), et se croit « *aimable et brave* » (204) et il a effectivement une certaine bravoure : pendant l'incendie d'Ancone, il expose sa vie « *avec insouciance, courage et gaieté* » (41).

Lui-même sait se défendre habilement : « *Mais n'ai-je pas de la bonté, de la franchise, du courage ? Ne suis-je pas aimable en société ?* » (39). Il faut reconnaître qu'il est fidèle en amitié : il éprouve de l'attachement pour lord Nelvil (505), et de la pitié pour Corinne (506). Il admet également ne jamais être jaloux de ses amis, lorsqu'il constate que Corinne s'intéresse à Lord Nelvil et pas à lui (71). Parmi les qualités qu'il s'attribue se trouve également la promptitude des observations (78) : le comte pense avoir « *raison plus vite* ».

Pour conclure, le comte d'Erfeuil est un personnage contrasté, « *plus capable de nobles actions que de paroles sérieuses* », (506), il est « *bon* » mais ne peut « *être sensible* » (508), il présente un « *mélange singulier de courage et de frivolité* ». En réfléchissant au caractère du comte d'Erfeuil (36-37), Lord Nelvil le trouve incapable d'affections profondes, bien qu'il soit « *doux, obligeant, facile en tout* » (38), et ne peut l'aimer que « *comme un bon camarade des plaisirs et des périls* » (38).

V. CASTEL-FORTE

De la foule des amis sans nom et sans visage de Corinne se détache la figure du prince Castel-Forte, « *le grand seigneur romain le plus estimé par son esprit et son caractère* » (53). La renommée du prince n'a d'égale que la célébrité de Corinne : « *La réputation du prince Castel-Forte était très grande à Rome. Il parlait avec une sagacité rare* [...]. *Il n'avait pas dans les affaires l'habileté qui distingue souvent les*

Italiens ; mais il se plaisait à penser, et ne craignait pas la fatigue de la méditation »
(58). Malgré son âge (cinquante ans), son maintien plein de « *mesure* » et de
« *dignité* » (54), le prince Castel-Forte a une âme « *sensible* », il est « *généreux* » et a
de la « *bonté* », mais son « *amour-propre* » (527) ne l'empêche pas d'éprouver de
l' « *attendrissement* » (57), surtout pour ce qui concerne ses sentiments envers Corinne ; il abdique toute « *vanité* » pour se mettre « *à la suite d'un amant préféré* »
(281) : « *le prince Castel-Forte entra. Il ne vit pas sans peine lord Nelvil tête à tête
avec Corinne ; mais il avait l'habitude de dissimuler ses impressions ; cette habitude,
qui se trouve souvent réunie chez les Italiens avec une grande véhémence de sentiments, était plutôt en lui le résultat de l'indolence et de la douceur naturelle. Il était
résigné à n'être pas le premier objet des affections de Corinne ; il n'était plus jeune :
il avait beaucoup d'esprit, un grand goût pour les arts, une imagination aussi animée
qu'il le fallait pour diversifier la vie sans l'agiter, et un tel besoin de passer toutes ses
soirées avec Corinne, que, si elle se fût mariée, il aurait conjuré son époux de le laisser venir tous les jours chez elle, comme de coutume ; et à cette condition il n'eût pas
été très malheureux de la voir liée à un autre* » (81-82). Il aime Corinne à tel point
qu'il ne peut supporter « *le vide affreux de l'absence de son amie* » (281), et est presque aussi désespéré qu'Oswald au moment de la mort de Corinne (586). Toute sa vie
tourne autour d'elle, et il erre sans but dès qu'il ne peut plus être dans son sillage : « *Le
prince Castel-Forte avait peu l'habitude de vivre dans sa famille : bien que fort spirituel, l'étude le fatiguait : le jour entier eût donc été pour lui d'un poids insupportable,
s'il n'était pas venu le soir et le matin chez Corinne : elle partait, il ne savait plus que
devenir, et se promit en secret de se rapprocher d'elle comme un ami sans exigence,
mais qui est toujours là pour nous consoler dans le malheur ; et cet ami doit être bien
sûr que son moment arrivera* » (281-282).

Oswald et Corinne :
chroniques d'un déchirement

Dans ce roman miroir, des personnages tout en contrastes, bâtis sur des oppositions
de personnalité, de nationalité, de culture et de religion, s'éclairent et se réfléchissent
les uns les autres, la dureté de Lady Edgermond faisant ressortir la douceur de Lucile,
la superficialité du comte d'Erfeuil soulignant la profondeur de Lord Nelvil, et le
caractère artiste et passionné de Corinne s'opposant à l'esprit timide, maladif et sévère
d'Oswald. L'art de l'auteur consiste à éclairer les zones d'ombre et de lumière des
deux protagonistes principaux, à tisser entre eux une attirance d'autant plus forte
qu'elle est à la fois basée sur des critères objectifs, et complètement irraisonnée, parce
que mise en tension par tout ce qui sépare Oswald et Corinne.

Le chemin de croix de Corinne passe par la révélation des divergences insurmonta-
bles entre les deux caractères ; la lente dégradation de leurs relations suit un parcours
sinueux qui a pour théâtre symbolique l'Italie, et la fin tragique de l'héroïne est la
conséquence de l'erreur qu'elle commet en acceptant de révéler son identité à Oswald.

I. DE FUNESTES DIVERGENCES ENTRE OSWALD ET CORINNE

Par moments, l'amour entre Oswald et Corinne semble idyllique. Leurs relations
font alors montre d'une communauté d'âme, d'une fusion spirituelle et « *ils se com-*

pre[*nnent*] *mutuellement d'une façon merveilleuse* » (89). Mais cette sympathie des âmes est loin d'occulter les divergences énormes qui existent entre les caractères d'Oswald et de Corinne, divergences qui se retrouvent même dans leurs conceptions sur la religion et sur l'art.

A. Des caractères aux antipodes

Corinne est l'image même de la « *jeunesse* » et du « *bonheur* » (52). Castel-Forte vante sa « *grâce* » et sa « *gaieté* » (55), et souligne que cette gaieté ne tient en rien à la moquerie, mais « *à la vivacité de l'esprit, à la fraîcheur de l'imagination* » ; il parle également de sa sensibilité, due non seulement « *à la fécondité de son esprit* » (56), mais aussi à « *l'émotion profonde qu'excitent en elle toutes les pensées généreuses* », et mentionne son enthousiasme (56, 82). Cet enthousiasme est, au début du roman, capable de vaincre les accès de timidité de Corinne (68). Le fait d'être une divinité du Capitole n'empêche pas Corinne d'être « *parfaitement simple et naturelle* » (73), aimable « *par l'abandon et le naturel* » (124), « *douce* » et « *facile à vivre* » (192). Contrairement à Lord Nelvil, elle se montre telle qu'elle est, elle est « *facile à connaître* » (90), et ne cache pas ce qu'elle éprouve (123).

Oswald a beau avoir de l'esprit et de la générosité, et être incapable d'égoïsme (27, 28), il est hanté par « *un profond sentiment de peine* » qui altère sa santé. Cette douleur est causée par la perte de son père, dont il se sent responsable : ses « *scrupules délicats* » lui inspirent des remords (27), il se sent « *découragé de la vie* », sa sensibilité est blessée (28), et il ne s'intéresse plus à son propre sort. Bien que, à l'instar de Corinne, il ait un caractère « *mobile, sensible et passionné* », il n'a pas sa confiance, ce qu'il éprouve lui fait peur ; le malheur et le repentir l'ont rendu « *timide envers la destinée* », et il pense la désarmer et lutter contre ses peines par « *le strict attachement à tous ses devoirs, et dans le renoncement aux jouissances vives* » (28), mais son cœur devient aride (29). Malgré sa froideur, il est sensible, mais cherche à cacher son émotion, et son caractère, bien que « *contenu* » et « *voilé* », est « *digne* » et « *élevé* » (88-89) ; autant Corinne est facile à connaître, autant Lord Nelvil ne peut pas être jugé entièrement (89-90). Castel-Forte reconnaît en son rival un homme « *fier, généreux, spirituel, sensible même, et surtout mélancolique* », mais avertit Corinne à juste titre que leurs goûts n'ont rien en commun, et que son empire sur Oswald ne tiendrait pas si celui-ci retournait en Angleterre. Il a compris que Lord Nelvil était découragé par ses chagrins (90). Oswald lui-même est conscient de la faiblesse que peut avoir son caractère, et il est irrité de ce qu'il considère comme une tyrannie (127).

B. Des croyances opposées

En matière de religion, Oswald sent avec douleur tout ce qui le sépare de Corinne (250) ; outre leur appartenance à deux confessions différentes, Oswald est beaucoup plus rigoureux que Corinne, qui aurait tendance à être superstitieuse et à suivre des pratiques populaires qui irritent Lord Nelvil. Corinne est troublée par le fait qu'Oswald soit capable d' « *immoler les autres et lui-même, au culte d'opinions, de principes ou de devoirs dont il aurait fait choix* » (116). Les différences sont notables également au niveau des pratiques : au moment de la semaine sainte, Corinne se retire dans un couvent de religieuses pour se préparer aux fêtes de Pâque (250) ; dans l'esprit d'Oswald, cette pratique sévère des dames romaines contraste avec le fait qu'elles ne s'occupent pas très sérieusement de religion le reste de l'année, mais il regrette que Corinne et lui ne puissent pas prier ensemble. Corinne pense que le « *blâme secret* » dont fait montre

Oswald à son égard est dû à la différence de leurs religions (268-269) : elle trouve la religion de Lord Nelvil « *sévère et sérieuse* », parlant « *au nom du devoir* », alors que la sienne, qu'elle qualifie de « *vive et tendre* » (269), parle « *au nom de l'amour* ». Pour Oswald, « *La religion la plus pure est celle qui fait du sacrifice de nos passions, et de l'accomplissement de nos devoirs, un hommage continuel à l'être suprême. La moralité de l'homme est son culte envers Dieu* » ; il reproche aux Italiens « *d'attacher plus d'importance aux pratiques religieuses qu'aux devoirs de la morale* » (270). Corinne trouve Oswald trop sévère, elle aime la pompe de son culte et l'inutile : « *Cher Oswald, laissez-nous donc tout confondre, amour, religion, génie, et le soleil et les parfums, et la musique et la poésie* », et pense que si la religion « *consistait seulement dans la stricte observation de la morale* », elle n'aurait rien de plus que la philosophie et la raison (271).

C. Des conceptions de l'art différentes

On trouve également d'énormes différences dans leurs conceptions de l'art. Oswald, qui éprouve le besoin de chercher partout un sentiment moral, n'est pas convaincu par l'éloquence de Corinne (116). Ils ne sont pas d'accord non plus en ce qui concerne la peinture religieuse : Corinne apprécie le « *saint enthousiasme* » des tableaux pieux (223), mais Oswald est scandalisé « *de voir représenter en peinture* [...] *la figure de la divinité même revêtue de traits mortels* » (224), et pense que la peinture est réservée aux scènes de tragédie ou aux fictions poétiques (225) ; Corinne, quant à elle, pense que les arts ne doivent pas empiéter l'un sur l'autre (225). Oswald ne cherche dans les beaux-arts « *que ce qui peut rappeler les souffrances de l'ame* » (226), mais ne supporte pas la représentation des douleurs physiques, qui tourmentent l'imagination et ne procurent pas de plaisir, car il est « *plus horrible ou moins beau que la nature même* » (227).

II. UNE GÉOGRAPHIE DE LA SÉPARATION

Dans *Lumières et Liberté*[1], Simone Balayé établit quelques correspondances entre les lieux visités par Oswald et Corinne et les étapes de leur relation : elle note une « *menace sournoise* » sur les bords du Vésuve : « *le volcan est proche* », leur avenir « *se couvre d'un voile* ». À leur retour, Rome « *n'est plus que funeste présage* [...], *Venise, mélancolie et deuil* ». Rome, Naples, Venise et Florence deviennent ainsi les symboles topographiques de la passion dans ses différents états. C'est par le voyage que la divergence des caractères se fait séparation.

A. Rome : le triomphe de l'amour

À Rome, au début de leur relation, leur entente est merveilleuse (89), Oswald est « *vivement heureux* » de visiter la ville avec Corinne : « *il entrev[oit] un avenir confus de jouissances et de bonheur ; l'imagination, l'amour, l'enthousiasme, tout ce qu'il y a de divin dans l'ame de l'homme, lui parut réuni dans le projet enchanteur de voir Rome avec Corinne* » (92). L'intimité commence entre eux, ils sont « *contents tous les deux* », et ressentent « *une tendre reconnaissance* » l'un pour l'autre (92-93). Ils se deviennent « *plus cher l'un à l'autre* » (98), et Corinne se complaît à sentir avec Oswald « *tout ce qu'il y a de noble et de beau dans l'univers* », Oswald quant à lui, n'a pas « *besoin d'autres merveilles* » que Corinne (98). En partant pour le Capitole,

---

1. Klincksieck, 1979, p. 141-142.

Oswald et Corinne constatent qu'ils ont « *plus de confiance et de sérénité* », et commencent à dire *nous*, un « nous *prononcé par l'amour* » (107). Après la visite du tombeau de Cécilia Métella (131), Corinne refuse de faire des projets d'avenir, ou de croire « *à l'avenir qui [les] séparerait* », ayant l'impression de vivre « *Les plus heureux moments de [sa] vie* » (132).

B. Naples : l'émergence des doutes

Ce bonheur idyllique sera de courte durée. En se promenant à Terracine, Oswald, pourtant moins superstitieux que Corinne, voit dans le reflet d'un flambeau la fin du bonheur : « *Et pour moi, le bonheur de ce jour va finir* », Corinne se rappelle à ce moment d'une superstition de son enfance : « *La lune que je contemplais s'est couverte d'un nuage, et l'aspect de ce nuage était funeste. J'ai toujours trouvé que le ciel avait une véritable physionomie, tantôt paternelle, tantôt irritée, et je vous le dis, Oswald, ce soir il condamnait notre amour* » (289).

C. Venise et Florence : le chant du cygne

À leur retour à Rome, il y a maintenant dans les rapports de Corinne et d'Oswald « *une contrainte tout-à-fait pénible* [...], *une gêne réciproque* [...] *de vaines tentatives pour échapper aux circonstances qui les accablaient tous les deux, et leur inspiraient un peu de mécontentement l'un de l'autre* » (402). La veille de leur départ pour Florence et Venise, Lord Nelvil souffre beaucoup « *du sentiment douloureux et contraint qu'il apercevait dans Corinne* » (404). C'est à Florence que Corinne mourra finalement, sans avoir pu adresser un seul mot à Oswald.

III. UNE POÉTIQUE DU DÉVOILEMENT

Par un étrange paradoxe, Corinne bien vivante en Italie, est morte en Angleterre aux yeux de sa belle-mère (382) ; lorsque enfin elle est reconnue par Lady Edgermond, et devient vivante aux yeux de celle-ci, elle meurt. Oswald, en aimant Corinne sans connaître son identité, transgresse sans le savoir l'interdit de son père. Lorsqu'il apprend qui est Corinne, se voit révéler la décision de son père, et se rend finalement aux raisons de celui-ci en épousant Lucile, Corinne meurt. Ce jeu sur les identités est une autre manière de résoudre la question de la différence entre les êtres. De même que le changement de lieu permet d'expliquer le changement des relations, la distance temporelle permet d'expliquer que le bonheur est possible un jour et impossible le lendemain, que l'on peut assumer des identités différentes selon les moments.

A. La femme sans nom

Au début du roman, le mystère qui règne sur l'identité de Corinne constitue l'un des attraits de Corinne, que ce soit aux yeux des Romains ou aux yeux d'Oswald, et contribue à lui faire de la publicité : « *On se disputait pour savoir quelle ville d'Italie lui avait donné la naissance* [...] *Son nom de famille était ignoré. Son premier ouvrage avait paru cinq ans auparavant, et portait seulement le nom de Corinne. Personne ne savait où elle avait vécu, ni ce qu'elle avait été avant cette époque* » (50-51). Lorsqu'il en parle avec le comte d'Erfeuil, lord Nelvil pense que bien que le véritable nom de Corinne soit inconnu, « *ses manières doivent le faire croire illustre* » (87). Avec sa perspicacité habituelle, le comte, lui, devine tout de suite la véritable identité de Corinne : personnage de roman : « *Ah ! C'est dans les romans,* [...] *qu'il est d'usage de cacher le plus beau* », et annonce tout de suite la couleur : Corinne n'appartient pas au « *monde réel* » (87). Le fait que Corinne ne soit pas connue sous son véritable nom finit par torturer Oswald qui se demande ce que son père en aurait pensé (124). Il reste très longtemps sans oser lui demander « *le secret de son nom et de sa destinée* » (144). Il arrive à Corinne d'avoir quelque orgueil quant à ce nom, elle aimerait pouvoir, en le révélant à Oswald, lui montrer « *qu'il n'était en rien inférieur* » au sien (158).

B. L'identité dévoilée

Tant qu'elle est protégée par le secret de son identité, Corinne coule des jours heureux avec Oswald. Les ennuis commencent lorsqu'elle entreprend de lui révéler qui elle est : « *Lord Edgermond était mon père ; je suis née en Italie de sa première femme qui était romaine, et Lucile Edgermond qu'on vous destinait pour épouse est ma sœur du côté paternel* » (361). On sait l'effet catastrophique que produiront ces révélations sur Oswald, qui n'aura de cesse de connaître les raisons pour lesquelles son père s'est opposé à leur union (394), et la douleur de Corinne lorsqu'elle entend de la bouche de M. Dickson les paroles fatales : « *Son père lui a défendu d'épouser cette Italienne : ce serait outrager sa mémoire que de braver sa volonté* » (496).

C. Le prix de la reconnaissance

Lorsque Oswald demande à sa belle-mère de reconnaître Corinne, celle-ci commence par s'y opposer formellement (460), mais quand elle comprend qu'en persistant dans son refus, elle risque d'empêcher le mariage d'Oswald et de Lucile, elle accepte enfin de reconnaître sa belle-fille : « *Lady Edgermond vient d'apprendre que sa belle-fille, qu'elle croyait morte en Italie, vit et jouit à Rome, sous le nom de Corinne, d'une très grande réputation littéraire. Lady Edgermond se fait honneur de la reconnaître et de partager avec elle l'héritage du frère de lord Edgermond qui vient de mourir aux Indes* » (506-507). Le dévoilement de son identité va donc correspondre pour Corinne à l'impossibilité d'épouser Oswald, ce qui permettra le mariage de Lucile et Lord Nelvil (507), et la condamnera à mort.

*

Oswald, personnage d'ombre et de douleur, rejeton d'une Angleterre puritaine, aura raison de la lumière et de l'Italie. En exigeant l'identité de Corinne, il la détruit. Corinne meurt lorsque Oswald, en découvrant son identité, réalise qu'il avait transgressé l'interdit de son père, et se révèle incapable de concilier ses deux passions : ce père bien-aimé et la femme qu'il aime. Dans ce curieux roman en chiasme, Oswald, qui était un mort-vivant avant de connaître Corinne, revit à son contact et se fortifie de cet amour : elle lui sert de révélateur, mais une fois la révélation effectuée, elle doit disparaître. À l'inverse, Corinne, resplendissante de vie et de santé au début du roman, se détruit peu à peu au contact d'Oswald, et meurt de l'avoir trop aimé.

Corinne, le personnage mythique du début du roman, meurt pour que surgisse la femme en chair et en os, qui ne survivra pas à cette transmutation : être de rêve qui n'existe que par l'anonymat, la reconnaissance du nom la détruit ; personnage romanesque éphémère et stéréotypé, elle ne prendra sa dimension de femme qu'au contact de la passion, mais, telle un papillon, resplendissante et éphémère, elle brûle ses ailes au contact de la réalité et sera réduite en poussière. Héroïne romantique et légèrement surannée, elle ne survivra pas au passage du personnage de papier à la femme en chair et en os. Elle n'a de consistance qu'à travers les talents et atours multiples dont l'affuble sa créatrice, une fois la supercherie dévoilée, une fois les masques ôtés, elle ne survit pas à la violence de la vie réelle.

L'art

I. PRODUCTIONS ARTISTIQUES

Je relève 43 occurrences du mot « art », principalement localisées au livre 7 (évocation de la littérature et du théâtre), au livre 8 (en corrélation avec « peinture » et « sculpture ») et je note une rupture dès le livre 10 : ayant quitté l'Italie, les personnages parlent beaucoup moins de l'art. J'y associe « poésie », distribué de manière assez large, et « musique », qui occupe une place importante dans le livre 9.

Les arts montrent des divergences quant à leurs fins : « Parmi les arts, la musique seule peut être purement religieuse. La peinture ne saurait se contenter d'une expression aussi rêveuse et aussi vague que celle des sons. Il est vrai que l'heureuse combinaison des couleurs et du clair-obscur produit, si l'on peut s'exprimer ainsi, un effet musical dans la peinture ; mais, comme elle représente la vie, on lui demande l'expression des passions dans toute leur énergie et leur diversité » (224-225), c'est pourquoi on peut distinguer deux registres de création artistique : les arts monumentaux et les arts de l'intimité.

A. Rome, les monuments et la peinture

LE CHÂTEAU SAINT-ANGE : « — Voilà, dit Corinne, l'un des édifices dont l'extérieur a le plus d'originalité ; ce tombeau d'Adrien, changé en forteresse par les Goths, porte le double caractère de sa première et de sa seconde destination. » (98-99).

ÉGLISES. Saint-Pierre : « C'était la première fois que l'ouvrage des hommes produisait sur lui l'effet d'une merveille de la nature. C'est le seul travail de l'art, sur notre terre actuelle, qui ait le genre de grandeur qui caractérise les œuvres immédiates de la création. » (100, voir aussi 103, 122) ; la cathédrale de Milan : « [...] c'est le chef-d'œuvre de l'architecture gothique en Italie, comme St.-Pierre de l'architecture moderne. » (556).

LE FORUM : « dont l'enceinte est si resserrée et qui a vu tant de choses étonnantes, est une preuve frappante de la grandeur morale de l'homme. » (112) ; « Non loin de là est l'arc de Constantin, embelli de quelques bas-reliefs enlevés au forum de Trajan par les Chrétiens, qui voulaient décorer le monument consacré au fondateur du repos ; c'est ainsi que Constantin fut appelé. » (113-114) ; « En face de ces arcs de triomphe sont les ruines du temple de la paix bâti par Vespasien ; il était tellement orné de bronze et d'or dans l'intérieur, que lorsqu'un incendie le consuma, des laves de métaux brûlants en découlèrent jusques dans le Forum. Enfin, le Colisée, la plus belle ruine de Rome, termine la noble enceinte où comparaît toute l'histoire. » (114) ; « Les plus beaux monuments des arts, les plus admirables statues ont été jetés dans le Tibre, et sont cachés sous ses flots. » (135).

LE MUSÉE DU VATICAN : « *ce palais des statues où l'on voit la figure humaine divinisée par le paganisme, comme les sentiments de l'ame le sont maintenant par le christianisme.* » (216) ; « *Une autre salle renferme les monuments tristes et sévères des égyptiens, de ce peuple chez lequel les statues ressemblent plus aux momies qu'aux hommes, et qui par ses institutions silencieuses, roides et serviles, semble avoir, autant qu'il le pouvait, assimilé la vie à la mort.* » (219) ; « *Viennent ensuite les portiques du musée, où l'on voit à chaque pas un nouveau chef-d'œuvre. Des vases, des autels, des ornements de toute espèce entourent l'Apollon, le Laocoon, les muses. C'est là qu'on apprend à sentir Homère et Sophocle : c'est là que se révèle à l'ame une connaissance de l'antiquité, qui ne peut jamais s'acquérir ailleurs.* » (219).

PEINTURES. Corinne peintre : « *Oswald vit ce portrait qui était très ressemblant et peint avec une grâce parfaite : ce témoignage de l'impression qu'il avait produite sur Corinne le pénétra de la plus douce émotion.* » (252) ; Tivoli : « *Sa galerie était composée de tableaux d'histoire, de tableaux sur des sujets poétiques et religieux, et de paysages.* » (232) ; la chapelle Sixtine : « *ces peintures célèbres de Michel-Ange, qui représentent le jugement dernier, avec toute la force effrayante de ce sujet, et du talent qui l'a traité.* » (265) ; Parme : « *Parme conserve encore quelques chefs-d'œuvre du Corrège ; lord Nelvil conduisit Lucile dans une église où l'on voit une peinture à fresque de lui, appelée la Madone* della Scala. » (558) ; Bologne : « *Oswald et Lucile allèrent voir ensemble les belles collections de tableaux qui sont à Bologne. Oswald, en les parcourant, s'arrêta long-temps devant la Sibylle peinte par Le Dominiquin.* » (561).

B. Poésie, théâtre, musique, danse

« L'ART D'ÉCRIRE » (345). Corinne compose deux improvisations en vers, l'une au Capitole (59-66), l'autre dans la campagne de Naples (349-355), et rédige un dernier chant (581-584) ; le roman rapporte en outre des « *fragments* » écrits par Corinne (520-526) et le recueil de pensées de Lord Edgermond, le père d'Oswald (208-211) ; les poètes italiens et latins sont aussi évoqués : Dante : « *À sa voix, tout sur la terre se change en poésie* [...] » (61) ; Virgile (119) ; Horace (135) ; Alfieri (189, etc.) ; le Romain improvisateur : « *Le romain se servait cependant de ces sons harmonieux qui ont tant de charmes dans l'italien ; il déclamait avec une force qui faisait encore mieux remarquer l'insignifiance de ce qu'il disait.* » (555).

THÉÂTRE. Rome : « — *Hé bien, dit-elle en se retournant vers le prince Castel-Forte, nous accomplirons donc, si vous le voulez, le projet que j'avais formé depuis long-temps, de jouer la traduction que j'ai faite de* Roméo *et* Juliette. » (191) ; le théâtre napolitain : « *On voit à Naples, sur le théâtre, un acteur âgé de quatre-vingts ans, qui depuis soixante ans fait rire les napolitains dans leur rôle comique national, le Polichinelle.* » (291) ; *La Fille de l'air*, à Venise : « *Cette pièce, comme la plupart de celles de Gozzi, était composée de féeries extravagantes, très originales et très gaies.* » (433) ; Londres : « *Un soir, la famille qui comblait Corinne de marques d'amitié et d'intérêt, la pressa vivement de venir voir jouer Madame Siddons, dans* Isabelle ou le fatal mariage, *l'une des pièces du théâtre anglais où cette actrice déploie le plus admirable talent.* » (480).

Pour la musique et la danse, je renvoie aux fiches correspondantes.

II. LES FONCTIONS DE L'ART DANS LE ROMAN

A. L'attribut d'un peuple

La poésie est l'apanage de l'Italie : « *Vous sentez que c'est au milieu des arts et sous un beau ciel que s'est formé ce LANGAGE MÉLODIEUX ET COLORÉ.* » (83).

Importance des beaux-arts en Italie : « *Les lettres elles-mêmes languissent là où les pensées ne se renouvellent point par l'action forte et variée de la vie. Mais dans quel pays cependant a-t-on jamais témoigné plus qu'en Italie de l'admiration pour LA LITTÉRATURE et les BEAUX-ARTS ?* » (164).

Le pays semble transfiguré par la poésie : « *Tout l'aspect du pays* [des campagnes de Naples] *est étranger : on se sent dans un autre monde, dans un monde qu'on n'a connu que par les descriptions des POÈTES de l'antiquité, qui ont tout à la fois, dans leurs peintures, tant d'imagination et d'exactitude.* » (286).

B. Caractérisation des personnages

Corinne, défense et illustration de l'art italien : « *Il* [Oswald] *entendit résonner les cloches des nombreuses églises de la ville ; des coups de canon, de distance en distance, annonçaient quelque grande solennité : il demanda quelle en était la cause ; on lui répondit qu'on devait couronner le matin même, au Capitole, la femme la plus célèbre de l'Italie, Corinne, POÈTE, ÉCRIVAIN, IMPROVISATRICE, et l'une des plus belles personnes de Rome.* » (49).

Femme artiste, Corinne est celle qui révèle l'art italien à Oswald : « *Hier je vous ai entendu dire que vous n'aviez point encore voyagé dans Rome, que vous ne connaissiez ni les CHEFS-D'ŒUVRES DE NOS BEAUX ARTS, ni les ruines antiques qui nous apprennent l'histoire par l'imagination et le sentiment ; et j'ai conçu l'idée d'oser me proposer pour guide dans ces courses à travers les siècles.* » (91).

Le discours sur l'art sert à distinguer les opinions des personnages et à mettre en évidence le caractère propre à chacun.

Loin de l'enthousiasme de Corinne, Oswald conserve une vision rationnelle et moralisatrice de l'art : « *Aussi, dans cette nation où l'on ne pense qu'à l'amour, il n'y a pas un seul ROMAN, parce que l'amour y est si rapide, si public, qu'il ne prête à aucun genre de développements, et que, pour peindre véritablement les mœurs générales à cet égard, il faudrait commencer et finir dans la première page.* [...] *Les POÉSIES, dans lesquelles l'amour joue un si grand rôle, ont beaucoup de grâce, beaucoup d'imagination ; elles sont ornées par des tableaux brillants dont les couleurs sont vives et voluptueuses. Mais où trouverez-vous ce sentiment mélancolique et tendre qui anime notre POÉSIE ?* » (153-154).

Le personnage d'Erfeuil, bien qu'identifié par son « *talent pour la MUSIQUE* » (34), est privé de tout lien intime avec l'art. Pour lui, l'art est une des caractéristiques des peuples ; sa vanité et son orgueil sont soulignés par le discours qu'il tient à propos de la primauté du théâtre français : « *Alors je n'ai rien à dire, continua le comte d'Erfeuil, avec un sourire qui exprimait un dédain gracieux, chacun peut penser ce qu'il veut ; mais enfin je persiste à croire qu'on peut affirmer sans présomption que nous sommes les premiers dans L'ART DRAMATIQUE ; et quant aux Italiens, s'il m'est permis de parler franchement, ils ne se doutent seulement pas qu'il y ait un ART DRAMATIQUE dans le monde.* » (178).

C. Séductions

Mais l'art de professer est aussi l'art de séduire. Les visites sont l'occasion de conquérir le cœur d'Oswald : « *Revenant donc à l'aimable adresse dont elle avait coutume de se servir pour empêcher Oswald de se livrer à ses inquiétudes passion-nées, elle voulut intéresser de nouveau son esprit et son imagination par les merveilles des BEAUX-ARTS qu'il n'avait point encore vus, et retarder ainsi l'instant où le sort devait s'éclaircir et se décider.* » (215).

Largement utilisé dans l'épisode français du livre 12 (7 occurrences), « art » désigne aussi un ensemble de procédés qui tendent vers une fin, un moyen d'obtenir des résul-tats en utilisant des aptitudes naturelles, une activité consciente tendue vers un but. L'art est alors une manipulation, il est l'activité des roués. On note ainsi l'importance de l'expression « *l'art de...* » qui caractérise en général les Français et en particulier Mme d'Arbigny qui connaît « *l'ART DE s'insinuer dans le cœur* » (311, voir aussi 161, 183, 212, 306, 322).

Autres passages : « *Je craignais les moqueries contre tous les cultes de la pensée et du cœur ; je détestais cet ART de rabattre tous les élans et de désenchanter tous les amours.* » (306) ; « *[...] il me semblait quelquefois qu'il y avait UN PEU D'ART dans son langage, qu'elle parlait trop bien et d'une voix trop douce, que ses phrases étaient trop soigneusement rédigées ; mais sa ressemblance avec son frère, le plus sincère de tous les hommes, éloignait de mon esprit ces doutes, et contribuait à m'inspirer de l'attrait pour elle. [...]* » (311). Voir aussi : « *[...] Machiavel, qui révéla L'ART DU CRIME [...]* » (516 et 317, 320, 322, 331, 468-469, 539).

III. ÉMOTIONS ESTHÉTIQUES

A. Rhétorique de la simplicité et du naturel

Corinne défend l'art italien en raison de son « *naturel sans contrainte* » (159). Pour elle, l'art doit être inspiré par la nature et possède un caractère spontané : « *L'imagina-tion est fidèle, quand elle est toute-puissante. Le génie de l'homme est créateur, quand il sent la nature, imitateur, quand il croit l'inventer.* » (349) ; « *Corinne disait que cette bonne foi dans les ARTS d'imagination, comme dans tout le reste, est le caractère du génie, et que le calcul du succès est presque toujours destructeur de l'enthou-siasme. Elle prétendait qu'il y avait de la rhétorique en PEINTURE comme dans la POÉSIE, et que tous ceux qui ne savaient pas caractériser cherchaient les ornements accessoires, réunissaient tout le prestige d'un sujet brillant aux costumes riches, aux attitudes remarquables ; tandis qu'une simple vierge tenant son enfant dans ses bras, un vieillard attentif dans la messe de Bolsène, un homme appuyé sur son bâton dans l'école d'Athènes, sainte Cécile levant les yeux au ciel, produisaient, par l'expression seule du regard et de la physionomie, des impressions bien plus profondes.* » (222-223).

Pour Corinne, le sentiment esthétique est indissociable de l'admiration pour la na-ture et de la religion : « *La POÉSIE, l'amour, la religion, tout ce qui tient à l'enthousiasme enfin est en harmonie avec la nature ; et en regardant le ciel azuré, en me livrant à l'impression qu'il me cause, je comprends mieux les sentiments de Ju-liette, je suis plus digne de Roméo.* » (193, voir aussi 273).

Le sublime peut ainsi être atteint en s'abandonnant à l'émotion : « *LA PEINTURE, LA SCULPTURE, imitant le plus souvent la figure humaine, ou quelque objet existant dans la nature, réveillent dans notre ame des idées parfaitement claires et positives ; mais UN BEAU MONUMENT D'ARCHITECTURE n'a point, pour ainsi dire, de sens déterminé, et l'on est saisi, en le contemplant, par cette rêverie sans calcul et sans but qui mène si loin la pensée. Le bruit des eaux convient à toutes ces impressions vagues et profondes ; il est uniforme comme l'édifice est régulier.* » (101-102) ; « *Les ARTS sont bornés dans leurs moyens, quoique sans bornes dans leurs effets. Le génie ne cherche point à combattre ce qui est dans l'essence des choses ; sa supériorité consiste, au contraire, à la deviner.* » (225).

B. Inspiration et passion

L'art exerce un pouvoir indéniable sur Oswald, qui s'explique par l'extrême sensibilité du jeune homme et par son amour pour Corinne plus que par son intelligence de l'art. C'est ainsi qu'il est presque incapable de distinguer l'actrice de l'être réel : « *Il ne pouvait supporter de voir Corinne dans les bras d'un autre, il frémissait en contemplant l'image de celle qu'il aimait ainsi privée de vie ; enfin il éprouvait comme Roméo ce mélange cruel de désespoir et d'amour, de mort et de volupté, qui font de cette scène la plus déchirante du THÉÂTRE.* » (199).

Davantage, l'art n'a pour lui aucune existence sans la présence de l'aimée : « *Il ne pouvait supporter l'émotion de plaisir que donnent les CHEFS-D'ŒUVRES, quand il n'était pas avec Corinne ; il ne se pardonnait le bonheur que lorsqu'il venait d'elle ; LA POÉSIE, LA PEINTURE, LA MUSIQUE, tout ce qui embellit la vie par de vagues espérances lui faisait mal partout ailleurs qu'à ses côtés.* » (259) ; « *Tout ce qui appartenait le moins du monde à l'imagination, à la POÉSIE, lui retraçait le souvenir de Corinne, et renouvelait ses regrets.* » (500).

De même, l'origine de la création artistique se confond pour Corinne avec l'amour : « *Cette nature, ces beaux-arts, CETTE POÉSIE QUE JE SENS AVEC VOUS, ET MAINTENANT, HÉLAS ! SEULEMENT AVEC VOUS, tout deviendrait muet pour mon ame.* » (213-214) ; « *Les BEAUX-ARTS me retracent ton image ; la MUSIQUE, c'est ta voix ; le ciel, ton regard. Tout ce génie, qui jadis enflammait ma pensée, n'est plus que de l'amour. Enthousiasme, réflexion, intelligence, je n'ai plus rien qu'en commun avec toi.* » (442-443).

C. Un tableau vivant

Au terme du roman, le regard porté par Oswald sur le tableau vivant formé par Lucile et sa fille est emblématique à la fois de son renoncement à l'art et à Corinne, et de l'éducation artistique et sentimentale que, par elle, il a acquise : « *Parme conserve encore quelques chefs-d'œuvre du Corrège ; lord Nelvil conduisit Lucile dans une église où l'on voit une peinture à fresque de lui, appelée la Madone della Scala. Elle est recouverte par un rideau. Lorsque l'on tira ce rideau, Lucile prit Juliette dans ses bras pour lui faire mieux voir le tableau, et dans cet instant l'attitude de la mère et de l'enfant se trouva par hasard presque la même que celle de la Vierge et de son fils. La figure de Lucile avait tant de ressemblance avec l'idéal de modestie et de grace que Le Corrège a peint, qu'Oswald portait alternativement ses regards du tableau vers Lucile, et de Lucile vers le tableau ; elle le remarqua, baissa les yeux, et la ressemblance devint plus frappante encore [...]* » (558) ; « *Lucile remarqua l'intérêt qu'excitait en lui ce tableau, et voyant qu'il s'oubliait long-temps à le contempler, elle osa s'approcher enfin, et lui demanda timidement si la Sibylle du Dominiquin parlait plus à son cœur, que la Madone du Corrège. Oswald comprit Lucile, et fut étonné de tout ce que ce mot signifiait ; il la regarda quelque temps sans lui répondre, et puis il lui dit : — La Sibylle ne rend plus d'oracles ; son génie, son talent, tout est fini : mais l'angélique figure du Corrège n'a rien perdu de ses charmes ; et l'homme malheureux qui fit tant de mal à l'une ne trahira jamais l'autre.* » (561-562).

La musique

La musique occupe une place importante dans le vocabulaire de *Corinne*, supérieure à sa fréquence moyenne dans les romans de la même époque. Les deux grands moments d'écoute musicale se trouvent aux livres 9 (17 occurrences) et 10 (8 occurrences). Au livre IX est relaté le concert à Rome (247-251), où sont réunis les « *premiers chanteurs* » (246) et où les musiciens saluent Corinne par « *des fanfares de victoire* » (246). L'évocation du chant italien conduit le narrateur à des considérations sur la musicalité de la langue et l'expressivité de la musique. Au livre 10, il s'agit de la cérémonie de la semaine sainte à la chapelle Sixtine, pendant laquelle est joué le *Miserere* de Mozart (265-267). L'évocation des voix et de la mélodie qui semblent « *planer dans les airs* » constitue la réponse céleste à la musique profane du bal « *voluptueuse et passionnée* » (266) du livre précédent. L'autre sommet se trouve au livre 7, au moment de la discussion sur la littérature, prétexte à des jugements sur l'art ou le « génie » des peuples (182 notamment).

D'autres scènes dans le roman sont accompagnées de musique. Au livre 2, l'arrivée au Capitole de la marche triomphale de Corinne et le couronnement de cette dernière se font en musique (51 et 68). Au livre 6, dans la scène de la *Tarantelle*, les danseurs accompagnent la musique de danse avec des castagnettes et un tambour de basque (147). Au livre 13, la danse et la musique ordonnées par Corinne au cap Misène sont exécutés par des paysans et des marins (347-348 et 356). Au livre 15, une troupe de chanteurs parcourt les rues de Rome, la mélancolie de leur chant entraîne Corinne à les suivre (407-408). Dans le même livre, une scène itérative évoque des gondoliers qui se répondent en chantant des stances du Tasse par-dessus les eaux des canaux de Venise (430-431). Au livre 17, se fait entendre pendant le bal de Lady Edgermond (498-505) la « *musique monotone* » des Anglais, musique qui s'oppose à la « *grâce animée des airs* […] *d'Italie* » (499). Le livre 20 évoque enfin l'adieu de Corinne. Une jeune fille doit chanter les derniers vers de Corinne. Ce chant du cygne est préparé par l'audition d'une « *musique noble et sensible* » (581). Signalons d'autre part les scènes de danse (voir ci-dessus).

I. ENGOUEMENTS ET DÉGOÛTS

A. Corinne et la musique

Corinne, qui possède tous les talents, a naturellement la voix « *la plus touchante d'Italie* » (50) et montre des dispositions pour le chant et la musique instrumentale. Elle distrait ainsi Oswald à qui les médecins ont défendu de parler (212), elle chante des airs *bouffe* à Venise (435) et des airs écossais à Tivoli (238) en s'accompagnant d'une lyre qui lui sert autant à « *préluder* » avant de dire ses vers (352, 83) qu'à jouer des « *airs simples et nationaux* » (85). Enfin sa maison du *Trastevere* est décorée d'instruments de musique (72).

B. La langue de la musique

La question de la musicalité de la langue ne manque pas d'intéresser Corinne. L'italien est par excellence la « *langue des vers* » pour elle (189). La mélodieuse langue italienne est la seule appropriée pour la musique : « *Le concert commença ; qui n'a pas entendu le* CHANT ITALIEN, *ne peut avoir l'idée de la* MUSIQUE ! *Les voix, en*

Italie, ont cette mollesse et cette douceur qui rappellent et le parfum des fleurs et la pureté du ciel. La nature a destiné cette MUSIQUE pour ce climat : l'une est comme un reflet de l'autre. » (247) La langue grecque est aussi évoquée pour sa musicalité : « *C'est une jouissance véritable que d'entendre les Toscans, de la classe même la plus inférieure ; leurs expressions, pleines d'imagination et d'élégance, donnent l'idée du plaisir qu'on devait goûter dans la ville d'Athènes, quand le peuple parlait CE GREC HARMONIEUX QUI ÉTAIT COMME UNE MUSIQUE CONTINUELLE.* » (512, voir aussi 191) La musicalité des psaumes latins est enfin évoquée comme un « *murmure sombre et monotone* » (403-404).

Les Italiens sont un peuple de musiciens : « *Les Italiens, depuis des siècles, aiment la musique avec transport.* » (247) En plus de ce « *goût vif des Italiens pour la MUSIQUE* » (189), ils possèdent une musique « *délicieuse* » (189). Les musiciens célèbres évoqués dans *Corinne* sont italiens : Pergolèse (63, 165) et Métastase, auteur de mélodrames (173, 180, 184-186).

C. L'amusie

L'amusie désigne la perte de la capacité de chanter, de jouer ou de reconnaître une musique et, par extension, l'absence de sens musical. Sans doute à cause de la retenue et de la dignité des Anglais dans *Corinne*, ceux-ci émettent de fortes réserves envers la musique. Oswald n'est sensible à la musique que parce que celle-ci « *retrace les peines du cœur* » (225) et « *réveille les souvenirs que l'on s'efforçait d'apaiser* » (246). C'est une fanfare militaire qui accompagne la revue du régiment d'Oswald dans *Hyde-park* : « *On joua le fameux air,* Dieu sauve le Roi, *qui touche si profondément tous les cœurs en Angleterre.* » (489).

Plus grave que la surdité musicale, le mépris. En tant qu'Anglais, Oswald aurait jugé sévèrement une femme telle que Corinne s'il n'appliquait en Italie « *aucune des convenances sociales* » (51). Lady Edgermond montre la même sévérité : « [...] *il était scandaleux d'entendre de la MUSIQUE le dimanche* » (385) ; « [...] *je ne fais aucun cas des talents qui détournent une femme de ses véritables devoirs. Il y a des actrices, des MUSICIENS, des artistes enfin, pour amuser le monde ; mais pour des femmes de notre rang, la seule destinée convenable, c'est de se consacrer à son époux et de bien élever ses enfants.* » (458).

La fille de Lucile et d'Oswald, Juliette, est identifiée à sa préceptrice secrète par la pratique de la musique : « *Elle tenait une harpe en forme de lyre, proportionnée à sa taille, DE LA MÊME MANIÈRE QUE CORINNE ; et ses petits bras et ses jolis regards L'IMITAIENT PARFAITEMENT.* » (575) Cette éducation peine Lucile à qui sa mère a refusé une instruction musicale (372).

II. PUISSANCES DE LA MUSIQUE

A. Expressivité

Un en deçà du langage : « *L'italien a un CHARME MUSICAL qui fait TROUVER DU PLAISIR DANS LE SON DES MOTS presque indépendamment des idées ; ces mots d'ailleurs ont presque tous quelque chose de pittoresque, ils peignent ce qu'ils expriment.* » (83).

Les sons ajoutent de la force aux paroles : « *Des paroles affectées amènent nécessairement une déclamation fausse ; mais il n'est pas de langue dans laquelle un grand acteur pût montrer autant de talents que dans la nôtre ; car LA MÉLODIE DES SONS ajoute un nouveau CHARME à la vérité de l'accent : c'est une MUSIQUE continuelle qui se mêle à l'expression des sentiments sans lui rien ôter de sa force.* » (191).

La puissance de la mélodie vient de ce qu'elle est un langage inspiré et naturel : « *De tous les beaux-arts, c'est celui qui agit le plus immédiatement sur l'ame. Les autres la dirigent vers telle ou telle idée, celui-là seul s'adresse à la* SOURCE INTIME DE L'EXISTENCE, *et change en entier la disposition intérieure.* » (247).

Les instruments de musique participent de cette simplicité et de cette harmonie avec la nature : « *En se promenant avec Corinne, Oswald s'aperçut que le souffle du vent avait un son harmonieux, et répandait dans l'air des accords qui semblaient venir du balancement des fleurs, de l'agitation des arbres, et* PRÊTER UNE VOIX À LA NATURE. *Corinne lui dit que c'étaient les harpes éoliennes que le vent faisait résonner et qu'elle avait placées dans quelques grottes du jardin, pour remplir l'atmosphère de sons aussi bien que de parfums.* » (230-231, voir aussi 84) ; « *Corinne se fit apporter sa lyre, instrument de son choix, qui ressemblait beaucoup à la harpe, mais était cependant* PLUS ANTIQUE *par la forme, et* PLUS SIMPLE *dans les sons.* » (59).

B. Inconstance, inconsistance

Les périls de la musique. Les Italiens sont un peuple musicien en raison de la labilité de leur caractère : « *Nous possédons une* MUSIQUE *si délicieuse, que ce plaisir peut rendre indolent sur les jouissances de l'esprit.* » (189).

Énonçant la même idée avec une nuance de dédain, Erfeuil affirme que les Italiens ne s'intéressent qu'à la musique et ne connaissent rien à l'art dramatique : « *LA MUSIQUE EST TOUT CHEZ EUX, et la pièce n'est rien.* [...] *Vos musiciens fameux disposent en entier de vos poëtes ; l'un lui déclare qu'il ne peut pas chanter s'il n'a dans son ariette le mot* felicità [bonheur] ; *le tenor demande la* tomba [tombe] ; *et le troisième chanteur ne peut faire des roulades que sur le mot* catene [chaînes]. » (178).

Instrument du despotisme de Venise, la musique nourrit les illusions : « *On ne donnait point au peuple les grossiers plaisirs qui l'abrutissent, mais de la* MUSIQUE, *des tableaux, des improvisateurs, des fêtes ; et le gouvernement soignait là ses sujets, comme un sultan son sérail.* » (422-423).

C. Le je-ne-sais-quoi : métaphores musicales

À deux reprises est évoqué le « *charme* » dont participe la musique (83, 408). Le domaine du clair-obscur, de l'expression vague, est ainsi l'apanage de la musique, comme le montre son aptitude à constituer des métaphores : « *La peinture ne saurait se contenter d'*UNE EXPRESSION AUSSI RÊVEUSE ET AUSSI VAGUE QUE CELLE DES SONS. *Il est vrai que l'heureuse combinaison des couleurs et du* CLAIR-OBSCUR *produit, si l'on peut s'exprimer ainsi, un* EFFET MUSICAL *dans la peinture ; mais, comme elle représente la vie, on lui demande l'expression des passions dans toute leur énergie et leur diversité.* » (225) ; « La vue d'un tel monument est comme une musique continuelle et fixée [...] » (103).

Aptitude à la fusion avec les autres arts : « *L'italien a un* CHARME MUSICAL *qui fait trouver du plaisir dans le son des mots presque indépendamment des idées ; ces mots d'ailleurs ont presque tous quelque chose de* PITTORESQUE, *ils peignent ce qu'ils expriment.* » (83) ; « [...] *le soir, lorsque* LES SONS SE PROLONGENT SUR LE CANAL COMME LES REFLETS DU SOLEIL COUCHANT, *et que les vers du Tasse prêtent aussi leurs beautés de sentiment à tout cet ensemble d'images et d'harmonie, il est impossible que ces chants n'inspirent pas une douce mélancolie.* » (430-431).

III. LE SOUFFLE DU CŒUR

A. Mélancolie, enthousiasme

Aptitude de la musique à éveiller des sensations.

Souvenirs : « *Je ne puis exprimer l'émotion que je ressentis, un déluge de pleurs couvrit mon visage, tous mes souvenirs se ranimèrent : rien ne retrace le passé comme la* MUSIQUE *; elle fait plus que retracer, il apparaît, quand elle l'évoque, semblable aux ombres de ceux qui nous sont chers, revêtu d'un voile mystérieux et mélancolique.* » (384 voir aussi 246).

Mélancolie : « *On eût dit qu'en cet endroit la* MUSIQUE *exprimait la vanité des splendeurs de ce monde.* » (408).

Enthousiasme : « *Corinne, en dansant, faisait passer dans l'ame des spectateurs ce qu'elle éprouvait, comme si elle avait improvisé, comme si elle avait joué de la lyre ou dessiné quelques figures ; tout était langage pour elle : les* MUSICIENS, *en la regardant, s'animaient à mieux faire sentir le génie de leur art ; et je ne sais quelle joie passionnée, quelle sensibilité d'imagination électrisait à la fois tous les témoins de cette danse magique, et les transportait dans une existence idéale où l'on rêve un bonheur qui n'est pas de ce monde.* » (148).

« *La* MUSIQUE *double l'idée que nous avons des facultés de notre ame ; quand on l'entend, on se sent capable des plus nobles efforts. C'est par elle qu'on marche à la mort avec enthousiasme ; elle a l'heureuse impuissance d'exprimer aucun sentiment bas, aucun artifice, aucun mensonge. Le malheur même, dans le langage de la* MUSIQUE, *est sans amertume, sans déchirement, sans irritation.* » (248).

B. Musique religieuse

Mode d'expression non conceptuel, la musique exalte l'émotion religieuse : « *Parmi les arts, la* MUSIQUE *seule peut être purement religieuse.* » (224-225).

« *On aperçoit sur la voûte de la chapelle les prophètes et les sibylles appelés en témoignage par les chrétiens ; une foule d'anges les entourent, et toute cette voûte ainsi peinte semble rapprocher le ciel de nous ; mais ce ciel est sombre et redoutable ; le jour perce à peine à travers les vitraux qui jettent sur les tableaux plutôt des ombres que des lumières ; l'obscurité agrandit encore les figures déjà si imposantes que Michel-Ange a tracées ; l'encens, dont le parfum a quelque chose de funéraire, remplit l'air dans cette enceinte, et toutes les sensations préparent à la plus profonde de toutes, celle que la* MUSIQUE *doit produire.* » (265).

« *Cher Oswald, laissez-nous donc tout confondre, amour, religion, génie, et le soleil et les parfums, et la* MUSIQUE *et la poésie ; il n'y a d'athéisme que dans la froideur, l'égoïsme et la bassesse.* » (273).

C. Musique divine

Un pouvoir orphique : « *Le Dante, dans le poème du purgatoire, rencontre un des meilleurs chanteurs de son temps, il lui demande un de ses airs délicieux, et les ames ravies s'oublient en l'écoutant, jusqu'à ce que leur gardien les rappelle. Les chrétiens comme les païens ont étendu l'empire de la* MUSIQUE *après la mort.* » (247).

Vertu purificatrice de la musique à l'approche de la mort : « *Quand les desseins de la providence sont accomplis sur nous, une* MUSIQUE *intérieure nous prépare à l'arrivée de l'ange de la mort.* » (583).

*

Langage de la simplicité et expression de la joie, la musique n'est pas pour autant superficielle, elle touche véritablement l'âme.

Les ruines

Le thème des ruines est présent dans trois œuvres importantes de ce début de siècle : *Le Génie du Christianisme* (1802) et *René* (1805) de Chateaubriand, *De l'Amour* de Senancour (1806). On le trouvait déjà, antérieurement, dans le *Salon* de Diderot sur le peintre Hubert Robert (1767), et *Les Ruines* de Volney (1791). Auparavant, le poème « La Solitude » de Saint-Amant (1638), mais aussi *Les Antiquitez de Rome* de du Bellay (1557) l'avaient mis en valeur.

Mis à part les textes en vers, les références sont donc groupées autour de l'année 1800. On assiste en effet au XVIIIᵉ siècle à la naissance de l'imaginaire des ruines. C'est-à-dire que celles-ci ne sont plus seulement traitées selon un usage *moral*, didactique, qui tire des ruines une leçon sur la fugacité des œuvres humaines, ni selon un usage *pittoresque*, où les ruines sont appréciées pour l'irrégularité et la fantaisie de leurs formes, elles intéressent la sensibilité et provoquent des associations qui mobilisent l'imagination. Dans *Corinne*, la rareté des dates qui situent les ruines dans l'histoire témoigne de leur valeur *actuelle* et plus seulement rétrospective[1].

I. « LA NOBLE ENCEINTE OÙ COMPARAÎT TOUTE L'HISTOIRE » (114)

A. Les ruines romaines, lieu de rencontre avec le passé

Les ruines évoquées dans Corinne sont essentiellement romaines, à l'exception d'un château goth (285) : « [...] *les souvenirs des antiques romains règnent seuls à travers les siècles, malgré les peuples qui les ont vaincus* » (286). Rome, le lieu par excellence des ruines, est bâtie sur les décombres de monuments anciens et offre un mélange de ruines et d'édifices modernes : « *Raphaël a dit que Rome moderne était presqu'en entier bâtie avec les DÉBRIS de Rome ancienne ; et il est certain qu'on n'y peut faire un pas sans être frappé de quelques RESTES de l'antiquité* » (136).

Les ruines qu'on y trouve sont même ce qui donne l'image la plus authentique de Rome : « *Non loin de ces lions on voit une statue de Rome mutilée, que les romains modernes ont placée là, sans songer qu'ils donnaient ainsi LE PLUS PARFAIT EMBLÈME DE LEUR ROME ACTUELLE. Cette statue n'a ni tête, ni pieds, mais le corps et la draperie qui restent ont encore des beautés antiques* » (109).

B. « Temps héroïques »

Traces dégradées mais émouvantes d'un modèle idéal : « *Au haut de l'escalier sont deux colosses qui représentent, à ce qu'on croit, Castor et Pollux, puis les trophées de Marius, puis deux colonnes milliaires qui servaient à mesurer l'univers romain, et la*

---

1. Au sujet de la naissance de ce thème littéraire moderne, la « poétique » des ruines, l'expression est de Diderot, on consultera *La Poétique des ruines en France*, de Roland Mortier, Genève, Droz, 1974.

statue équestre de Marc-Aurèle, belle et calme au milieu de ces divers souvenirs. Ainsi tout est là, les TEMPS HÉROÏQUES représentés par les Dioscures, la république par les lions, les guerres civiles par Marius, et les beaux temps des empereurs par Marc-Aurèle. » (109).

Passé sacralisé, les ruines sont une preuve de la grandeur morale de l'homme : « Rome, plus souvent qu'aucune autre, présente le triste aspect de la misère et de la DÉGRADATION ; mais tout à coup une COLONNE BRISÉE, un BAS-RELIEF À DEMI DÉTRUIT, des PIERRES LIÉES À LA FAÇON INDESTRUCTIBLE DES ARCHITECTES ANCIENS, vous rappellent qu'il y a dans l'homme une puissance éternelle, une étincelle divine, et qu'il ne faut pas se lasser de l'exciter en soi-même et de la ranimer dans les autres. » (111-112).

Solennité des ruines : « C'est presque un sacrilège de déplacer les cendres, d'altérer les RUINES : l'imagination tient de plus près qu'on ne croit à la morale ; il ne faut pas l'offenser. » (129)

C. Se jouer du temps

Se livrer à l'étude des anciens monuments, c'est pour Lord Nelvil faire revivre le passé : « Je ne sais point d'étude qui captivât davantage mon intérêt, reprit lord Nelvil, si je me sentais assez de calme pour m'y livrer : ce genre d'érudition est bien plus animé que celle qui s'acquiert par les livres : on dirait que l'on fait revivre ce qu'on découvre, et que LE PASSÉ REPARAÎT sous la poussière qui l'a enseveli. » (122).

Mais l'appréhension de Rome, lieu de visite pour ceux qui veulent apprendre l'histoire par l'imagination et le sentiment (91), est pour le voyageur l'objet de « recherches, à la fois savantes et poétiques, qui parlent à l'imagination comme à la pensée. » (122). Si l'art a une fonction médiatrice, celle de rendre vivante la civilisation disparue, il mobilise autant l'imagination que la raison : « Oswald ne pouvait se lasser de considérer les TRACES de l'antique Rome du point élevé du Capitole où Corinne l'avait conduit. La lecture de l'histoire, les réflexions qu'elle excite, agissent bien moins sur notre ame que ces pierres en désordre, que ces RUINES mêlées aux habitations nouvelles. Les yeux sont tout-puissants sur l'ame : après avoir vu les RUINES romaines on croit aux antiques Romains, comme si l'on avait vécu de leur temps. Les souvenirs de l'esprit sont acquis par l'étude. Les SOUVENIRS DE L'IMAGINATION naissent d'une impression plus immédiate et plus intime qui donne de la vie à la pensée, et nous rend, pour ainsi dire, témoins de ce que nous avons appris. » (111).

Les Romains sont maîtres du temps : « Tantôt les romains élevaient des bâtiments si solides, qu'ils résistaient aux tremblements de terre ; tantôt ils se plaisaient à consacrer des travaux immenses à des édifices qu'ils détruisaient eux-mêmes quand les fêtes étaient finies : ILS SE JOUAIENT AINSI DU TEMPS sous toutes les formes. » (121-122).

II. VANITÉ DES SPLENDEURS

A. L'implacable et destructeur travail du temps

Les ruines alimentent un imaginaire du temps et sont dépositaires d'une rêverie sur la beauté menacée par la mort : « Rome maintenant n'est-elle pas la patrie des tombeaux ! » (65) « Les cités tombent, les empires disparaissent, et l'homme s'indigne d'être mortel ! » (104, vers de La Jérusalem délivrée du Tasse, attribuée par erreur à l'Arioste dans la note).

Le spectacle de la magnificence ne doit pas détourner des préoccupations morales : « *Titus, le meilleur des empereurs, dédia ce Colisée au peuple romain ; et ces admirables RUINES portent avec elles un si beau caractère de magnificence et de génie, qu'on est tenté de se faire illusion sur la véritable grandeur, et d'accorder aux chefs-d'œuvre de l'art l'admiration qui n'est due qu'aux monuments consacrés à des institutions généreuses.* » (114-115).

Les ruines invitent au *memento mori* : « *allons voir les tombeaux ; allons voir le dernier asile de ceux qui vécurent parmi les monuments dont nous avons contemplé les RUINES.* » (127).

« *Vous le savez, Mylord, loin que chez les anciens l'aspect des tombeaux décourageât les vivants, on croyait inspirer une émulation nouvelle en plaçant ces TOMBEAUX sur les routes publiques, afin que retraçant aux jeunes gens le souvenir des hommes illustres, ils invitassent silencieusement à les imiter.* » (128).

B. La nature toute-puissante

La force de la nature donne vie aux ruines : « *L'aspect de la campagne autour de Rome a quelque chose de singulièrement remarquable : sans doute c'est un désert, car il n'y a point d'arbres ni d'habitations ; mais la terre est couverte de plantes naturelles que l'énergie de la végétation renouvelle sans cesse. Ces plantes parasites se glissent dans les tombeaux, décorent les RUINES, et semblent là seulement pour honorer les morts.* » (130).

Harmonie des ruines et de la nature : « *Les RUINES répandent un singulier charme sur la campagne d'Italie. Elles ne rappellent pas, comme les édifices modernes, le travail et la présence de l'homme, elles se confondent avec les arbres, avec la nature ; elles semblent en harmonie avec le torrent solitaire, image du temps qui les a fait* [sic] *ce qu'elles sont.* » (230).

Envahies par la végétation, les ruines sont un lieu de repos pour les pèlerins : « *les Romains qui semblent habiter là, non comme des possesseurs, mais comme des pèlerins qui se reposent auprès des ruines.* » (48).

C. L'anéantissement des ruines

Pompéi (voir glossaire, sv. POMPÉIA), « *révélation d'un néant où le héros et l'histoire s'engloutiront* » (Mortier, *op. cit.*) : « *Ainsi, RUINES SUR RUINES, et TOMBEAUX SUR TOMBEAUX. Cette histoire du monde où les époques se comptent DE DÉBRIS EN DÉBRIS, cette vie humaine dont la trace se suit à la lueur des volcans qui l'ont consumée, remplit le cœur d'une profonde mélancolie. Qu'il y a long-temps que l'homme existe ! Qu'il y a long-temps qu'il vit, qu'il souffre et qu'il périt ! Où peut-on retrouver ses sentiments et ses pensées ? L'air qu'on respire dans ces RUINES en est-il encore empreint, ou sont-elles pour jamais déposées dans le ciel où règne l'immortalité ? Quelques feuilles brûlées des manuscrits qui ont été trouvés à Herculanum et à Pompéia* [...] » (300-301).

Les destructions des Goths se confondent avec l'effet du temps : « *Il y a très peu de traces de l'invasion des barbares en Italie ; ou du moins là où ces traces consistent en DESTRUCTIONS, elles se confondent avec l'effet du temps.* » (285).

Le travail du temps rend indifférent à la beauté des monuments antiques, les ruines sont alors banalisées : « *À Saint-Jean de Latran,* [...] *on trouve une telle quantité de colonnes de marbre, qu'il en est plusieurs qu'on a recouvertes d'un mastic de plâtre pour en faire des pilastres ; tant la multitude de ces richesses y avait rendu indifférent !* » (137).

III. LE LANGAGE IDÉAL DE L'ARCHITECTURE, UNE RECONSTRUCTION POÉTIQUE

A. Consolation

Un éden, le jardin de San Giovanni et Paolo : « *Les moines de ce couvent sont sou-mis à des pratiques moins sévères, et leur jardin domine toutes les RUINES de l'ancienne Rome.* » (257) ; « *Oswald jouit alors de L'ADMIRABLE SPECTACLE du soleil, qui vers le soir descend lentement au milieu des RUINES, et semble pour un moment se soumettre au déclin comme les ouvrages des hommes.* » (258).

Invitation au voyage : « *Les RUINES de Pompéia sont du même côté de la mer que le Vésuve, et c'est par ces RUINES que Corinne et lord Nelvil commencèrent leur voyage.* » (299).

Les ruines tempèrent la mélancolie de Corinne : « *Corinne adressa ses regrets au COLISÉE, au PANTHÉON, au CHÂTEAU SAINT-ANGE, à tous les lieux dont la vue avait tant de fois renouvelé les plaisirs de son imagination. — Adieu, terre des souvenirs, s'écria-t-elle, adieu, séjour, où la vie ne dépend ni de la société ni des évènements, où l'enthousiasme se ranime par les regards et par l'union intime de l'ame avec les objets extérieurs.* » (410).

B. Rêveries romantiques

Les ruines ressuscitées par la poésie : « *En approchant de Saint-Pierre, sa première pensée fut de se représenter cet édifice comme il serait quand à son tour il deviendrait une RUINE, objet de l'admiration des siècles à venir. Elle s'imagina ces colonnes à présent debout, À DEMI COUCHÉES SUR LA TERRE, CE PORTIQUE BRISÉ, CETTE VOÛTE DÉCOUVERTE ; mais alors même l'obélisque des égyptiens devait encore régner sur les ruines nouvelles ; ce peuple a travaillé pour l'éternité terrestre.* » (409).

« *[…] tandis que la pensée s'enorgueillit de ses progrès, s'élance dans l'avenir, notre ame semble regretter une ancienne patrie dont le passé la rapproche.* » (350).

« *Le charme merveilleux de Rome, ce n'est pas seulement la beauté réelle de ses MONUMENTS, mais l'intérêt qu'ils inspirent en excitant à penser ; et ce genre d'intérêt s'accroît chaque jour par chaque étude nouvelle.* » (138).

C. Des ruines pour bâtir

Herculanum ensevelie pour bâtir Portici (339), Saint-Pierre faite de marbres anti-ques : « *Toute cette église est ornée de MARBRES ANTIQUES, et ces pierres en savent plus que nous sur les siècles écoulés.* » (105).

L'histoire moderne se lit à la lumière des témoignages de l'histoire antique : « *Par un rapprochement singulier, non loin de ce Rubicon on voit aujourd'hui la république de Saint-Marin, comme si ce dernier faible VESTIGE de la liberté devait subsister à côté des lieux où la république du monde a été détruite.* » (417).

L'état de ruine n'est pas une condition définitive. L'homme continue à construire sur les ruines : « *De l'autre côté du Capitole est la ROCHE TARPÉIENNE ; au pied de cette roche l'on trouve aujourd'hui un hôpital appelé l'Hôpital de la Consolation. Il semble que l'esprit sévère de l'antiquité et la douceur du christianisme soient ainsi rapprochés dans Rome à travers les siècles, et se montrent aux regards comme à la réflexion.* » (109-110).

*

La poétique des ruines est une invention de l'âge des Lumières. À mi-chemin entre le style élevé de l'esthétique classique, qui témoigne de la splendeur passée d'une civilisation disparue, et de la rêverie décevante sur le *memento mori*, l'antiquité est renouvelée par un réinvestissement qui tempère la mélancolie.

Filiation

Les liens qui unissent les enfants aux parents sont nombreux et déterminants dans *Corinne*. Nombreux, ce simple relevé en rend compte : *père* (196 occurrences), *pères* (4), *paternelle* (10), *paternel* (2), *paternels* (1), *paternité* (1), mais aussi *mère* (101 occurrences dont 34 de *belle-mère*), *mères* (3), *maternelle* (2), *maternel* (2).

Déterminant, le jugement que porte le père d'Oswald sur Corinne fait obstacle au bonheur de ce dernier. On ne badine pas avec le père dans ce récit où domine la toute-puissance d'une société patriarcale. J'observerai ci-dessous les principales caractéristiques des figures paternelles et maternelles dans le roman.

I. FIGURES PATERNELLES

A. Puissance paternelle

À la lecture du chapitre premier, on ne peut manquer d'être frappé par le nombre de termes qui marquent l'état dépressif de celui qui deviendra le héros (profond sentiment de *peine*, *douleurs*, *maladie*, *souffre*, *découragé* de la vie, sensibilité *blessée*, absence de *plaisir*, *tristesse*, *malheur*, *mélancolie*...), termes qui tous s'opposent au *bonheur* des autres. C'est bien un être spleenétique (le mot n'est cependant pas prononcé) qui est mis en scène et dont le programme narratif initial va consister à tenter d'inverser l'état dysphorique en état euphorique. D'où provient le mal dont il souffre ? De « *la plus intime de toutes les douleurs, la perte d'un père* » (27), cause à laquelle ne voudra pas vraiment croire Corinne puisque « *la loi de la nature nous oblige tous à survivre à nos parents* » (78). Quitter l'Écosse, c'est « *abandonner les lieux où son père avait vécu* » (29) et le verbe même « *abandonner* » sonne plus comme une désertion que comme un simple désir de rétablissement personnel. En effet, en quittant sa patrie (171), c'est la terre du père qu'il risque de renier au bénéfice d'une Italie pleine de mollesse et de séductions (voir ci-dessous les fiches « Italie », p. 94, et « Pays », p. 98). Or le séjour auprès du père est lié au bonheur, au calme (305) comme à la tendresse (315).

La force de cet attachement au père se trouve cautionnée par des exemples antiques. Corinne et Oswald, dans leurs promenades romaines, ne découvrent-ils pas le tombeau « *de Cécilia Métella, jeune fille à qui son père a fait élever ce monument* » (131) ? Ce qui entraîne cette réflexion d'Oswald : « *heureux les enfants qui meurent dans les bras de leur père, et reçoivent la mort dans le sein qui leur donna la vie, la mort elle-même alors perd son aiguillon pour eux* » (*id.* voir aussi l'évocation du tableau du « *fils de Caïrbar endormi sur la tombe de son père* » [238]). On ne s'étonnera pas dans ces conditions de voir convoquée, comme par hasard, la parabole de l'enfant prodigue [Luc, 15 : 11-32] (271) qui marque la puissance de l'amour entre un père et son fils.

B. Ascendant paternel

Cette puissance paternelle entrave les initiatives d'Oswald au lieu qu'elle permet à Corinne, dont on ignore la véritable identité (124) que l'on n'apprendra que tardivement (361), de jouir d'une vie [« *beaucoup trop* »] indépendante (124). L'ombre du père obsède l'esprit du fils qui, sans cesse, s'interroge à son sujet (voir par exemple 29, 77) puisque pour lui « *l'ange gardien des enfants, c'est leur père* » (414). Le fils prend dès lors le père comme intercesseur au prix d'une ambiguïté possible (le père se confondrait-il avec la divinité elle-même ?) : « *O mon père ! ô mon Dieu ! guidez-moi dans la vie* » (464). Corinne n'hésite pas dans ces conditions à faire parler le père d'Oswald : « *Voilà, reprit Corinne, les paroles que votre père vous adresse du haut du ciel, voilà celles qui sont pour vous* » (335-336) au terme d'un subtil chassé-croisé puisque Mme de Staël place dans la bouche de son héroïne de prétendues pensées du père de lord Nelvil qui proviennent d'un très réel ouvrage de son propre père, Jacques Necker (1732-1804)… (voir les notes 19, p. 590-591 et 26, p. 592 de l'édition « Folio »). L'ascendant paternel joue également sur Lucile qui prie pour obtenir l'aide de son père au ciel (503).

Le père est un ami (46, 315) que l'on n'a pas assez aimé de son vivant (316), dont on doit honorer la mémoire (472) et qui, voyons-le à présent, accompagne sans cesse son enfant même par-delà la mort.

C. Au nom du père

Différentes métonymies du père, et plus largement de la famille, traversent le texte. J'ai déjà signalé plus haut comment Oswald recourt au « *recueil, où sont écrites les pensées de [s]on père, ses réflexions sur la mort* » (208). Il en est d'autres. Oswald porte en permanence « *sur sa poitrine* » le portrait de son père (70), portrait auquel il n'hésite pas à adresser ses prières : « *— Ô toi ! dit-il en s'adressant au portrait de son père ; toi, le meilleur ami que j'aurai jamais sur la terre, je ne peux plus entendre ta voix ; mais apprends-moi par ce regard muet, si puissant encore sur mon ame, apprends-moi ce que je dois faire pour te donner dans le ciel quelque contentement de ton fils* » (201-202). On sait comment ce portrait sera altéré lors de la belle action d'Oswald qui se jette à la mer pour sauver un vieillard et la surprise éprouvée par lord Nelvil devant la finesse du travail de Corinne dans la « *réparation* » de cette relique (359). Le couple des parents d'Oswald est également représenté par « *l'anneau que [s]on père avait donné à sa femme* », anneau que lord Nelvil veut donner à Corinne (359) et que cette dernière refuse dans un premier temps (360). De la même façon, la lettre de lord Nelvil à lord Edgermond que M. Dickson remet à Oswald représente elle aussi la volonté du père à laquelle il faut obéir, seul obstacle dramatique à l'union des amants (466).

Corinne quant à elle porte des bracelets confectionnés avec « *des cheveux de son père, de sa mère et de sa sœur* » (253). Lucile pour sa part a fait dresser dans son cabinet un véritable autel sous la forme d'un piédestal sur lequel est gravé « *À la mémoire de mon second père. Enfin un livre était posé sur la table. Oswald l'ouvrit ; il y reconnut le recueil des pensées de son père, et sur la première page il trouva ces mots écrits par son père lui-même : À celle qui m'a consolé dans mes peines, à l'ame la plus pure, à la femme angélique qui fera la gloire et le bonheur de son époux* » (495).

De très nombreux passages disent expressément ce qu'il convient de faire au nom du père : lui obéir (333, 394 et *passim*), épouser Lucile (94 et *passim*), tenter de comprendre les motivations du père (394, 460 et *passim*), quand ce n'est pas chercher à ruser avec le désir paternel… (231, 341 et *passim*).

Le père, figure centrale de l'autorité parentale, n'est toutefois pas seul à imposer des devoirs aux enfants comme le rappelle le très beau texte de Jacques Necker reproduit par Mme de Staël, et supposé être de la plume du père d'Oswald : « *Ils s'en iront, vous n'en pouvez douter, ces parents qui tardent à vous faire place, etc.* » (334-335). À sa figure ici rapidement évoquée, il convient d'ajouter celle de la mère, plus discrète mais néanmoins présente.

II. FIGURES MATERNELLES

A. Mères des arts

Les différents beaux-arts jouent un rôle important dans *Corinne*, et l'on relève la présence de différentes figures maternelles dans ce domaine. Les exemples cités par Mme de Staël mettent tous en scène la violence des passions, le crime et la mort, que ce soit à travers la sculpture (Agrippine, 351 ; Niobé, 518), la peinture (le tableau de Brutus, 232 ; celui du Titien, 234 ; Hippolyte et Phèdre, 236) ou le théâtre tragique (Shakespeare, 235), belle occasion pour réfléchir à l'intérieur d'une fiction sur les problèmes posés par la représentation artistique de la douleur.

B. Mères discrètes

Les mères restent malgré tout très peu évoquées dans le roman qui, de ce point de vue, accorde plus d'importance à lady Edgermond, belle-mère d'Oswald, comme de Corinne (dont elle est la marâtre).

Oswald a perdu sa mère lorsqu'il était âgé de quatorze ans, bien avant le début de la narration par conséquent. Il a conservé d'elle « *le caractère timide et réservé de ses vertus* » (205) et il ne peut douter que son père n'ait désiré qu'il choisisse pour lui-même une pareille épouse. L'idéal de l'épouse-mère anglaise est clairement exposé par M. Edgermond à lord Nelvil : « *Mais chez nous, où les hommes ont une carrière active, il faut que les femmes soient dans l'ombre, et ce serait bien dommage d'y mettre Corinne ; je la voudrais sur le trône de l'Angleterre, mais non pas sous mon humble toit. Mylord, j'ai connu votre mère que votre respectable père a tant regrettée ; c'était une personne tout-à-fait semblable à ma jeune cousine [Lucile], et c'est comme cela que je voudrais une femme, si j'étais encore dans l'âge de choisir et d'être aimé* » (204-205).

Corinne de son côté a également perdu sa mère alors qu'elle n'avait que dix ans (361). Cette dernière ne pouvait concevoir de ne pas vivre en Italie. Corinne, qui ressemble physiquement à sa mère (362) ne veut pas plus qu'elle mourir de chagrin loin de son pays.

À l'exception de lady Edgermond (voir son portrait, ci-dessous p. 59), qui se comporte comme une marâtre, dans le double sens du terme, envers Corinne, le peu d'importance de la mère dans *Corinne* montre assez *a contrario* la primauté de la loi du Père.

C. Un cas particulier

La situation de Lucile et de sa fille Juliette représente un cas particulier dans cet univers où la fonction maternelle se trouve si réduite. Comme il convient à une jeune fille de son époque, Lucile est destinée à un mariage arrangé par sa famille. Sa demi-sœur Corinne a pris soin d'elle « *comme sa seconde mère* » (382). Entièrement soumise à la volonté de sa propre mère dont elle ne s'est jamais éloignée (450), elle devient mère à son tour après son mariage avec lord Nelvil. Vouée à une pure reproduction du modèle familial antérieur, Lucile n'offre apparemment que peu d'intérêt. Toutefois, les rapports qu'elle entretient avec sa propre fille, Juliette, méritent de retenir l'attention. Il s'agit moins alors de la fonction maternelle prise en soi que de son rôle symbolique dans une fiction qui met en scène un personnage masculin indécis qui aime une femme mais épouse finalement sa demi-sœur.

On se rappelle sans doute qu'Oswald découvre sa fille « *âgée de plus de trois ans* » (542). L'enfant présente la caractéristique de ressembler à sa tante, la seconde mère de sa mère : Juliette « *avait les cheveux et les yeux de Corinne* » et Oswald va aimer Corinne à travers elle. Or le prénom donné à cet enfant n'est pas indifférent. Corinne ayant traduit en italien *Roméo et Juliette* de Shakespeare qu'elle interprète, il est clair que le drame des « *deux amants* » (194) de Vérone représente, à l'intérieur de *Corinne*, une image de celui d'Oswald et de Corinne par le biais d'une forme de mise en abyme (voir la description de la représentation, p. 194-200) : « *La pièce finie, Corinne s'était trouvée mal d'émotion et de fatigue. Oswald entra le premier dans sa chambre, et la vit seule avec ses femmes, encore revêtue du costume de Juliette et comme elle presque évanouie entre leurs bras. Dans l'excès de son trouble, il ne savait pas distinguer si c'était la vérité ou la fiction* » (200). Mme de Staël met ainsi en place un système relationnel curieux où Roméo est à Juliette dans la pièce comme Oswald à Corinne dans la « réalité » de la fiction alors qu'Oswald devient l'époux de Lucile (si proche de la vierge à l'enfant dans un tableau du Corrège, 558) qui lui donne une petite Juliette qui ressemble étrangement à Corinne... La fin du roman exacerbe le jeu des duplications lorsque Oswald fait conduire chez Corinne une Juliette qui va de plus en plus ressembler à celle qui se mue à nouveau en une seconde mère : prononciation (574), aptitudes (575-576).

On le voit, ici le rôle de la mère, ou de la mère de substitution, est éminemment dramatique puisqu'il va jusqu'à faire bégayer l'histoire : Corinne avait joué la comédie « *le dix-sept de novembre* » (434), le soir même du jour où Oswald était parti en Angleterre ; la petite Juliette « *exécut[e] sur sa harpe un air écossais, que Corinne avait fait entendre à lord Nelvil à Tivoli, en présence d'un tableau d'Ossian* », air que Corinne lui fait promettre de jouer chaque année « *un certain jour, le dix-sept de novembre, je crois* » (576). Ainsi la malheureuse Corinne n'aura été ni amante, ni épouse, ni mère et aura-t-elle été condamnée à ne remplir ces rôles féminins que dans l'ombre et par personnes interposées.

Vêtements

Dans ce roman composé comme une fresque, les vêtements, comme les paysages, plantent un décor tour à tour pittoresque et artistique.

Bien que dépeints dans un contexte qui se voudrait dramatique – l'incendie d'Ancone –, les matelots effrayés portent un costume original contrastant singulièrement avec l'horreur de la situation : « *Les mariniers sur les bords de la mer Adriatique sont revêtus d'une capote rouge et brune très-singulière, et du milieu de ce vêtement sortait le visage animé des Italiens qui peignait la crainte sous mille formes.* » (41). Lors de la fête organisée par Corinne au cap Misène, les matelots de Bayes sont également vêtus « *avec des couleurs vives et bien contrastées* » (347). L'Antiquité, évoquée à plusieurs reprises dans l'œuvre, apparaît dans l'habillement des paysannes des îles voisines d'Ischia et de Procida, qui a conservé « *de la ressemblance avec le costume grec* » (347).

À l'inverse, les costumes anglais brillent, si je puis dire, par leur absence de couleur et de caractérisation. Lorsque Lucile se pare «*plus qu'à l'ordinaire*» pour aller au spectacle, (487), nous n'avons absolument aucune indication quant aux éléments de cette parure. Des atours de Lucile, à peine mentionne-t-on un voile baissé avec précipitation (462). De même, nous ne saurons rien de l'uniforme qui confère à Oswald à la tête de son régiment à Hydepark « *la plus belle et la plus imposante figure du monde* » (488), pas plus que des vêtements dont sont « *élégamment et simplement vêtus* » les hommes qui assistent à la revue.

Un troisième type de costume, est le costume de théâtre. Dans les deux pièces à l'affiche, *La Fille de l'air* de Gozzi, et *Roméo et Juliette* de Shakespeare, Corinne a le rôle principal, et beaucoup d'importance est donnée aux tenues vestimentaires qu'elle sélectionne, avant tout pour séduire Oswald. Le premier acte de *La Fille de l'air* met en scène une sauvage, pour laquelle Corinne choisit « *un vêtement très-pittoresque* », un « *habit élégant, léger et fantasque* » qui donne à sa figure « *un caractère de coquetterie et de malice* » (434) auquel contribuent ses cheveux « *épars* » et pourtant arrangés avec soin. Au costume de sauvage succède un habit de reine amazone qui lui permet de commander aux hommes et aux éléments (435-436). Corinne « *souveraine* » et « *couronnée* » peut ainsi apparaître en fée, régner sur les cœurs et monter sur le trône auquel la destine son char de triomphe. La passion fatale d'Oswald et de Corinne est mise en abyme dans la représentation de Roméo et Juliette. Pour jouer son destin, Corinne choisit de revêtir « *un habit de fête charmant, et cependant conforme au costume du temps* » (194), et de mêler des pierreries et des fleurs à ses cheveux, de telle façon qu'elle semble une personne nouvelle qu'on ne reconnaît pas d'emblée et qui semble divinisée. Comme dans le roman, à la fin de la pièce, Corinne « *vêtue de blanc, ses cheveux noirs tout épars* » (199) apparaît sans vie.

On peut dire du personnage de Corinne qu'il est bâti sur une symphonie en blanc et noir : blanc du triomphe, noir du deuil, avec quelques nuances incolores lorsqu'elle n'est plus qu'une ombre errante sur les traces d'Oswald. La première partie du roman met en scène une Corinne dans toute sa splendeur, à la fois femme, naturelle mais pittoresque, également égérie des peintres, et surtout prêtresse antique couronnée, figure divinisée et mythique.

Femme multiple, Corinne est aussi à l'aise dans une circonstance officielle pompeuse que lors des sorties avec ses amis, où nous la voyons habillée de « *manière naturelle* » (147) : « *L'habit qu'elle avait mis pour le bal était élégant et léger ; ses cheveux étaient rassemblés dans un filet de soie à l'italienne, et ses yeux exprimaient un plaisir vif qui la rendait plus séduisante que jamais* ». Même lorsqu'elle est vêtue « *sans aucune recherche* », c'est toujours « *pittoresquement* » qu'elle nous est décrite (73) : « *Elle avait dans ses cheveux des camées antiques, et portait à son cou un collier de corail* ». Mais Corinne peut bien recevoir ses amis familièrement, le personnage surfait et divinisé n'est jamais très loin, et on la croirait sans cesse en train de poser sous l'œil vigilant d'un peintre, en veine d'immortalité.

Lors de son arrivée triomphale au Capitole, Corinne debout sur son char n'est autre que la personnification d'une toile de maître : « *Elle était vêtue comme la Sybille du Dominicain, un schall des Indes tourné autour de sa tête, et ses cheveux du plus beau noir entremêlés avec ce schall ; sa robe était blanche ; une draperie bleue se rattachait au-dessous de son sein, et son costume était très-pittoresque, sans s'écarter cependant assez des usages reçus, pour que l'on pût y trouver de l'affectation.* » (52).

Une telle entrée en scène a pour effet de situer le personnage dans l'Antiquité. Ce que corroborent les éléments de la mise en scène : le char « *construit à l'antique* » traîné par « *quatre chevaux blancs* », et des « *jeunes filles, vêtues de blanc* » marchent à côté d'elle (51-52). Rien ne manque au décor, les parfums jetés dans les airs, les fleurs, les tapis d'écarlate. La beauté de Corinne l'apparente aux statues grecques, et elle donne l'idée « *d'une prêtresse d'Apollon, qui s'avançait vers le temple du soleil* » (52). Après avoir détaché « *tous ses cheveux, d'un noir d'ébène* » (67-68) et reçu des mains du sénateur « *la couronne de myrte et de laurier* », elle semble « *une prêtresse inspirée qui se consacrait avec joie au culte du génie* » (68).

Lorsqu'Oswald annonce à Corinne (Livre XVI, Chapitre II) qu'il doit partir rejoindre son régiment en Angleterre, celle-ci, folle de douleur, et comprenant que sa vie est en train de basculer « *arrach[e] sa parure avec effroi* » (437). D'abord debout et triomphante, elle est alors prostrée, et tombe à genoux, non plus pour recevoir une couronne, mais pour supplier Oswald. Plus loin, dans son errance à travers l'Angleterre sur les traces d'Oswald et de Lucile, ayant perdu toute confiance en ses attraits méditerranéens lorsqu'elle se compare au charme blond évanescent et aérien de la pâle Lucile (488), elle rejette loin d'elle « *toutes les parures qu'elle avait essayées* », et se revêt de la « *robe noire à la vénitienne* » qu'elle ne quittera plus, et se couvre d'une mante.

Elle ne sera plus désormais que le fantôme d'elle-même, fuyant les vivants, errant dans les limbes sans jamais oser parler à Oswald ou Lucile, devenant vraiment la morte qu'elle est aux yeux de sa belle-mère, vivant la non-existence à laquelle elle est condamnée en Angleterre faute de la reconnaissance de sa famille. Lucile, bien entendu, la croit morte depuis sept ans (501), et c'est donc un fantôme effrayant qu'elle voit dans le jardin en la personne de sa sœur : « *une femme vêtue de blanc* » dans l'obscurité, « *sans aucun ornement de fête* ».

Ce sera la dernière apparition de Corinne en blanc. Comme le jour du Miserere à la Chapelle Sixtine (266), elle sera désormais « *vêtue de noir, toute pâle de l'absence* ». Nous savons de cet habit noir qu'il a une « *forme italienne* ». C'est dans cette robe noire vénitienne qu'elle se fera peindre, pour illustrer sa déchéance et sa pâleur de mort (566).

Les vêtements de Corinne retracent et soulignent son parcours, de sybille victorieuse tout de blanc vêtue à l'amante rejetée et condamnée, promenée entre une Italie aux costumes pittoresques et colorés et une Angleterre aux parures sombres et sévères. Celle qui personnifiait la Sybille du Dominicain est devenue un tableau sur lequel on jette un rideau de crêpe.

Stéréotypes nationaux

Le lien établi entre Corinne et l'Italie dans le titre même du roman laisse entendre que celle-ci est la pierre de touche permettant de juger les autres nations. Témoin le passage dans lequel Corinne parle du talent pour l'improvisation qu'elle partage avec d'autres Italiens, et qui serait compromis par la moindre raillerie (84).

Il n'est pas difficile de comprendre que ce genre de jugement vise avant tout les Français qui, d'ailleurs, sont assez sévèrement traités dans le roman. De sorte qu'on pourrait à bon droit parler d'une vision stéréotypée des différentes nations figurant dans le roman si la complexité des héros, leurs choix tragiques ne devaient nous conduire à nuancer cette image figée.

I. FRANÇAIS

Oswald exprime un point de vue semblable à celui de Corinne sur la France :

> Je croyais ne jamais aimer ce pays ; j'avais contre lui les préjugés que nous inspirent la fierté et la gravité anglaises. Je craignais les moqueries contre tous les cultes de la pensée et du cœur ; je détestais cet art de rabattre tous les élans et de désenchanter tous les amours. Le fonds de cette gaieté tant vantée me paraissait bien triste, puisqu'il frappait de mort mes sentiments les plus chers.
> (306)

Le comte d'Erfeuil est l'exemple type du Français visé : « *ami intime* » d'Oswald, « [*i*]*l avait des manières élégantes, une politesse facile et de bon goût, et dès l'abord il se montrait parfaitement à son aise* » (84).

A. Chauvinisme

Ce qui ne l'empêche pas d'agacer Oswald, comme au moment où ils s'approchent ensemble de Rome :

> On croirait voir le dôme des Invalides, s'écria le comte d'Erfeuil. — Cette comparaison, plus patriotique que juste, détruisit l'effet qu'Oswald aurait pu recevoir à l'aspect de cette magnifique merveille de la création des hommes.
> (48)

Ou encore dans une discussion sur le théâtre :

> Le comte d'Erfeuil entendant parler de l'esprit français prit la parole. Il nous serait impossible, dit-il, de supporter sur la scène les inconséquences des Grecs, ni les monstruosités de Shakespeare ; les Français ont un goût trop pur pour cela. Notre théâtre est le modèle de la délicatesse et de l'élégance, c'est là ce qui le distingue ; et ce serait nous plonger dans la barbarie, que de vouloir introduire rien d'étranger parmi nous.
> (188)

B. Cynisme

Le « *sourire railleur* », comme le jugement sur Shakespeare, ferait d'Erfeuil un Voltaire attardé, le défenseur d'un type de classicisme peu goûté par Corinne, si l'on en juge par sa réaction devant les jardins laissés à l'abandon des maisons de campagne autour de Rome (139-140).

Le comte d'Erfeuil reste cependant un honnête homme ; il n'est pas certain qu'on puisse en dire autant de M. de Maltigues, d'une moralité pour le moins douteuse :

> La vertu, la vertu... dit M. de Maltigues, en hésitant un peu, puis se décidant à la fin, c'est un langage pour le vulgaire, que les augures ne peuvent se parler entre eux sans rire. Il y a de bonnes ames que de certains mots, de certains sons harmonieux remuent encore, c'est pour elles que l'on fait jouer l'instrument ; mais toute cette poésie que l'on appelle la conscience, le dévouement, l'enthousiasme, a été inventée pour consoler ceux qui n'ont pas su réussir dans le monde ; c'est comme le *de profundis* que l'on chante pour les morts.
> (327)

M. de Maltigues est un parent de Madame d'Arbigny, qui n'a pas hésité à avoir recours à des procédés malhonnêtes pour accaparer Oswald. Les deux se valent, bien que leurs méthodes soient différentes :

> Bien différent en cela de Madame d'Arbigny, qui voulait atteindre son but, mais qui ne se trahissait point comme M. de Maltigues, en cherchant à briller par l'immoralité même. Entre ces deux personnes, ce qui était bizarre, c'est que la femme sensible cachait bien son secret, et que l'homme froid ne savait pas se taire.
> (321)

C. Libéralisme

Heureusement, il est un autre Français qui, tout au moins aux yeux d'Oswald, possède des qualités rachetant ce triste duo :

> Le comte Raimond était de la plus illustre famille de France ; il avait dans l'ame toute la fierté chevaleresque de ses ancêtres, et sa raison adoptait les idées philosophiques, quand elles lui commandaient des sacrifices personnels : il ne s'était point activement mêlé de la révolution ; mais il aimait ce qu'il y avait de vertueux dans chaque parti ; le courage de la reconnaissance dans les uns, l'amour de la liberté dans les autres : tout ce qui était désintéressé lui plaisait. La cause de tous les opprimés lui paraissait juste, et cette générosité de caractère était encore relevée par la plus grande négligence pour sa propre vie. (308)

Oswald n'a pas « *un doute sur ses qualités, bien qu'elles se fissent toutes voir dès le premier instant* » (309). Ce portrait est d'autant plus frappant qu'il échappe à la sévérité du roman à l'égard des Français en général.

II. ANGLAIS

Les Anglais, quant à eux, sont traités avec une relative compréhension, dans la mesure où Corinne est à moitié anglaise, et le modèle politique anglais apprécié par Mme de Staël. Mais Corinne se veut Italienne, ce qui rend d'autant plus intéressante la bonne opinion qu'elle a de Shakespeare :

> Shakespeare, mieux qu'aucun écrivain étranger, a saisi le caractère national de l'Italie et cette fécondité d'esprit qui invente mille manières pour varier l'expression des mêmes sentiments, cette éloquence orientale qui se sert des images de toute la nature pour peindre ce qui se passe dans le cœur. [...] La pièce de Roméo et Juliette, traduite en italien, semblait rentrer dans sa langue maternelle. (194)

A. Pragmatisme

Elle n'est pas insensible à la qualité de vie de certains Anglais :

> Elle avait pris, pendant sa maladie, au milieu des négociants simples et honnêtes chez qui elle était, un véritable goût pour les mœurs et les habitudes anglaises. Le petit nombre de personnes qu'elle voyait dans la famille qui l'avait reçue, n'étaient distinguées d'aucune manière, mais possédaient une force de raison et une justesse d'esprit remarquables. On lui témoignait une affection moins expansive que celle à laquelle elle était accoutumée, mais qui se faisait connaître à chaque occasion par de nouveaux services. La sévérité de lady Edgermond, l'ennui d'une petite ville de province lui avaient fait une cruelle illusion sur tout ce qu'il y a de noble et de bon dans le pays auquel elle avait renoncé [...]. (479)

B. Fierté

Vive réaction de Corinne devant la remarque d'Oswald :

> Je suis Italienne, interrompit Corinne, pardonnez-moi, milord, mais il me semble que je retrouve en vous cet orgueil national qui caractérise souvent vos compatriotes. Dans ce pays, nous sommes plus modestes, nous ne sommes ni contents de nous comme des Français, ni fiers de nous comme des Anglais. (73-74)

Malheureusement, lady Edgermond, et tout ce qu'elle représente, a trop marqué Corinne, qui n'est pas près d'oublier la froideur et la sécheresse de sa belle-mère – on pense, par exemple, au moment où Corinne, incapable de tenir plus longtemps devant l'ennui et le silence qui règne dans la maison, envisage de quitter l'Angleterre :

Ma belle-mère n'en fut pas troublée, et, avec un sang-froid et une sécheresse que je n'oublierai de ma vie, elle me dit : — Vous avez vingt-un ans, miss Edgermond, ainsi la fortune de votre mère et celle que votre père vous a laissée sont à vous. Vous êtes donc la maîtresse de vous conduire comme vous le voudrez ; mais si vous prenez un parti qui vous déshonore dans l'opinion, vous devez à votre famille de changer de nom et de vous faire passer pour morte.(382)

Il ne faut d'ailleurs pas croire qu'on se trouve devant une simple question d'antipathie entre les deux femmes ; bien des années plus tard, le ton n'a pas changé lorsque Oswald évoque les rapports de lady Edgermond avec Corinne : c'est bien le sens du devoir et des bienséances qui les sépare (458).

Les excès de lady Edgermond ne sont pas partagés par tout le monde. Néanmoins, son attitude de base refait surface chez un parent bien plus modéré, qui fuit la compagnie de Corinne de peur de devenir fou d'amour pour elle :

Une telle femme n'est pas faite pour vivre dans le pays de Galles, reprit M. Edgermond : croyez-moi, mon cher Oswald, il n'y a que les Anglaises pour l'Angleterre : il ne m'appartient pas de vous donner des conseils, et je n'ai pas besoin de vous assurer que je ne dirai pas un mot de ce que j'ai vu ; mais, tout aimable qu'est Corinne, je pense comme Thomas Walpole, *que fait-on de cela à la maison* ? Et la maison est tout chez nous, vous le savez, tout pour les femmes du moins. Vous représentez-vous votre belle Italienne restant seule pendant que vous chasserez, ou que vous irez au parlement, et vous quittant au dessert pour aller préparer le thé quand vous sortirez de table ?
(204)

C. Supériorité

Malheureusement pour Corinne, l'attrait du pays natal se montrera plus fort pour Oswald que son amour pour elle :

En approchant de l'Angleterre, tous les souvenirs de la patrie rentrèrent dans l'ame d'Oswald [...]. Dès qu'il eut mis le pied sur la terre d'Angleterre, il fut frappé de l'ordre et de l'aisance, de la richesse et de l'industrie qui s'offraient à ses regards ; les penchants, les habitudes, les goûts nés avec lui se réveillèrent avec plus de force que jamais. Dans ce pays où les hommes ont tant de dignité, et les femmes tant de modestie, où le bonheur domestique est le lien du bonheur public, Oswald pensait à l'Italie pour la plaindre.
(447)

Notons que le narrateur assimile couramment l'Écossais qu'est Oswald aux Anglais et que, Écossais ou Anglais, il est en tout cas insulaire. Cette image stéréotypée est particulièrement frappante lorsqu'on considère qu'à l'époque de Mme de Staël, les Britanniques sortaient volontiers de leurs îles – certains pour coloniser une bonne partie de la terre, d'autres (comme le Voltaire de Ferney pouvait l'attester, et comme Mme de Staël devait certainement le savoir) pour voyager en Europe. La notion d'Anglais casanier, cependant, est un élément important dans son roman, ne serait-ce que pour le contraste qu'elle veut marquer entre les peuples du Nord et ceux du Midi.

III. ITALIENS

L'Italie et les Italiens représentent en quelque sorte un idéal, comme Corinne est elle-même un être idéalisé. Mais l'image de l'Italie ne correspond pas exactement à celle que nous pouvons trouver dans un ouvrage comme *De la littérature*, avec son contraste si net entre le Midi, classique, sans ombre, transparent, et le Nord, représenté par le froid, les brumes, la violence, associés à une certaine vision d'un Moyen Âge romantique.

Certes, l'auteur insiste souvent sur le caractère méridional de l'Italie, tout en regrettant l'idéal grec :

Mais on est souvent surpris à Rome, et dans la plupart des autres villes d'Italie, du goût qu'ont les Italiens pour les ornements maniérés, eux qui ont sans cesse sous les yeux la noble simplicité de l'antique. Ils aiment ce qui est brillant plutôt que ce qui est élégant et commode. Ils ont en tout genre les avantages et les inconvénients de ne point vivre habituellement en société. (96)

A. Rudesse

Nous trouvons peut-être la clef de cette situation dans ce qui est dit de Naples et des Napolitains :

Le peuple napolitain, à quelques égards, n'est point du tout civilisé ; mais il n'est point vulgaire à la manière des autres peuples. Sa grossièreté même frappe l'imagination. La rive africaine qui borde la mer de l'autre côté se fait déjà presque sentir, et il y a je ne sais quoi de Numide dans les cris sauvages qu'on entend de toutes parts. (292)

Une influence africaine, donc, renforcée par le climat du sud de l'Italie :

Dans les climats où le vêtement et la nourriture sont si faciles, il faudrait un gouvernement très indépendant et très actif, pour donner à la nation une émulation suffisante. Car il est si aisé pour le peuple de subsister matériellement à Naples, qu'il peut se passer du genre d'industrie néces- saire ailleurs pour gagner sa vie. La paresse et l'ignorance, combinées avec l'air volcanique qu'on respire dans ce séjour, doivent produire la férocité, quand les passions sont excitées ; mais ce peuple n'est pas plus méchant qu'un autre. (290)

Vu par l'homme du Nord qu'est Oswald, cela mène tout droit à des considérations morales :

Les hommes, en Italie, valent beaucoup moins que les femmes ; car ils ont les défauts des fem- mes, et les leurs propres en sus. Me persuaderez-vous qu'ils sont capables d'amour, ces habi- tants du midi qui fuient avec tant de soin la peine, et sont si décidés au bonheur ? (156)

B. Risorgimento

Si Corinne veut faire l'apologie de l'Italie, c'est aussi à cause de la situation politi- que de ce pays, dont elle espère la résurrection, face à des nations comme la France et l'Angleterre. Là encore, on voit un va-et-vient entre Corinne et Oswald :

Oswald avait beaucoup de préventions contre les Italiennes ; il les croyait passionnées, mais mobiles, mais incapables d'éprouver des affections profondes et durables. (69)

Selon Corinne, il a le tort de se fier aux apparences et de mal comprendre à la fois l'Italie et les Italiens :

Un peu d'indulgence nous suffit de la part des étrangers ; et comme il nous est refusé depuis long-temps d'être une nation, nous avons le grand tort de manquer souvent, comme individus, de la dignité qui ne nous est pas permise comme peuple ; mais quand vous connaîtrez les Ita- liens, vous verrez qu'ils ont dans leur caractère quelques traces de la grandeur antique, quelques traces rares, effacées, mais qui pourraient reparaître dans des temps plus heureux. (74)

IV. IDÉAL

Corinne ou l'Italie n'est pas un traité politique ou sociologique mais un roman, ne l'oublions pas. D'où une certaine complexité des caractères individuels et des traits caractérisant chaque peuple. D'où aussi une diégèse qui reporte la solution des conflits dans une vision idéalisée, celle de la petite Juliette, héritière de la perfection chez Oswald et Corinne.

A. Conflits internes

Nous sympathisons avec Oswald parce que c'est un être partagé :

> Le nom de Rome ne retentissait point encore dans son ame ; il ne sentait que le profond isolement qui serre le cœur quand vous entrez dans une ville étrangère, quand vous voyez cette multitude de personnes à qui votre existence est inconnue, et qui n'ont aucun intérêt en commun avec vous. Ces réflexions, si tristes pour tous les hommes, le sont encore plus pour les Anglais qui sont accoutumés à vivre entre eux, et se mêlent difficilement avec les mœurs des autres peuples. (48)

L'histoire d'Oswald est aussi celle d'un homme tiraillé entre des tendances irréconciliables :

> Il ne s'avouait point à lui-même que Lucile avait fait impression sur son cœur. Peut-être cela n'était-il pas même encore vrai ; mais, bien que Corinne enchantât l'imagination de mille manières, il y avait pourtant un genre d'idées, un son musical, s'il est permis de s'exprimer ainsi, qui ne s'accordait qu'avec Lucile. Les images du bonheur domestique s'unissaient plus facilement à la retraite de Northumberland qu'au char triomphant de Corinne : enfin Oswald ne pouvait se dissimuler que Lucile était la femme que son père aurait choisie pour lui ; mais il aimait Corinne [...]. (456)

Oswald pourrait être considéré comme un être de transition, de même d'ailleurs que Corinne elle-même. Nous savons que la jeunesse anglaise de cette dernière a été malheureuse, en partie à cause du traitement infligé par sa belle-mère, lady Edgermond, en partie à cause de l'ennui de la vie morne imposée aux femmes dans les profondeurs du Northumberland. Si elle est émue par le service religieux auquel elle assiste à bord d'un bateau de guerre anglais dans le port de Naples, ce sentiment n'est pas sans mélange :

> Un moment elle imagina qu'[Oswald] la conduisait au service divin pour la prendre là pour épouse ; et cette idée lui causa, dans ce moment, plus d'effroi que de bonheur : il lui semblait qu'elle quittait l'Italie, et retournait en Angleterre, où elle avait beaucoup souffert. La sévérité des mœurs et des habitudes de ce pays revenait à sa pensée, et l'amour même ne pouvait triompher entièrement du trouble de ses souvenirs. (295)

B. Le concert des nations

Corinne a beau insister sur sa nationalité italienne (73), les talents auxquels elle doit sa célébrité résultent d'un métissage particulièrement réussi. Oswald le comprend très rapidement :

> Corinne n'était point encore dans son cabinet lorsque Oswald arriva ; en l'attendant, il se promenait avec anxiété dans son appartement ; il y remarquait, dans chaque détail, un mélange heureux de tout ce qu'il y a de plus agréable dans les trois nations française, anglaise et italienne ; le goût de la société, l'amour des lettres, et le sentiment des beaux-arts. (73)

Non sans maladresse, Oswald revient sur cette heureuse alliance des cultures chez Corinne :

> Pardon, Corinne, s'écria lord Nelvil, en remarquant la peine qu'il lui faisait éprouver, vous êtes italienne, cette idée devrait me désarmer. Mais l'une des causes de votre grâce incomparable, c'est la réunion de tous les charmes qui caractérisent les différentes nations. Je ne sais dans quel pays vous avez été élevée ; mais certainement vous n'avez pas passé toute votre vie en Italie : peut-être est-ce en Angleterre même... (154)

C. Complémentarité

La question du « *bonheur domestique* » se trouve au centre du problème auquel Corinne et Oswald doivent faire face :

> Les vertus domestiques font en Angleterre la gloire et le bonheur des femmes ; mais s'il y a des pays où l'amour subsiste hors des liens sacrés du mariage, parmi ces pays, celui de tous où le bonheur des femmes est le plus ménagé, c'est l'Italie. (163)

Le charme des Écossais joue pour Corinne, comme il jouera plus tard pour Madame Bovary, parce qu'il est différent :

> L'on est si souvent lassé de soi-même, qu'on ne peut être séduit par ce qui nous ressemble : il faut de l'harmonie dans les caractères pour que l'amour naisse tout à la fois de la sympathie et de la diversité. Lord Nelvil possédait au suprême degré ce double charme. On était un avec lui dans l'habitude de la vie, par la douceur et la facilité de son entretien, et néanmoins, ce qu'il avait d'irritable et d'ombrageux dans l'ame ne permettait jamais de se blaser sur la grâce et la complaisance de ses manières. (432)

D. Imagination

Avant même la rencontre entre Oswald et Corinne, le narrateur nous avait révélé la source de l'erreur d'Oswald :

> [...] il avait d'ailleurs des préventions contre les Italiens et contre l'Italie ; il ne pénétrait pas encore le mystère de cette nation ni de ce pays, mystère qu'il faut comprendre par l'imagination plutôt que par cet esprit de jugement qui est particulièrement développé dans l'éducation anglaise. Les Italiens sont bien plus remarquables par ce qu'ils ont été, et par ce qu'ils pourraient être, que par ce qu'ils sont maintenant. (46-47)

Le mot-clef est *imagination* (216 occurrences au cours du roman) ; l'imagination qui fait que les émotions se trouvent extériorisées chez les Italiens, processus aidé par un climat qui, lui-même, encourage les gens à vivre aussi à l'extérieur. Il serait possible d'énumérer les occasions où le narrateur ou Corinne fait appel à l'imagination pour mettre en valeur les Italiens. Contentons-nous d'évoquer la comparaison faite entre les littératures anglaise et italienne. Voici d'abord le narrateur :

> La prosodie anglaise est uniforme et voilée ; ses beautés naturelles sont toutes mélancoliques ; les nuages ont formé ses couleurs, et le bruit des vagues sa modulation ; mais quand ces paroles italiennes, brillantes comme un jour de fête, retentissantes comme les instruments de victoire que l'on a comparés à l'écarlate parmi les couleurs ; quand ces paroles, encore tout empreintes des joies qu'un beau climat répand dans tous les cœurs, sont prononcées par une voix émue, leur éclat adouci, leur force concentrée, fait éprouver un attendrissement aussi vif qu'imprévu. (67)

Ensuite Corinne qui, rappelons-le, n'est pas insensible aux charmes de la littérature anglaise :

> La mélodie brillante de l'italien convient mieux à l'éclat des objets extérieurs qu'à la méditation. Notre langue serait plus propre à peindre la fureur que la tristesse, parce que les sentiments réfléchis exigent des expressions plus métaphysiques, tandis que le désir de la vengeance anime l'imagination, et tourne la douleur en dehors. (174)

Dirons-nous que ce sont ces allusions à la littérature, comme aux beaux-arts, qui évitent aux portraits des différentes nations de n'être que des images d'Épinal ?

Italie

L'Italie figure dès le sous-titre de l'œuvre comme le thème central du roman. *Corinne* constitue une sorte de guide touristique, culturel, sociologique de ce pays qui, après les pèlerins et les archéologues, attirait déjà de nombreux voyageurs étrangers au XVIIIᵉ siècle. Je relèverai les principales caractéristiques de l'Italie d'Oswald, de l'Italie de Corinne, puis de l'italianité.

I. L'ITALIE D'OSWALD

A. L'Italie d'un étranger

Le séjour d'Oswald en Italie « *pendant l'hiver de 1794 à 1795* » (27) permet aux lecteurs contemporains de la publication de *Corinne*, comme à nous-mêmes encore, de découvrir des figures de la péninsule. La première pourrait être qualifiée de « *thérapeutique* » : lord Nelvil, pair d'Écosse, se rend en Italie sur le conseil de ses médecins qui lui ordonnent « *l'air du midi* » afin de rétablir une santé altérée (27). Ce sera encore la faculté qui le poussera au second séjour dans ce pays (545, voir livre XIX : « *Le retour d'Oswald en Italie* »). Le trait est courant à l'époque dans les classes aisées de la société britannique et le séjour italien de M. Edgermond ne répond pas à une autre motivation (167). Heureusement, l'Italie ne présente pas que des vertus curatives. Le séjour d'un étranger dans ce pays est l'occasion de découvertes sur les mœurs de ses habitants (voir par exemple 181), sur ses croyances (95), l'empreinte de la religion sur la vie quotidienne (258) et surtout sa situation politique. Je rappelle que l'unité italienne, qui ne sera achevée qu'en 1870, n'est pas réalisée au moment où Mᵐᵉ de Staël publie *Corinne*. Lorsque lord Nelvil se rend en Italie, le pays subit l'hégémonie autrichienne qui ne prendra fin qu'en 1796 et subit directement les contrecoups de la Révolution française. L'écriture et la publication du roman sont directement liées, du point de vue historique, au contexte de l'Italie napoléonienne (14 juin 1800, : victoire de Marengo ; 9 février 1801 : paix de Lunéville ; décembre 1801 : création d'une République italienne par les notables de la Cisalpine...). Le roman fait écho à cette situation historique troublée : regret du manque d'indépendance politique (96), morcellement du pays en divers états (160), répercussion de cet état de fait sur les mœurs italiennes (175). L'Italie que découvre un étranger en 1795 possède un prestigieux passé antique de grande civilisation méditerranéenne mais se trouve encore soumise à la tutelle étrangère. L'instance narrative, profondément gagnée à la cause italienne, tire la leçon de ce déchirement : « *C'est ainsi qu'en Italie, presque à chaque pas, l'histoire, la poésie viennent se retracer à la mémoire, et les sites charmants qui les rappellent adoucissent tout ce qu'il y a de mélancolique dans le passé, et semblent lui conserver une jeunesse éternelle* » (284). Qu'en est-il pour le voyageur écossais ?

B. Décevante Italie

À l'instar de Rica, examiné avec curiosité par les habitants de Paris (Montesquieu, *Lettres persanes*, lettre XXX), l'attitude de l'étranger à l'égard du pays qu'il découvre pourrait se gloser, dans *Corinne*, par la formule : comment peut-on être Italien ? Une première série de réactions se trouve marquée du sceau négatif du rejet.

Le comte d'Erfeuil, mondain incapable d'*imagination*, reste profondément étranger au monde qu'il découvre. L'érudition archéologique le laisse froid (146). Il en est de même, en un premier temps, de lord Nelvil qui aura besoin de la médiation de Corinne pour pénétrer l'âme italienne (47).

L'Italien est un beau parleur, Corinne en convient. Elle constate qu'il est aisé « *de séduire avec des paroles sans profondeur dans les pensées, et sans nouveauté dans les images* » (83). L'instance narrative n'est pas plus tendre pour la superficialité de l'éloquence de la chaire italienne (259, voir également les pages 258 et 261).

Le pays souffre d'une incontestable faiblesse institutionnelle (103) : « *La division des états, si favorable en général à la liberté et au bonheur, est nuisible à l'Italie. Il lui faudrait un centre de lumières et de puissance pour résister aux préjugés qui la dévorent.* » (183). Ses habitants ne sont guère épargnés par lord Nelvil qui n'hésite pas à écrire : « *Les hommes en Italie, valent beaucoup moins que les femmes ; car ils ont les défauts des femmes, et les leurs propres en sus.* » (156). La « *liberté des mœurs d'Italie* » (207) ne convient guère à son « *anxiété* » constitutive.

Toutes les qualités de l'Italie dépendent d'ailleurs de l'état d'esprit des personnages. L'Italie sans Corinne n'est plus l'Italie pour lord Nelvil : « *L'absence de celle qu'il avait tant aimée désenchantait à ses yeux la nature et les arts* » (554). Où est ce fameux charme de l'Italie, se demande à juste titre Lucile (554) face à une contrée « *lugubre* » (557) ? Les époux ne peuvent pas faire un pas « *sans être assaillis par une quantité de mendiants, qui sont en général le fléau de l'Italie* » (560). Toutes choses qui justifient la remarque de la jeune femme : « *— Où donc est votre belle Italie ? dit Lucile, en souriant à lord Nelvil.* » (558). Corinne elle-même n'éprouve que de la tristesse en retrouvant enfin l'Italie : « *toutes ces beautés de la campagne qui l'avaient enivrée dans un autre temps la remplissaient de mélancolie* » (511).

C. Charmante Italie

Ces aspects négatifs sont largement compensés par une série de caractéristiques qui rendent l'Italie digne d'être aimée. La première d'entre elles est cette *imagination* toujours connotée positivement dans *Corinne*. Dès l'épisode d'Ancone au cours duquel Oswald fait preuve de sa bravoure (I, 4) il est question de « *cette imagination qui est un don presque universel en Italie, et prête souvent de la noblesse aux discours des gens du peuple* » (45).

D'autres traits, donnés comme propres à l'Italie, sont remarquables : le manque de préjugés (58), l'absence de vanité : « *l'empire de la société sur l'amour-propre est presque nul dans ce pays* » (82), de coquetterie chez les femmes (150), la simplicité : « *chacun croit tout simplement plaire davantage à la société, en s'empressant de faire ce qu'elle désire* » (147), la « *familiarité de mœurs* » qui estompe « *les distinctions de rang* » (151, voir aussi p. 242) et bien entendu la musique : « *qui n'a pas entendu le chant italien, ne peut avoir l'idée de la musique ! Les voix, en Italie, ont cette mollesse et cette douceur qui rappellent et le parfum des fleurs et la pureté du ciel. La nature a destiné cette musique pour ce climat ; l'une est comme un reflet de l'autre* » (247) et une forme particulière de cette dernière : la musique de la langue quotidienne et, plus encore, de celle des vers (189).

Mais ce qui attire avant tout en Italie, c'est la beauté de la nature, le « *soleil d'Italie* » qui accueille Oswald (49), « *la lune d'Italie, si douce et si belle* » (202) à ses yeux, la lune « *astre des ruines* » qui rend le Colisée encore plus impressionnant de nuit que de jour (408). Corinne fait observer à Oswald que « *la nature en Italie fait plus rêver que partout ailleurs* » (141), une nature rehaussée par l'omniprésence des ruines qui « *répandent un singulier charme sur la campagne d'Italie* » (230).

II. L'ITALIE DE CORINNE

A. Corinne, c'est l'Italie

Le titre du roman se trouve parfaitement justifié par la fiction : Corinne, c'est l'Italie et l'Italie, c'est Corinne. « — *Regardez-la, c'est l'image de notre belle Italie ; elle est ce que nous serions sans l'ignorance, l'envie, la discorde et l'indolence auxquelles notre sort nous a condamnés ; — Nous nous plaisons à la contempler comme une admirable production de notre climat, de nos beaux arts, comme un rejeton du passé, comme une prophétie de l'avenir* » (57). Véritable métonymie nationale, « *femme la plus célèbre de l'Italie* » (49), elle apparaît aux yeux éblouis de lord Nelvil comme « *l'une des merveilles du singulier pays qu'il venait voir* » (51), immédiatement assimilée, par l'intermédiaire de l'évocation de l'Arioste, à l'épopée comme au romanesque. L'improvisation à laquelle elle se livre au Capitole – elle devrait logiquement être la première à savoir qu'il n'y a qu'un pas du Capitole à la roche Tarpéienne... – rend compte de son amour pour son pays : « *Italie, empire du soleil ; Italie, maîtresse du monde ; Italie, berceau des lettres, je te salue. Combien de fois la race humaine te fut soumise ! Tributaire de tes armes, de tes beaux arts et de ton ciel !* » (59). La confession discrète qu'elle fait au début du récit « *j'ai beaucoup souffert, dit-elle en soupirant, pour vivre en Italie* » (74) laisse bien entendre que même l'amour aurait du mal à l'arracher à son sol natal : « — *Mais si vous épousez lord Nelvil, il faudra quitter l'Italie. — Quitter l'Italie ! dit Corinne, et elle soupira.* » (282).

B. L'Angleterre comme anti-Italie

L'Italie n'est pas seulement le pays cher au cœur de Corinne, c'est également le lieu où elle peut faire ce qui lui plaît en toute « *indépendance sociale* » (152), sans aucune hypocrisie, où elle peut briller, être appréciée pour ses réels talents qu'une société plus rigide, comme l'Angleterre, ne reconnaît pas. On comprend dès lors sans mal que, se sentant exilée en Angleterre, elle n'ait eu de cesse « *de retourner en Italie pour y mener une vie indépendante, tout entière consacrée aux arts* » (379).

Peu portée sur les « *vertus domestiques* » qui « *font en Angleterre la gloire et le bonheur des femmes* » (163, voir aussi p. 363) son expérience anglaise, malheureuse comme on sait, l'a convaincue que ses dons ne seraient jamais appréciés dans un pays où l'on préfère boire du thé qu'entendre de la poésie amoureuse (363). Si en Italie, « *l'on ne peut concevoir aucun agrément dans la société sans les femmes* » (*id.*) il n'en va pas ainsi dans cette contrée où même la nature est « *hostile* » (367). Là, Corinne se sent promise à une vie d'automate de « *poupée légèrement perfectionnée par la mécanique* » (369), vie totalement « *insipide* » étrangère à la poésie, aux arts et au soleil. Plus d'« *airs harmonieux chantés avec des voix si justes* », les « *cris des corbeaux* » les ont remplacés.

À l'Italie conçue comme lieu de vie, d'amour et d'épanouissement est opposée une Angleterre terne, froide, utilitariste, lieu mortifère s'il en est dans lequel, comme le père de Corinne, on ne peut que rentrer « *dans [s]a case* » (364). Il faut choisir : ou les plaisirs « *romanesques* » frivoles de l'une ou les « *vrais biens de la vie, l'indépendance et la sécurité* » (447-448, voir aussi p. 467).

III. L'ITALIEN

A. Vertus nationales

Corinne propose des considérations d'ethnologie comparée que je considère avec toutes les précautions de rigueur dans un domaine où, rapidement, toutes les Anglaises deviennent rousses. Ainsi de l'appartement de Corinne où Oswald remarque « *dans chaque détail, un mélange heureux de tout ce qu'il y a de plus agréable dans les trois nations française, anglaise et italienne ; le goût de la société, l'amour des lettres, et le sentiment des beaux-arts* » (73). Corinne relève quant à elle chez lord Nelvil « *cet orgueil national qui caractérise souvent vos compatriotes* » avant d'ajouter « *Dans ce pays, nous sommes plus modestes, nous ne sommes ni contents de nous comme des français, ni fiers de nous comme des anglais* » (74) alors qu'Oswald pense d'elle : « *C'est la plus séduisante des femmes, mais c'est une italienne ; et ce n'est pas ce cœur timide, innocent, à lui-même inconnu, que possède sans doute la jeune anglaise à laquelle mon père me destinait* » (94). Le roman met en scène la prégnance des coutumes nationales sur l'individu [voir fiche « *Pays* »] et l'impossibilité de se défaire définitivement de ces traits même si l'on semble à un moment y être prêt : « *Il oubliait même l'Angleterre ; il prenait quelque chose de l'insouciance des italiens sur l'avenir. Corinne s'apercevait de ce changement, et son cœur imprudent en jouissait, comme s'il avait pu durer toujours.* » (433).

B. L'italien sans peine

La langue italienne est à plusieurs reprises vantée dans le roman pour sa musicalité, ses capacités poétiques intrinsèques de pur signifiant : « *Ce n'est pas uniquement à la douceur de l'italien, mais bien plutôt à la vibration forte et prononcée de ses syllabes sonores, qu'il faut attribuer l'empire de la poésie parmi nous. L'italien a un charme musical qui fait trouver du plaisir dans le son des mots presque indépendamment des idées* » (83). Je remarque que si Oswald la pratique, le comte d'Erfeuil ne la connaît pas et ne se soucie pas de l'apprendre, occasion rêvée pour Mme de Staël d'égratigner au passage une suffisance nationale qui n'a pas disparu de nos jours même si le français ne peut plus prétendre à aucun impérialisme linguistique : « *Le prince Castel-Forte est arrivé, et il a raconté toute votre histoire d'Ancone, sans savoir que c'était de vous dont il parla : il l'a racontée avec beaucoup de feu et d'imagination, autant que j'en puis juger, grâce aux deux leçons d'italien que j'ai prises ; mais il y a tant de mots français dans les langues étrangères, que nous les comprenons presque toutes, même sans les savoir* » (79).

C. Des italien(ne)s

Corinne ou l'Italie brosse un portrait varié des Italiens et des Italiennes tels que Mme de Staël les voyait ou voulait qu'on les vît de son temps « *Les mœurs et le caractère des Italiens* » (143, titre du Livre VI). À certaines préventions des étrangers (« *Oswald avait beaucoup de préventions contre les italiennes ; il les croyait passionnées, mais mobiles, mais incapables d'éprouver des affections profondes et durables* » [69]) s'oppose une vision favorable de ce peuple au « *visage animé* » (41), doué de faculté d'enthousiasme et d'imagination (*passim*), indolent certes mais capable de jouir « *avec transport de ce qui leur vient sans peine* » (75). « *Les Italiens ont une paresse orientale dans l'habitude de la vie ; mais il n'y a point d'hommes plus persévérants ni plus actifs, quand une fois leurs passions sont excitées.* » (164) « *Les Italiens ont de la sincérité, de la fidélité dans les relations privées. L'intérêt, l'ambition, exercent un grand empire sur eux, mais non l'orgueil ou la vanité : les distinctions de rang y font très peu d'impression ; il n'y a point de société, point de salon, point de mode, point de petits moyens journaliers de faire effet en détail. Ces sources habituelles de dissimulation et d'envie n'existent point chez eux ; quand ils trompent leurs ennemis et leurs concurrents, c'est parce qu'ils se considèrent avec eux comme en état de guerre ; mais en paix, ils ont du naturel et de la vérité »* (162). « *Le grand mérite des Italiennes, à travers tous leurs torts, c'est de n'avoir aucune vanité : ce mérite est un peu perdu à Venise où il y a plus de sociétés que dans aucune autre ville d'Italie ; car la vanité se développe surtout par la société »* (424).

De nombreux passages concernent les rapports des Italiens aux beaux-arts (littérature, théâtre, musique, peinture, sculpture... – voir ci-dessus, p. 69 *sqq.*) ou à la religion. L'intérêt du regard jeté par Mme de Staël consiste, à mes yeux, en cette façon de situer les Italiens modernes par rapport à leur passé. Ce passé souvent les écrase : « *Les Italiens sont bien plus remarquables par ce qu'ils ont été, et par ce qu'ils pourraient être, que par ce qu'ils sont maintenant »* (47). On pourrait les comparer aux palais vénitiens, « *grands et un peu délabrés comme la magnificence italienne »* (420). Toutefois une vision sociologique, historique et politique se fait jour dans les propos de Mme de Staël : « *Dans l'état actuel des Italiens, la gloire des beaux arts est l'unique qui leur soit permise »* (50) ; « *mais quand vous connaîtrez les Italiens, vous verrez qu'ils ont dans leur caractère quelques traces de la grandeur antique, quelques traces rares, effacées, mais qui pourraient reparaître dans des temps plus heureux »* (74).

Ce plaidoyer plein de sympathie pour une nation alors « *sans force militaire et sans liberté politique »* (160), réduite à « *la gloire des sciences et des arts »* (*id.*) relève d'une œuvre que l'on pourrait dire « *engagée »* si le qualificatif ne risquait pas de passer pour anachronique.

Pays, patrie : nord contre sud

Avec 161 occurrences, le *pays* constitue un motif bien représenté dans *Corinne ou l'Italie*. Le sous-titre de l'ouvrage de Mme de Staël indique d'emblée l'importance de la géographie romanesque. L'essentiel de l'action se passe en Italie (voir ci-dessus la fiche « Italie », p. 94). Sont également mis en scène, plus ou moins rapidement, l'Allemagne, l'Angleterre et l'Écosse, l'Autriche, la France alors que sont évoqués, en ce qui concerne « le midi », l'Afrique, l'Égypte, l'Espagne, la Grèce, l'Italie, bref : la Méditerranée. N'oublions pas l'Amérique qui remplit avant tout un rôle fonctionnel en ce qu'elle sert au départ d'Oswald qui s'éloigne ainsi de Corinne. La géographie de *Corinne* repose sur un espace avant tout européen constitué de deux ensembles (nord / midi) séparés par l'entre-deux des Alpes. Bien entendu, ces composantes topologiques s'avèrent axiologiquement orientées. Observons les principales caractéristiques du pays, de la patrie et du nord opposé au midi dans notre roman.

I. EN ÉTRANGE PAYS

A. Se dé-payser ?

« — *Que n'êtes-vous, s'écria-t-il, de la même religion, du même pays que moi ! — Et puis, il s'arrêta après avoir prononcé ce vœu. — Notre ame et notre esprit n'ont-ils pas la même patrie, répondit Corinne ? — C'est vrai, répondit Oswald ; mais je n'en sens pas moins avec douleur tout ce qui nous sépare* » (250).

Ces répliques constituent le conflit central du roman. Peut-on faire fi de sa religion, de sa culture, des traits de nature idéologique dont on a été imprégné dès la naissance (voir 269, 467) ? Pour certains personnages, la question ne se pose même pas. Ainsi le comte d'Erfeuil est-il fort de ses certitudes et sait-il dès le départ qu'il ne peut rien attendre de positif de « *ce pays-là* » (36, voir aussi 37). L'instance narrative se plaît d'ailleurs à présenter des Français pervertis par le calcul social (voir le cruel portrait de madame d'Arbigny de la page 322). Elle n'hésite pas par ailleurs à asséner des observations qui entendent avoir force de vérité générale : « *Dans ce pays, nous sommes plus modestes, nous ne sommes ni contents de nous comme des Français, ni fiers de nous comme des Anglais.* » (74).

Au départ, Oswald se révèle plein de préventions contre les Italiens et contre l'Italie (47). Corinne elle-même, forte d'une expérience malheureuse en Angleterre, n'est pas exempte de préjugés contre un pays où elle a beaucoup souffert (295). Lady Edgermond la voudrait moins Italienne : « — *Miss Edgermond, ajouta-t-elle, vous devez tâcher d'oublier tout ce qui tient à l'Italie ; c'est un pays qu'il serait à désirer que vous n'eussiez jamais connu* » (363). La malheureuse Corinne, littéralement invitée à se « dé-payser », connaît par là une situation de tension insupportable (377) qui ne sera pas sans effet sur sa façon de redécouvrir l'Italie après le séjour en Écosse : « *En traversant la Toscane, ce pays si fertile, en approchant de cette Florence, si parfumée de fleurs, en retrouvant enfin l'Italie, Corinne n'éprouva que de la tristesse ; toutes ces beautés de la campagne qui l'avaient enivrée dans un autre temps la remplissaient de mélancolie.* » (511).

Le contact avec un pays étranger comporte toutefois heureusement des aspects positifs. L'enthousiasme italien (49, 53) est apprécié de lord Nelvil curieux de découvrir le « *singulier pays qu'il venait voir* » (51), ce pays capable de rendre des honneurs à « *une femme, à une femme illustrée seulement par les dons du génie* » (53). Il faut par conséquent accepter de partager peu à peu de nouvelles normes, des comportements différents, renoncer à l'amour-propre social (82), succomber au charme d'une contrée qui a connu la grandeur autrefois (112), découvrir dans ce « *rendez-vous des Européens* » qu'est Rome (144) les qualités réelles derrière les défauts de façade (151).

B. L'amour du pays

Un pays n'est pas simplement une terre, c'est un « *climat qui unit intimement l'homme avec la nature* » (302). Corinne, qui se fait le cicérone d'Oswald, est animée par « *l'amour de son pays* » (59). Un passage de son improvisation au Capitole trace même un parallélisme discret entre sa propre situation et celle de Dante : « *On dirait que le Dante, banni de son pays, a transporté dans les régions imaginaires les peines qui le dévoraient. Ses ombres demandent sans cesse des nouvelles de l'existence, comme le poète lui-même s'informe de sa patrie, et l'enfer s'offre à lui sous les couleurs de l'exil.* » (61). En ce qui concerne Corinne, l'amour du pays est à entendre de façon réciproque. Il s'agit tout autant des sentiments qu'elle éprouve pour sa nation que les témoignages d'affection que cette dernière est susceptible de lui manifester. Le prince Castel-Forte représente à l'héroïne la double perte qu'elle subirait en quittant l'Italie si elle épousait lord Nelvil : « — *Ce pays, continua le prince Castel-Forte, où l'on parle votre langue, où l'on vous entend si bien, où vous êtes si vivement admirée ; et vos amis, Corinne, et vos amis ! Où serez-vous aimée comme ici ? Où trouverez-vous l'imagination et les beaux-arts qui vous plaisent ? Est-ce donc un seul sentiment qui fait la vie ? N'est-ce pas la langue, les çoutumes, les mœurs dont se compose l'amour de la patrie, cet amour qui donne le mal du pays, terrible douleur des exilés !* » (283).

C. Vertus nationales

Le conflit national dans *Corinne* se fait volontiers axiologique. À l'Angleterre des « *vertus domestiques* » est opposée une Italie capable d'assurer le vrai « *bonheur des femmes* » (163). Une série de caractéristiques supposées informe ainsi le roman : l'Italie dépasse les autres nations par son « *admiration pour la littérature et les beaux-arts* » (164), par « *cet enthousiasme pour le talent* » (165) que l'on ne retrouve pas ailleurs. Toutefois, si l'Italie est « *un pays où l'imagination est divinisée* » (448), l'Angleterre où s'épanouissent la liberté et la morale (447) ne manque pas de charme aux yeux d'Oswald. Les vertus nationales relèvent sous la plume engagée de Mme de Staël d'une division sexuelle des comportements : à l'Angleterre « *l'orgueil des vrais biens de la vie, l'indépendance et la sécurité* » qui convient si bien aux hommes alors que « *la rêverie [italienne] est plutôt le partage des femmes, de ces êtres faibles et résignés dès leur naissance* » (448). À quoi bon dès lors vouloir transposer un être d'un cadre pour lequel il est fait dans un autre qui ne lui conviendra jamais ? « — *Une telle femme n'est pas faite pour vivre dans le pays de Galles, reprit M. Edgermond : croyez-moi, mon cher Oswald, il n'y a que les Anglaises pour l'Angleterre : il ne m'appartient pas de vous donner des conseils, et je n'ai pas besoin de vous assurer que je ne dirai pas un mot de ce que j'ai vu ; mais, tout aimable qu'est Corinne, je pense comme Thomas Walpole, que fait-on de cela à la maison ? et la maison est tout chez nous, vous le savez, tout pour les femmes du moins.* » (204).

II. PATRIE

A. Le « pays du père »

On ne s'étonnera pas de constater que, dans un roman où la figure paternelle joue un rôle si important (voir ci-dessus la fiche « Filiation », p. 82), le « *pays du père* » soit l'un des enjeux de l'intrigue. Bien que l'on parle volontiers de « mère patrie », le sentiment d'appartenance à l'Angleterre chez Oswald attache avant tout ce dernier au « *pays du père* » (voir page 171). Le renoncement à ce pays constituerait à ses yeux une véritable trahison qui pèse en permanence sur les décisions du héros : « *Hélas ! Quand il [le père d'Oswald] vivait, un concours d'évènements inouïs n'a-t-il pas dû lui persuader que j'avais trahi sa tendresse, que j'étais rebelle à ma patrie, à la volonté paternelle, à tout ce qu'il y a de sacré sur la terre* » (29). La patrie possède pour lui, de façon incontestable, des « *droits paternels* » sur l'individu (32). Une expatriation ne saurait être définitive (celle d'Oswald, au début du roman, répond à des causes purement fonctionnelles : il s'agit d'aller se soigner en Italie) et ne peut se concevoir sans un retour aux sources intimes de l'être où ce dernier pourra se retrouver lui-même .(447) : « *enfin il se sentit dans sa patrie, et ceux qui n'en sont jamais sortis ignorent par combien de liens elle nous est chère* » (448).

B. Amour sacré de la patrie

La dimension cosmopolite du roman n'empêche nullement les personnages d'aimer leur patrie. Corinne n'a pas de plus cher désir que de faire partager cet amour à lord Nelvil (92). Séparée de sa terre natale, elle ne pense qu'à la retrouver : « *je n'étais plus maîtresse de moi-même, toute mon ame était entraînée vers ma patrie : j'avais besoin de la voir, de la respirer, de l'entendre, chaque battement de mon cœur était un appel à mon beau séjour, à ma riante contrée !* » (385). Oswald de son côté éprouve les mêmes sentiments pour l'Angleterre : « *Si vous interrogez des Anglais voguant sur un vaisseau à l'extrémité du monde, et que vous leur demandiez où ils vont, ils vous répondront : — Chez nous — (home), si c'est en Angleterre qu'ils retournent. Leurs vœux, leurs sentiments, à quelque distance qu'ils soient de leur patrie, sont toujours tournés vers elle* » (296). En tant qu'homme, il doit d'ailleurs envisager de sacrifier sa vie pour la défense de son pays : « *— Vous savez, répondit Oswald, que jamais un Anglais n'a renoncé à sa patrie, que la guerre peut me rappeler, que...* » (214).

C. L'apatrie ?

Comment dans ces conditions serait-il possible de renoncer à ce qui sous-tend toute notre personnalité sans succomber à un « *mal du pays, terrible douleur des exilés !* » (283) ? L'art a beau ne pas avoir de patrie, le fait national est têtu, comme on l'a vu par le dialogue d'Oswald et de Corinne (250). Le mot célèbre de Danton informe tout le récit : « *On n'emporte pas la patrie à la semelle de ses souliers* ». La patrie dès lors ne peut que l'emporter sur l' « *apatrie* » et la synthèse de deux appartenances contradictoires reste un rêve inaccessible : « *Déjà ce que Corinne avait dit au Capitole lui avait inspiré toute une autre idée ; que serait-ce donc s'il pouvait à la fois retrouver les souvenirs de sa patrie, et recevoir par l'imagination une vie nouvelle, renaître pour l'avenir sans rompre avec le passé !* » (69). L'Italie a beau représenter pour Oswald une « *seconde patrie* » liée à la découverte éblouie de l'amour et des beaux-arts, les valeurs auxquelles il adhère profondément – famille, patrie – l'emporteront en définitive.

III. CONFLIT NORD-SUD

L'être humain se trouve consubtantiellement lié à un pays, aux valeurs d'une patrie. Mme de Staël met en scène le choc de deux conceptions différentes de la vie liées à l'appartenance à des pays fondamentalement différents quant à leur climat, leurs institutions sociales et politiques, leurs mœurs et coutumes. *Corinne* propose de ce fait une sorte de traité de sociologie empirique dont je ferai ressortir les grandes caractéristiques.

A. Modes de vie

La principale cause de conflit entre Corinne et lord Nelvil repose sur le sentiment d'euphorie ou de dysphorie qu'éprouvent les personnages par rapport aux modes de vie que leur offrent le Nord et le Midi. Ce sentiment n'est bien entendu pas uniforme et dépend de la conception que l'être, façonné par sa patrie, se fait de l'univers. Il n'est pas indifférent qu'une partie de l'intrigue anglaise soit située dans le peu fertile Northumberland (542 et *passim*) dont le toponyme même indique l'aspect septentrional. Ainsi Corinne peut-elle légitimement penser que « *tout le malheur de [sa] situation venait de vivre dans une petite ville, reléguée au fond d'une province du nord* » (373, voir aussi 376) quand Oswald est, lui, « *frappé du bon goût qui régnait dans l'arrangement du jardin et du château* » de lady Edgermond (449). Tout est alors affaire de représentations selon que l'on adhère aux façons de voir des « *peuples du midi* » ou des « *habitants du nord* » (66). Certes, le midi possède des vertus intrinsèques. Les médecins ordonnent à Oswald, au début du roman, « *l'air du midi* » (27) afin de rétablir sa santé. Le reste relève, pourrait-on dire, de conceptions idéologiques. Mme de Staël se plaît à évoquer le sort des « *heureux habitants du midi* » (58) qui vivent sur une « *féconde terre* » (*id.*), jouissent du privilège de l' « *imagination* » (55, 194 et *passim*) et « *se représentent la fin de la vie sous des couleurs moins sombres que les habitants du nord* » (66). À la sévérité du nord s'oppose « *la mollesse et la vivacité du midi* » (105), un midi apte à l'amour et « *décidé[s] au bonheur* » (156). Le culte religieux « *est moins sombre* [...] *que ne l'[est] celui du nord* » (96) et le rapport à la mort même se ressent des différences nationales (105).

B. Nature

La nature n'échappe pas à ce phénomène généralisé. Le nord possède, certes, des beautés mais « *quand on contemple un beau site dans le nord, le climat qui se fait sentir trouble toujours un peu le plaisir qu'on pourrait goûter. C'est comme un son faux dans un concert, que ces petites sensations de froid et d'humidité qui détournent plus ou moins votre attention de ce que vous voyez ; mais en approchant de Naples, vous éprouvez un bien-être si parfait, une si grande amitié de la nature pour vous, que rien n'altère les sensations agréables qu'elle vous cause* » (287). Même lorsque les héros traversent les marais pontins, « *lieux marécageux et malsains* », « *dans les contrées les plus funestes du midi, la nature conserve une sérénité dont la douceur trompeuse fait illusion aux voyageurs* » (284). Comment s'étonner dès lors que lord Nelvil dans son délire réclame « *du soleil, le midi, un air plus chaud* [...] *il fait si froid dans ce nord que jamais on ne pourra s'y réchauffer* » (546) ? Dans les moments de tension, l'Italie se « dé-payse » et participe alors de la rudesse du nord (549, 558, 580) mais, en temps normal : « *C'est tout le luxe du midi que vous verrez dans ce paysage, son abondante végétation, son ciel brûlant, cet air riant de toute la nature qui se retrouve dans la physionomie même des plantes* » (237). Le midi est le royaume de la « *magnificence* » (285) où même la mélancolie ne présente « *ni mécontentement, ni anxiété, ni regret* » (288).

C. Culture

Les qualités naturelles propres au midi se retrouvent dans les manifestations culturelles. « *Il semble que là les beaux-arts sont les paisibles spectateurs de la nature, et que le génie lui-même qui agite l'ame dans le nord n'est, sous un beau ciel, qu'une harmonie de plus* » (219). Ces qualités s'inscrivent jusque dans le mode d'expression linguistique : la langue. L'italien est harmonieux (362) et Lucile est péniblement surprise par le dialecte bolonais, hostile, rude : « *il n'en est pas de plus rauque dans les pays du nord* » (560). D'ordinaire, même un homme appartenant au « *rang le plus obscur de la société* » « *se sert si naturellement des expressions les plus poétiques, qu'on dirait qu'elles se puisent dans l'air et sont inspirées par le soleil* » (51). Corinne explique ainsi l'origine de « *ce talent d'improviser* » propre aux « *langues du midi* » (82) et lié à la « *bonhomie du midi* » (84) : « *d'ailleurs les peuples du midi sont gênés par la prose, et ne peignent leurs véritables sentiments qu'en vers* » (176).

La nature

La nature (190 occurrences dans le texte) est bien présente dans *Corinne*, sans pour autant dominer l'action. Certes, tous les personnages ne ressemblent pas au comte d'Erfeuil qui, s'étant « *ennuyé de la nature dans les Alpes* », décide de se rendre en Angleterre pour y trouver « *la profondeur de la pensée* » (505). J'ai déjà fait remarquer (voir la fiche « Stéréotypes nationaux », ci-dessus p. 87) combien ce Français excessivement chauvin incarne des attitudes extrêmes. Comme ailleurs, il contraste avec Oswald, plus disposé à réagir spontanément, réjoui du soleil d'Italie au point que « *son ame fut pénétrée d'un sentiment d'amour et de reconnaissance pour le ciel qui semblait se manifester par ces beaux rayons.* » (49).

I. VISION ANTHROPOCENTRIQUE

En règle générale, la nature est appréciée par rapport à l'homme. Ainsi dans ce passage :

> Il y a dans les jardins de Rome un grand nombre d'arbres toujours verts qui ajoutent encore à l'illusion que fait déjà la douceur du climat pendant l'hiver. Des pins d'une élégance particulière, larges et touffus vers le sommet, et rapprochés l'un de l'autre, forment comme une espèce de plaine dans les airs, dont l'effet est charmant quand on monte assez haut pour l'apercevoir. Les arbres inférieurs sont placés à l'abri de cette voûte de verdure.   (141)

Comparons cela avec les sombres sapins du nord de l'Angleterre :

> [...] les sapins couvraient les montagnes toute l'année, comme un noir vêtement : un édifice antique, un tableau seulement, un beau tableau aurait relevé mon ame, mais je l'aurais vainement cherché à trente milles à la ronde.   (378)

A. Humeurs

L'état d'esprit de la personne qui contemple la nature n'est donc pas sans importance. On en trouve une preuve supplémentaire dans le fait que la nature autour de Rome ne provoque pas systématiquement des réactions favorables. Voici Corinne, dans son rôle de guide touristique :

> [...] les ames rêveuses, que la mort occupe autant que la vie, se plaisent à contempler cette campagne de Rome où le temps présent n'a imprimé aucune trace ; cette terre qui chérit ses morts, et les couvre avec amour des inutiles fleurs, des inutiles plantes qui se traînent sur le sol, et ne s'élèvent jamais assez pour se séparer des cendres qu'elles ont l'air de caresser.   (130)

B. Une nature trompeuse

L'idée que la nature reprend ses droits n'est évidemment pas nouvelle. Pour Corinne, il s'agit d'une récupération vraiment très lente : elle tient à faire un rapport avec l'activité – ou plutôt l'inactivité – de l'homme depuis l'Antiquité. Une fois de plus, il faut comparer cette image avec une autre, bien plus inquiétante, lorsque les héros traversent les marais pontins :

> Les lieux marécageux et malsains dans le nord sont annoncés par leur effrayant aspect ; mais, dans les contrées les plus funestes du midi, la nature conserve une sérénité dont la douceur trompeuse fait illusion aux voyageurs.   (284)

Ce genre d'inimitié entre l'homme et la nature se manifeste sous une autre forme à Venise :

> Un sentiment de tristesse s'empare de l'imagination en entrant dans Venise. On prend congé de la végétation : on ne voit pas même une mouche en ce séjour ; tous les animaux en sont bannis ; et l'homme seul est là pour lutter contre la mer. (420)

La mer, manifestation évidente de la nature, ne fait pas vibrer une corde positive chez Corinne : c'est sans doute ce qui explique que l'« *aspect de Venise est plus étonnant qu'agréable* ».

C. Variations sentimentales

Sachant qu'elle a perdu Oswald une fois pour toutes, Corinne revient en Italie. Le narrateur montre bien que son appréciation du pays natal dépend du sentiment amoureux ou religieux :

> En traversant la Toscane, ce pays si fertile, en approchant de cette Florence, si parfumée de fleurs, en retrouvant enfin l'Italie, Corinne n'éprouva que de la tristesse ; toutes ces beautés de la campagne qui l'avaient enivrée dans un autre temps la remplissaient de mélancolie. *Combien est terrible*, dit Milton, *le désespoir que cet air si doux ne calme pas !* Il faut l'amour ou la religion pour goûter la nature ; et dans ce moment, la triste Corinne avait perdu le premier bien de la terre, sans avoir encore retrouvé ce calme que la dévotion seule peut donner aux ames sensibles et malheureuses. (511)

Quelle différence si l'on compare à un autre moment du roman, dans un autre endroit, et surtout dans d'autres circonstances :

> On ne peut avoir l'idée de cette tranquillité singulière quand on n'a pas vécu dans les contrées méridionales. L'on ne sent pas, dans un jour chaud, le plus léger souffle de vent. Les plus faibles brins de gazon sont d'une immobilité parfaite ; les animaux eux-mêmes partagent l'indolence inspirée par le beau temps ; à midi, vous n'entendez point le bourdonnement des mouches, ni le bruit des cigales, ni le chant des oiseaux ; nul ne se fatigue en agitations inutiles et passagères, tout dort jusqu'au moment où les orages, où les passions réveillent la nature véhémente qui sort avec impétuosité de son profond repos. (140)

II. LA NATURE COMME ART

A. L'origine des mythes

En dépit de l'état de civilisation très moyen du peuple napolitain, le lien de sympathie entre l'homme et la nature est réel. La même remarque est valable pour le Vésuve que – soit dit en passant – Corinne et Oswald arrivent à visiter dans des conditions peu acceptables de nos jours. Le narrateur s'explique ainsi l'origine des croyances et des mythes :

> Tout ce qui entoure le volcan rappelle l'enfer, et les descriptions des poètes sont sans doute empruntées de ces lieux. C'est là que l'on conçoit comment les hommes ont cru à l'existence d'un génie malfaisant qui contrariait les desseins de la providence. On a dû se demander, en contemplant un tel séjour, si la bonté seule présidait aux phénomènes de la création, ou bien si quelque principe caché forçait la nature, comme l'homme, à la férocité. (338)

De sorte que la nature serait à l'image de l'homme, et non l'inverse :

> La campagne de Naples est l'image des passions humaines : sulfureuse et féconde, ses dangers et ses plaisirs semblent naître de ces volcans enflammés qui donnent à l'air tant de charmes, et font gronder la foudre sous nos pas. (350)

B. Représentation

Cet extrait de l' « *Improvisation de Corinne dans la campagne de Naples* » a un caractère littéraire. Il attire aussi l'attention sur une autre manière de traiter la nature dans ce roman, sa représentation. Au début du chapitre sur « La semaine sainte », Oswald observe deux animaux gardant la porte du couvent des Chartreux :

> Ces lions ont une expression remarquable de force et de repos ; il y a quelque chose dans leur physionomie qui n'appartient ni à l'animal ni à l'homme : ils semblent une puissance de la nature, et l'on conçoit, en les voyant, comment les dieux du paganisme pouvaient être représentés sous cet emblème. (255)

Ce ne sont pas des lions, mais des morceaux de pierre qui, d'après Oswald, hésitent entre l'animal et l'homme, et qui sont *représentés* comme une manifestation de la nature. Bel exemple de la tendance générale du roman à situer la nature par rapport à l'art. Cette tendance n'est nulle part plus frappante qu'au moment où Corinne fait voir à Oswald « *le génie de l'homme décoré par la magnificence de la nature.* » (100)

> Oswald sentit une émotion tout à fait extraordinaire en arrivant en face de Saint-Pierre. C'était la première fois que l'ouvrage des hommes produisait sur lui l'effet d'une merveille de la nature. C'est le seul travail de l'art, sur notre terre actuelle, qui ait le genre de grandeur qui caractérise les œuvres immédiates de la création. (101)

C. Méditation

La peinture qui plait à Corinne est celle qui offre matière à méditation, quitte à évincer toute humanité, comme dans ce tableau de Rosa, représentant :

> [...] un rocher, des torrents et des arbres, sans un seul être vivant, sans que seulement le vol d'un oiseau rappelle l'idée de la vie. L'absence de l'homme au milieu de la nature excite des réflexions profondes. (237)

D'ailleurs, elle reproche à Oswald de ne pas partager ses goûts, d'aimer l'art pour son impact sentimental et non pour lui-même (225-226).

Elle a peut-être oublié que, peu de temps avant, au sujet des statues endormies, elle avait tenu des propos proches des réflexions d'Oswald devant les chiens du couvent des Chartreux :

> Il semble que là les beaux-arts sont les paisibles spectateurs de la nature, et que le génie lui-même qui agite l'ame dans le nord n'est, sous un beau ciel, qu'une harmonie de plus. (218-219)

III. L'OPPOSITION NORD-MIDI

A. Contrastes climatiques

Nous nous trouvons, à nouveau, devant le contraste entre le Midi et le Nord, peu étonnant si l'on songe à la place que cette idée occupe dans la pensée de Mme de Staël elle-même, comme à la résonance qu'elle aura au cours d'une bonne partie du dix-neuvième siècle. Il existerait même une incompatibilité entre le climat du nord et la perception de la nature. Peu importe que le climat fasse partie de la nature... C'est alors l'occasion d'émettre la théorie selon laquelle le climat agit sur la société :

> [...] mais en approchant de Naples, vous éprouvez un bien-être si parfait, une si grande amitié de la nature pour vous, que rien n'altère les sensations agréables qu'elle vous cause. Tous les rapports de l'homme dans nos climats sont avec la société. La nature, dans les pays chauds, met en relation avec les objets extérieurs, et les sensations s'y répandent doucement au dehors. (287)

B. Décor dramatique

Ces remarques sont sans doute fonction des années malheureuses que Corinne a passées dans son milieu étriqué du Northumberland :

> Le soleil si beau, l'air si suave de mon pays était remplacé par les brouillards ; les fruits mûrissaient à peine, je ne voyais point de vignes, les fleurs croissaient languissamment à long intervalle l'une de l'autre [...]. Tout était terne, tout était morne autour de moi, et ce qu'il y avait d'habitations et d'habitants servait seulement à priver la solitude de cette horreur poétique qui donne à l'ame un frisson assez doux.   (378)

Ce n'est pas seulement une simple question d'absence de soleil, la nature y est foncièrement hostile :

> Le temps était humide et froid ; je ne pouvais presque jamais sortir sans éprouver une sensation douloureuse ; il y avait dans la nature quelque chose d'hostile qui me faisait regretter amèrement sa bienfaisance et sa douceur en Italie.   (367)

Nous pouvons donc voir un rapport direct entre la nature et le drame qui se situe au centre du roman, l'incompatibilité entre Oswald, homme du Nord, et Corinne, volontairement attachée à son pays méridional. Elle a mené une vie malheureuse en Angleterre pour des raisons humaines : la froideur de lady Edgermond lui était insupportable. Cette personnalité rebutante renforce l'effet de la nature sur le développement de Corinne et sur sa manière d'appréhender la vie. Oswald, en tant qu'homme, n'a pas subi les mêmes contraintes que Corinne. Et puis, il se trouve à l'aise dans cette société dont Lucile est le produit. Le moral et le social se combinent pour lui faire préférer les froides brumes du Nord, même s'il laisse une partie de son cœur en Italie.

*

Une fois de plus, le roman ne se borne pas à illustrer les théories supposées de l'auteur. Plus exactement, il les met en scène et les nuance, en les rendant plus complexes. Si, depuis Montesquieu, le climat devrait conditionner les mœurs, *Corinne* démontre que notre façon de percevoir la nature résulte d'une interaction entre notre aptitude sentimentale et le spectacle naturel.

Femmes, femmes[1] !

187 occurrences de *homme(s)* côtoient 250 occurrences de *femme(s)*, dans Corinne. Que signifie cette confrontation ? Elle pique assurément la curiosité des personnages, suscitant mainte spéculation sur le génie des sexes. Par ailleurs, la destinée des héros illustre un respect absolu des règles régissant les rapports entre un homme et une femme. C'est donc à travers des destins et des regards croisés que ce roman inaugure à sa manière le débat sur la condition féminine.

---

1. Cette fiche pourrait partir du couplet de Saint-Preux, pour en mesurer les transformations : « *Femmes, femmes ! objets chers et funestes, que la nature orna pour notre supplice, qui punissez quand on vous brave, qui poursuivez quand on vous craint, dont la haine et l'amour sont également nuisibles, et qu'on ne peut ni rechercher ni fuir impunément !...* » (J.-J. Rousseau, *La Nouvelle Héloïse*, Pléiade, p. 676).

I. MASCULIN, FÉMININ

A. L'état d'homme

Les hommes se caractérisent par leurs qualités de raison : « *homme sensé* » (38), de courage : « *homme intrépide* » (165).

Ils se définissent en fonction de leur sociabilité, comme le prouve la présence de locutions figées telles que « *honnête homme* » (167, 327,451), « *homme d'état* » (52), ou « *homme d'affaire* » (405), ou une désignation métonymique comme « *un homme si considérable, un nom si considéré* » (375).

B. Beauté des femmes

Les femmes se distinguent par leur beauté : « *les femmes jeunes et belles* » (154), « *la plus belle femme d'Angleterre* » (168), donc par l'effet qu'elles suscitent : « *une femme d'un charme si séducteur* » (433), « *femmes charmantes* » (203), « *femmes aimables* » (423).

Elles exhalent la douceur : « *la femme la plus douce et la plus facile à vivre* » (192), et témoignent de leur sensibilité : « *la femme délicate et sensible* » (477), formes euphémisées de leur faiblesse naturelle : « *femme craintive* » (68), « *femme faible, timide, doutant de tout* » (166).

Cette fragilité les contraint à la dépendance, le classement en « *femme mariée* » (207), « *femme non mariée* » (206), « *femme abandonnée* » (321) le prouve.

B. Espaces

La différence des sexes s'inscrit dans l'espace : « *la tribune des femmes, derrière la grille qui les sépare des hommes* » (266), « *les hommes continuaient leur conversation auprès de la cheminée ; les femmes restaient dans le fond de la chambre, distribuant des tasses de thé* » (368).

Elle se lit aussi dans l'espace de la page : « *ce pays où les hommes ont tant de dignité, et les femmes tant de modestie* » (447), « *les uns l'empreinte des vertus mâles, les autres des vertus timides* » (488).

Ce génie inné de l'homme et de la femme détermine leurs relations de façon naturelle : « *dans la vérité, dans la nature, c'est la femme qui révère profondément celui qu'elle a choisi pour son défenseur.* » (417).

II. ÉCARTS

A. Le monde inversé

Les hommes italiens, à l'instar de « *cet Écossais sigisbé de sa femme* » (466), ne se consacrent qu'à l'amour. Ils sont alors accusés de perdre leurs qualités viriles : « *Les hommes, en Italie, valent beaucoup moins que les femmes ; car il sont les défauts des femmes, et les leurs propres en sus.* » (156).

Les femmes italiennes, jouissant sur eux d'un ascendant sans partage, gagnent une supériorité incompatible avec un amour naturellement respectueux : « *Enfin, et c'est là sur-tout ce qui détruit l'amour, les hommes n'inspirent aucun genre de respect aux femmes ; elles ne leur savent aucun gré de leur soumission, parcequ'ils n'ont aucune fermeté de caractère.* » (157).

Enfin, c'est tout bonnement le monde à l'envers : « *Ici l'on dirait, presque, que les femmes sont le sultan et les hommes le sérail.* » (157).

B. Le continent noir

Qu'elles sortent de leur réserve naturelle, et les femmes font l'objet de suspicion.

SORCIÈRES. La grande Corinne, inscrite dans la lignée des femmes inspirées, « *depuis Sapho jusqu'à nos jours* » (54), reçoit ses dons du ciel. Les mots qui s'échappent de sa bouche ne sont pas les siens : « *Ce n'était plus une femme craintive, c'était une prêtresse inspirée* » (68), « *en face de son jardin était le temple de la Sibylle* » (230).

MÉDUSES. Leur force monstrueuse peut être fatale à l'homme : « *Plus loin était la retraite où Zénobie, reine de Palmyre, a terminé ses jours. Elle n'a pas soutenu dans l'adversité la grandeur de sa destinée ; elle n'a pas su, ni, comme un homme, mourir pour la gloire, ni, comme une femme, mourir plutôt que de trahir son ami.* » (229).

SERPENTS. Beauté et faiblesse sont des pièges propres à entraîner l'homme dans le péché : à propos de madame d'Arbigny, « *Cette femme si douce, si mesurée, se livrait par moment à des accès de désespoir qui bouleversaient entièrement mon ame. Elle employait les attraits de sa figure et les graces de son esprit pour me plaire, et sa douleur pour m'intimider.* » (319).

C. Androgynie

L'art, dans sa fonction d'exorcisme, témoigne de l'effroi né de la différence. Sculptures grecques : « *et, pour donner à la beauté son plus sublime caractère, ils unissaient tour à tour dans les statues des hommes et des femmes, dans la Minerve guerrière et dans l'Apollon Musagète, les charmes des deux sexes, la force à la douceur, la douceur à la force ; mélange heureux de deux qualités opposées, sans lequel aucune des deux ne serait parfaite.* » (218) Sémiranis, personnage d'opéra bouffe : « *impérieuse comme une reine, elle réunit* […] *le courage guerrier à la frivolité d'une femme* » (435).

Même effet d'hypostase dans la liturgie romaine, où les ecclésiastiques ont recours aux « *vieux usages aussi, tel que celui de faire la révérence comme les femmes, au lieu de saluer à la manière actuelle des hommes* » (263).

III. LA CAUSE DES FEMMES

Au détour d'un énoncé contradictoire, le point de vue de la voix narrative peut s'inverser, et le masque naturel de l'arbitraire se fissurer : « *La société, qui est à la fois rigoureuse et corrompue, c'est-à-dire impitoyable pour les fautes, quand elles entraînent des malheurs, doit être plus sévère pour les femmes* » (163).

A. Terre d'utopie : l'Italie

On y leste la balance couramment faussée des rapports entre hommes et femmes : « *Les hommes s'y sont fait une morale pour des rapports hors de la morale ; mais du moins ont-ils été justes et généreux dans le partage des devoirs, ils se sont considérés eux-mêmes comme plus coupables que les femmes, quand ils brisaient les liens de l'amour, parce que les femmes avaient fait plus de sacrifices, et sacrifiaient davantage* » (163).

Nul préjugé n'y interdit aux femmes l'accès à l'instruction : « *parmi celles qui sont instruites, vous en verrez qui sont professeurs dans les académie, et donnent des leçons publiquement en écharpe noire* » (162).

B. Le prix de l'indépendance

L'avancée réalisée par Corinne, modèle d'émancipation, se mesure aux obstacles qu'elle rencontre.

La jalousie des hommes : « *Quelque distingué que soit un homme peut-être ne jouit-il jamais sans mélange de la supériorité d'une femme, s'il l'aime, son cœur s'en inquiète ; s'il ne l'aime pas, son amour-propre s'en offense.* » (192).

La mauvaise réputation : « *on aurait eu l'air d'une mauvaise tête, d'une femme de vertu douteuse, si l'on s'était livré à parler, à se montrer de quelque manière* » (370).

Un obstacle intérieur, le désir de conformité : « *Heureuses les femmes qui rencontrent à leurs premiers pas dans la vie, celui qu'elles doivent aimer pour toujours !* » (389).

C. Le droit au désir

Désir barré : « *ces femmes dont j'étais entourée, et qui ne permettaient ni un jugement à leur esprit, ni un désir à leur cœur* » (366).

Désir clamé : « *Chaque femme comme chaque homme ne doit-elle pas se frayer une route d'après son caractère et ses talents ? Et faut-il imiter l'instinct des abeilles, dont les essaims se succèdent sans progrès et sans diversité ?* » (366).

*

Qu'en est-il d'une femme affranchie qui meurt d'amour ? C'est peut-être que « *les femmes aiment la peine* » (79). Un homme inconstant mérite-t-il le blâme, puisque « *les hommes ne savent pas le mal qu'ils font* » (585) ? L'impossibilité, éprouvée par les personnages, de s'affranchir de la doxa leur assignant une place en fonction de leur identité sexuelle marque l'engagement idéologique de Corinne.

Frontières

Je note d'emblée un *nullax* c'est-à-dire un mot courant totalement absent du texte[1] : le mot *frontière*. Peut-être cette absence est-elle à imputer à la mobilité de personnages voyageurs, sillonnant l'Europe avec « *cette hâte pour arriver là où personne ne vous attend, cette agitation dont la curiosité est la seule cause* » (32).

Le champ lexical est néanmoins richement représenté, par de nombreuses occurrences de *borne(s)*, *rive(s)*, *bord(s)*, *limite(s)*, notamment.

Cette représentation est mise au service d'une description des frontières géographiques de l'Europe, d'une figuration des étapes narratives, et d'une évocation philosophique de la situation de l'homme dans le monde.

---

1. Je baptise *nullax* (par analogie avec l'*hapax*, qui n'a qu'une seule occurrence), certains évitements systématiques du texte. Un *nullax* est une forme attendue, présente dans un ensemble de textes contemporains du même genre, tel que le corpus de comparaison, absente de l'œuvre étudiée.

I. FRONTIÈRES GÉOGRAPHIQUES

A. Arpentage de l'Europe

Naples, aux confins du Sud : « *La rive africaine qui borde la mer de l'autre côté se fait déjà sentir, et il y a je ne sais quoi de Numide dans les cris sauvages qu'on entend de toutes parts.* » (292).

Venise, à la limite d'un certain monde sauvage : « *On aperçoit dans le lointain les côtes de l'Istrie et de la Dalmatie.* » (428).

B. Haute tension : la guerre

Les dangereux contours de la France : « *Oswald éprouva donc un redoublement de tristesse en traversant l'Allemagne pour se rendre en Italie. Il fallait alors, à cause de la guerre, éviter la France et les environs de la France* » (32).

Pression aux portes de l'Italie : « *Ces bornes sont telles, je ne le nierai point, que les hommes maintenant acquièrent rarement en Italie cette dignité, cette fierté qui distingue les nations libres et militaires.* » (165).

La côte, frontière investie par les Anglais, peuple maritime et conquérant. Corinne explique à Oswald que les Dalmates les nomment « *les guerriers de la mer, parce que vous avez souvent abordé dans leurs ports* » (429).

C. Rejets et ghettos

La misère au bord du chemin : « *Une population pareille à celle des Lazzaroni de Naples couche la nuit sous les arcades nombreuses qui bordent les rues de Bologne.* » (560).

Refoulement des parias. Le quartier juif d'Ancone, fermé pendant l'incendie : « *Oswald, à travers la rumeur générale, distingua cependant des cris plus horribles que tous les autres qui se faisaient entendre à l'autre extrémité de la ville. Il demanda d'où venaient ces cris ; on lui dit qu'ils partaient du quartier des Juifs* » (42).

II. SEUILS NARRATIFS

A. Corinne : du succès à l'abandon

Corinne est protégée par le cercle d'amis qui l'entoure : « *en la voyant ainsi familièrement au milieu du cercle de ses amis, on retrouvait en elle la divinité du Capitole* » (73).

Dans le malheur, elle quitte le centre, pour la lisière.

Image de l'abandon : « *Comme il passait très vite, il aperçut sur le bord du chemin une femme étendue sans mouvement. [...] Quelle fut sa surprise en reconnaissant Corinne à travers sa mortelle pâleur !* » (506).

B. Oswald et Corinne : de la plénitude à la séparation

À Rome, ville de l'amour, la frontière constituée par le fleuve est accueillante : « *On avait donné le nom de belle rive* (pulchrum littus) *au bord du fleuve qui est au pied de cette colline.* » (119).

Naples, ville délicieuse, se distingue néanmoins par un abord périlleux : « *Cette terre de Naples, cette campagne heureuse, est comme séparée du reste de l'Europe, et par la mer qui l'entoure, et par cette contrée dangereuse qu'il faut traverser pour y arriver.* » (285).

Les bords du Vésuve annoncent un enfer : « *Tout ce qui entoure le volcan rappelle l'enfer* » (338).

C. Les vicissitudes des jeunes mariés

Devant eux, une frontière abrupte ou dévorante : « *Ils arrivèrent au pied des montagnes qui séparent le Dauphiné de la Savoie, et montèrent à pied ce qu'on appelle le pas des Échelles : c'est une route pratiquée dans le roc, et dont l'entrée ressemble à celle d'une profonde caverne* » (548).

La frontière s'étend : « *Le matin du jour où Lucile et lord Nelvil se proposaient de traverser le Taro, comme si tout devait contribuer à leur rendre cette fois le voyage d'Italie lugubre, le fleuve s'était débordé la nuit précédente* » (557).

III. LIMITES DE L'HOMME

A. Finitudes

Les contours de la terre sont des limites contraignantes : « *Mais si nous sommes sur cette terre en marche vers le ciel, qu'y a-t-il de mieux à faire, que d'élever assez notre ame pour qu'elle sente l'infini, l'invisible et l'éternel au milieu de toutes les bornes qui l'entourent !* » (273).

La mort marque la frontière entre la vie terrestre et la vie éternelle. Corinne évoque le Styx : « *et ces créatures infortunées, errant comme des ombres sur les plages dévastées du fleuve éternel, soupirent pour arriver à l'autre rive* » (353).

B. Esprits bornés

Les préjugés créent des frontières infranchissables.

Lady Edgermond : « *Vous pourrez peut-être, mylord, répondit lady Edgermond en faisant effort sur elle-même pour se contenir, accuser les bornes de mon esprit, mais il n'y a rien dans tout ce que vous venez de me dire qui soit à ma portée.* » (459).

Le cloisonnement social. Réflexion de Corinne à propos de l'Angleterre : « *le cercle qui vous environne finit toujours par vous cacher le reste du monde* » (371).

C. Nécessaire différenciation

Pourtant les limites s'imposent dans l'expérience humaine.

Dans le langage : « *mais l'enthousiasme le plus noble se mêlait à cette image, et des pensées confuses erraient en foule dans son ame : il eut fallu borner ces pensées pour les rendre distinctes.* » (249).

Dans les arts. Théorie de Corinne : « *Elle était convaincue que l'empiètement d'un art sur l'autre leur nuisait mutuellement. [...] Les arts sont bornés dans leurs moyens, quoique sans bornes dans leurs effets.* » (225).

*

Dans ce roman de la rencontre, de l'éloignement et de la réunion de héros voyageurs, il semble juste que, tel le Rubicon (417), la frontière qui sépare se présente pour être franchie.

Raison et sentiment

Le champ lexical du sentiment est richement représenté dans *Corinne : émotion(s)*, *sentiment(s)*, *amour(s)*, *bonheur(s)*, *souffrance(s)*. Et quoi d'étonnant à cela d'un livre narrant l'histoire d'une passion ? L'isotopie de la raison y tient aussi une belle part, représentée notamment par des occurrences de *raison(s)*, *raisonnable(s)*, *idée(s)*, *devoir(s)*, *vertu(s)*. Disséquant les mouvements du cœur et de l'esprit, la voix narrative réactive la thématique du conflit entre la raison et le sentiment.

I. LES PASSIONS DE L'ÂME

A. « Je le vis, je rougis, je pâlis à sa vue »

Corps et visages, parfaitement lisibles, laissent transparaître les sentiments qui s'emparent des personnages.

L'afflux de sang pigmente le visage de Lucile : « *Il offrit un bras à lady Edgermond et l'autre à Lucile, qui le prit timidement en baissant la tête et en ROUGISSANT à l'excès.* » (483) Que le sang se retire et c'est le pâlissement : « *Lucile PÂLIT à ces mots.* » (452) Les larmes débordent des yeux, comme l'émotion du cœur d'Oswald, spectateur de Corinne, au Capitole : « *lord Nelvil sentit en ce moment ses yeux mouillés de LARMES* » (53).

Mais la somatisation peut s'étendre à tout le corps, signalant par son caractère spectaculaire la force de l'émotion liée au sentiment. Le corps peut être le lieu du tremblement, comme celui de Corinne au moment de l'adieu vénitien : « *elle vit à sa pendule que ce moment n'était pas très éloigné, elle FRÉMIT de tous ses membres* » (440). La perte de la parole peut aussi survenir, réduisant par exemple Oswald au silence lorsqu'il reconnaît Corinne dans les traits de sa fille : « *Oswald, à ce spectacle, fut tellement ému, qu'IL NE POUVAIT PRONONCER UN MOT* » (575).

Enfin l'évanouissement peut donner l'apparence de la mort. Corinne apprend le départ imminent d'Oswald : « *elle tomba SANS CONNAISSANCE, et sa tête heurtant avec violence contre terre, le sang en rejaillit.* » (438).

B. L'amour terrestre

L'amour naît de la vive impression suscitée par le corps, ainsi que le premier regard porté par Oswald sur Corinne le suppose : « *Ses bras étaient d'une éclatante BEAUTÉ* » (52), il est renforcé par l'attachement au caractère : « *Oswald trouvait Corinne pleine de GRACE* » (75). Il s'impose alors avec une telle évidence que Corinne se sent « *SUBJUGUÉE par son AMOUR* » (145). Il comble ainsi le personnage qui le ressent, telle Corinne : « *il y avait dans son ame cette plénitude de BONHEUR et d'AMOUR qui ne permet pas de former un désir de plus.* » (288).

Les arts sont susceptibles de convoquer un sentiment de plénitude comparable au sentiment amoureux. D'ailleurs, Oswald établit clairement la correspondance : « *Les beaux-arts me retracent ton IMAGE ; la MUSIQUE, c'est ta VOIX ; le CIEL, ton regard.* » (443) La musique s'y prête avec plus de facilité : « *De tous les beaux-arts, c'est celui qui agit le plus immédiatement sur l'ame.* » (247).

La nature contribue également à cette fête du sentiment. Elle permet à Oswald de jouir de son extrême sensibilité : « *les REGRETS d'une ame SENSIBLE peuvent s'allier avec la contemplation de la nature et la jouissance des beaux-arts »* (37), quant à Corinne, elle distingue « *des rapports touchant entre les beautés de la nature et les IMPRESSIONS les plus intimes de l'AME »* (55).

C. Réversibilité

Or, l'enthousiasme excessif semble porter en lui les germes de sa propre destruction. Ainsi, Corinne évoque le danger inhérent à son caractère passionné : « *je craignais en moi cette FACULTÉ DE SOUFFRIR, cette nature PASSIONNÉE qui menace mon BONHEUR et ma vie »* (388).

Plus, la richesse même du talent de Corinne est corollaire de sa fragilité : « *Quand une personne de génie est douée d'une SENSIBILITÉ véritable, ses CHAGRINS se multiplient par ses facultés mêmes : elle fait des découvertes dans sa propre PEINE, comme dans le reste de la nature, et le malheur du CŒUR étant inépuisable, plus on a d'idées, mieux on le SENT. »* (418).

Aussi le sentiment de bonheur qui s'est emparé du personnage peut-il le mener à sa perte : « *Quand l'AMOUR est MALHEUREUX, il refroidit toutes les autres AFFECTIONS, on ne peut s'expliquer à soi-même ce qui se passe dans l'AME ; mais autant l'on avait gagné par le BONHEUR, autant l'on perd par la PEINE. »* (527).

II. LA RAISON

La raison apparaît comme un moyen de tempérer l'excès du désir et de la passion. Mais, principe opposé au sentiment, elle s'exprime aussi dans la violence, au sein de conflits.

A. L'ordre social contre l'amour

Les conseils prodigués à Oswald par le comte d'Erfeuil tendent à confondre la raison avec le respect des convenances : « *on n'est heureux que par ce qui est CONVENABLE. La société a, quoi qu'on fasse, beaucoup d'empire sur le bonheur, et ce qu'elle n'approuve pas, il ne faut jamais le faire. »* (243) Et la rigueur morale de lady Edgermond participe aussi de l'alignement à la raison collective : « *Je n'entends par moralité que l'exacte observation des RÈGLES ÉTABLIES. »* (459).

Les règles de la société anglaise assignent donc une place scrupuleusement délimitée à la femme : Oswald apprend de son père que « *les femmes DOIVENT rester dans l'ombre »* (467), et Corinne, de lord Edgermond, que « *les femmes n'ont d'autre vocation* [...] *que les DEVOIRS DOMESTIQUES »* (363).

Les hommes ont aussi un rôle précis à tenir. La voix narrative marque son accord avec la règle selon laquelle « *IL FAUT, pour que la nature et L'ORDRE social se montrent dans toute leur beauté, que l'homme soit protecteur et la femme protégée »* (157). Par ailleurs, Lord Nelvil rappelle sa fonction politique : « *IL FAUT qu'il remplisse ses DEVOIRS de citoyen, puisqu'il a le bonheur de l'être »* (467).

B. Une tempête sous un crâne

Oswald, personnage marqué par l'indécision, est tiraillé par les influences conjointes de la passion et de la raison. Toute décision implique un sacrifice, déchirant et noble, sacrifice de la passion : « *un SACRIFICE, quel qu'il soit, est plus beau, plus difficile, que tous les élans de l'ame et de la pensée »* (116), sacrifice de la raison : « *Il n'avait jamais été plus près de tout SACRIFIER à Corinne. »* (201).

Son déchirement est représenté par deux femmes. Lucile est la figure du bonheur domestique s'accordant avec la raison. Corinne incarne l'image de la passion débridée, contraire aux préceptes de vie : « *Mais tout en admirant, tout en aimant Corinne, il se rappelait combien une telle femme s'accordait peu avec la manière de vivre des Anglais, combien elle différait de l'*IDÉE *que son père s'était formée de celle qu'il lui* CONVENAIT *d'épouser* » (144).

Il est aussi soumis à l'attraction de deux pays, associés à deux types de comportements. Comportement des individus, dicté par le sentiment, en Italie : « *dans un pays où il n'y a pas de société, la* BONTÉ NATURELLE *a de l'influence.* » (163) Comportement régi par la société et la raison en Angleterre : « *un pays où l'on se trouve si bien du respect le plus scrupuleux pour les* DEVOIRS, *comme pour les lois* » (343).

C. La raison pratique

Les dilemmes d'Oswald finissent pourtant par s'estomper face à l'évidence de certains impératifs. Au premier rang d'entre eux, la volonté du père, signifiée par la lettre, est incontournable : « *Au moment où Oswald avait su la* VOLONTÉ *de son père, il s'était résolu à ne pas épouser Corinne* » (478).

L'appel du devoir requiert une mise à disposition tout aussi nécessaire : « *elle reçut une lettre d'Oswald, qui lui annonçait que son régiment* DEVAIT *s'embarquer dans six semaines, et qu'il ne pouvait profiter de ce temps pour aller à Venise, parce qu'un colonel qui s'éloignerait dans un pareil cas se perdrait de réputation.* » (475).

L'évocation des obligations maritales reçoit de même une adhésion immédiate : aux paroles de sa future belle-mère « *qu'il est doux de se sentir si bien remplacée* », Oswald « *réfléchit, avec autant d'émotion que d'inquiétude, aux devoirs qu'elles lui* IMPOSAIENT. » (533).

III. CRITIQUE DE LA RAISON PURE

Par le sacrifice de ce qui l'avait rendu heureux, Oswald trouvera un certain plaisir dans le mariage et l'exercice de la guerre. En revanche ses actes de raison réduiront Corinne au désespoir. Ce brouillage porte donc la marque des confusions de la raison et du sentiment.

A. Les infortunes de la vertu

Les motivations de la rigueur peuvent être plus affectives qu'il n'y paraît. Corinne démasque ainsi la mauvaise foi du « *hé bien* » des jaloux, « *tout tranquille, tout modéré en apparence, et qui est cependant le mot le plus* DUR *qu'il soit possible d'entendre* » (368-369).

La capacité de raisonner, si elle n'est pas sous-tendue par un intérêt pour le monde, s'en trouve moralement disqualifiée. Il en va ainsi de la raison du comte d'Erfeuil : « *Ce que disait le comte d'Erfeuil était* RAISONNABLE *dans le sens ordinaire de ce mot, car il avait, à beaucoup d'égards, ce qu'on appelle une bonne tête* » (38).

Quant à la retenue, elle est source d'une incompréhension fatale entre les êtres. Le couple de jeunes mariés en témoigne : « *Il ne rendait pas justice à l'*ESPRIT *de sa femme, parceque cet* ESPRIT *était stérile, et lui servait plutôt à deviner ce que pensaient les autres, qu'à les intéresser par ce qu'elle pensait elle-même.* » (547).

B. Œcuménisme

Les problématiques relations à la raison et au sentiment peuvent être transcendées par le recours à la religion. Lucile en donne une illustration : « *Lucile était une personne très timorée, et qui fatiguait souvent son AME à force de scrupules et d'interrogations secrètes sur sa conduite. [...] Lucile n'avait de refuge contre cette disposition que dans la piété, et de longues prières intérieures la TRANQUILLISAIENT.* » (549).

La prière pour les morts a le pouvoir d'effacer les ressentiments familiaux, sans le truchement de la raison, comme le montrent les deux sœurs recueillies sur la tombe de leur père : « *Corinne l'entendit, et se laissant aussi tomber à genoux, elle demanda la bénédiction paternelle pour les deux sœurs à la fois, et répandit des PLEURS qu'arrachaient de son CŒUR des SENTIMENTS plus PURS encore que l'AMOUR.* » (503).

Et quand la religion italienne use du sensible pour faire atteindre au dogme, elle offre une rédemption au profane, par le sublime. Corinne argumente : « *Loin donc que nos prêtres nous interdisent en aucun temps le PUR SENTIMENT de la JOIE, ils nous disent que ce SENTIMENT exprime notre RECONNAISSANCE envers les dons du Créateur.* » (269).

C. Éthique de Corinne

Sur terre, la coexistence harmonieuse des deux polarités antagonistes est néanmoins possible, puisque Corinne la réalise, à ses heures fastes : « *sa conversation était un mélange de tous les genres D'ESPRIT, L'ENTHOUSIASME des beaux arts et de la CONNAISSANCE du monde, la finesse des IDÉES et la profondeur des SENTIMENTS* » (75).

Autour d'elle, Corinne revendique le droit de chacun à se forger ses propres principes de vie : « *mais est-il vrai que le DEVOIR prescrive à tous les caractères des RÈGLES semblables ? [...] Chaque femme comme chaque homme ne doit-elle pas se frayer une route d'après son CARACTÈRE et ses TALENTS ?* » (366).

Conseillant à sa sœur plus d'indulgence, elle lui donne accès au plaisir de plaire : « *Ne soyez donc pas, Lucile, fière de votre PERFECTION ; que votre CHARME consiste à oublier, à ne vous en point prévaloir.* » (578).

À la fin du roman, la voix narrative se caractérise par son scepticisme quant au parti pris et aux sentiments d'Oswald : « *Mais se pardonna-t-il sa conduite passée ? Le monde qui l'approuva le consola-t-il ? Se contenta-t-il d'un sort commun, après ce qu'il avait perdu ? Je l'ignore, et ne veux à cet égard, ni le blâmer, ni l'absoudre.* » (587) Ce doute est généralisé et radicalisé par l'absence de personnage accédant à la plénitude : aucune alternative ne semble offerte au tragique conflit de la raison et du sentiment.

*

Reste que la fin du roman est marquée par l'avènement d'un nouveau personnage, Juliette, fille de Lucile et d'Oswald, mais aussi apparentée à Corinne, tant par une ressemblance physique flagrante que par l'amour de la musique que sa tante parvient à lui transmettre. Soumise aux influences conjointes de la passion et de la vertu, Juliette se présente comme la promesse d'une dualité acceptée et durablement harmonieuse.

Sensibilité

Dans sa récente étude consacrée au préromantisme[1], Alexander Minski remet à juste titre en cause le schématisme réducteur d'une vision scolaire de la littérature qui oppose les Lumières comme âge de la raison à la période préromantique qui met à l'honneur le sentiment. Il rappelle ainsi que *Candide* et *La Nouvelle Héloïse* paraissent la même année (1761) et invite son lecteur à plus de nuance dans l'interprétation des sensibilités de l'époque.

Il n'en reste pas moins que, dans *Corinne*, les éléments affectifs et intuitifs, l'instinct, la subjectivité et l'émotion occupent une place prépondérante. Oswald réagit constamment aux nombreux sentiments intérieurs qui le traversent (27, 28, 30, 49, 70, 77, 116, 268 et *passim*). Il suscite des sentiments, généralement positifs, de la part d'autrui (39, 44, 89 et *passim*). Corinne est dirigée par ses sentiments (52, 57, 75, 231, 430 et *passim*). Lucile se défie quant à elle de l'expression spontanée de ces derniers, ce qui la rend « *triste et silencieuse* » (548), alors que les italiens se caractérisent par leur capacité à exprimer de façon vive les sentiments éprouvés (49).

Bref, le sentiment se trouve généralement valorisé dans ce roman (voir 53, 56, 93). Seul le comte d'Erfeuil échappe à ce trait : « *Il jouait avec les mots, avec les phrases, d'une façon très ingénieuse ; mais ni les objets extérieurs ni les sentiments intimes n'étaient l'objet de ses discours* » (36) et l'on comprend bien les réserves que l'instance narrative entretient à son endroit.

Les différents sentiments sont trop représentés pour être étudiés ici. Je me limiterai à l'examen de quelques-uns d'entre eux : l'enthousiasme, la tristesse et la mélancolie en commençant par la faculté imaginative.

I. L'IMAGINATION

L'imagination, « *le sentiment et la pensée* » figurent parmi « *les plus beaux dons de la nature* » (53). Cette faculté constitue, avec l'amour et l'enthousiasme, « *tout ce qu'il y a de divin dans l'ame de l'homme* » (92). Les principaux personnages la possèdent tous en partage. Toutefois, le conflit des valeurs – selon que l'on se fait une représentation de la vie liée au « *nord* » ou au « *midi* » – lui assigne un rôle négatif ou positif.

A. Manque d'imagination

Le comte d'Erfeuil se distingue très nettement des autres acteurs du roman par son manque d'imagination qui l'empêche de comprendre les Italiens et l'Italie (47). C'est qu'il est trop inféodé aux « *plaisirs de la société* » qui « *presque toujours, flétrissent l'imagination* » (92). Oswald quant à lui, au début du récit, est trop marqué par la froideur de son « *éducation anglaise* » fondée sur la raison pour se pénétrer « *des souvenirs et des regrets, des beautés naturelles et des malheurs illustres, qui répandent sur ce pays un charme indéfinissable* » (47). Aussi, le premier effet de Corinne sur lui sera-t-il de libérer en son esprit les capacités de l'imagination.

---

1. Alexander MINSKI, *Le préromantisme*, Paris, Armand Colin, coll. « U », 1998, p. 166.

B. Néfaste imagination

L'imagination toutefois ne possède pas que des vertus. Celle d'Oswald, au départ, obsédée par la perte de son père, est « *la cause de sa maladie* » (27). Il s'agit alors de « *la funeste imagination des ames sensibles* » (29) que le voyage à l'étranger va chercher à guérir par la quête d'un divertissement (33). En effet, « *les êtres composés d'imagination, de sensibilité, de conscience, peuvent-ils faire un pas sans craindre de s'égarer !* » (464). L'imagination mêlée à une « *sensibilité naturelle* » est source de douleur (125). Par ailleurs, pour permettre à un individu de goûter le « *génie naturel* », l'imagination ne doit point être « *blasée* » (165). Il lui faut impérativement se dégager de la gangue que « *les relations de la vie sociale* » (343) font peser sur elle et, dans le domaine de la connaissance historique enfin, elle ne saurait se réduire au simple travail archéologique des « *érudits* » (302) à qui manquent « *l'imagination et le sentiment* » (91).

C. Divine imagination

À ces réserves près, l'imagination relève majoritairement de qualités positives. Elle constitue « *un don presque universel en Italie, et prête souvent de la noblesse aux discours des gens du peuple* » (45, voir aussi 84). C'est d'ailleurs, selon Corinne, « *le génie de l'imagination qui fait notre seule gloire* » (96). L'Italien est l'être de l'imagination par excellence (164, 182), une imagination « *inflammable* » (241) qui lui permet de se distinguer des « *peuples qui ne sont que raisonnables* [comprenons : l'Angleterre] *ou spirituels* [comprenons : la France] » (*id.*). Ainsi se dessine un système d'oppositions où tout, dans la religion comme dans les arts, relève ici de l'imagination et de l'amour, là de l'austérité morale et du devoir (269). Corinne possède « *l'imagination d'une italienne* »(75) qui favorise son don d'improvisation (84), une imagination « *ardente* » qui est « *la source de son talent* » (125). Dans ces conditions l'imagination, loin de constituer « *la folle du logis* » dénoncée par Malebranche, se trouve exaltée : « *L'imagination doit toujours précéder la pensée, l'histoire de l'esprit humain nous le prouve* » (236). Au contact de Corinne et de l'Italie, celle d'Oswald va peu à peu devenir capable de s' « *électriser* » (52). « *Vous me révélez les pensées et les émotions que les objets extérieurs peuvent faire naître. Je ne vivais que dans mon cœur, vous avez réveillé mon imagination* » déclare-t-il à Corinne (141). L'éducation qu'il a reçue (voir fiche « *Pays* ») l'empêchera pourtant de développer une imagination suffisamment vive et un caractère enthousiaste capable de lui faire renoncer à une vie fondée sur des valeurs septentrionales.

II. L'ENTHOUSIASME

L'enthousiasme, l'un des maîtres mots de Mme de Staël (voir l'étude d'Alexander Minski, *op. cit.*, p. 151-153 et *passim*), conserve dans *Corinne* par plus d'un trait l'aspect de « *transport divin* » attaché à son étymologie. En tout état de cause, il s'oppose à la froideur, l'indifférence, la distance qui empêchent l'être de participer pleinement aux plaisirs divers qui s'offrent à lui.

A. Pouvoir admirer

L'enthousiasme désigne tout d'abord la capacité d'admirer et de manifester ouvertement son admiration. « *Cet enthousiasme pour le talent est, je l'avouerai, mylord, un des premiers motifs qui m'attachent à ce pays* » confie Corinne à lord Nelvil (165). Selon Mme de Staël, le peuple italien possède au plus haut point cette faculté qui le pousse à fêter bruyamment lord Nelvil lors de l'incendie d'Ancone (42, 44). Cette caractéristique constitue l'un des enjeux du roman : si « *l'enthousiasme qu'inspirent aux Italiens tous les talents de l'imagination, gagne, au moins momentanément, les étrangers* » (49), ce sentiment parviendra-t-il à dominer la culture d'Oswald ou non ? On le sait, pendant une grande partie du récit le héros pourra croire lui-même que son imagination « *électrisée* » (52) l'emporte sur tout autre attitude acquise antérieurement mais, en définitive, et après de nombreux déchirements, son éducation initiale prendra le dessus.

B. Trésor positif

L'enthousiasme est connoté positivement dans le roman, son absence critiquée (88). Moteur de la passion, c'est lui qui pousse à agir, à surmonter les épreuves les plus effroyables comme dans cette évocation des catacombes que Corinne se refuse à visiter : « *Sans doute on se sent pénétré d'admiration pour les hommes qui, par la seule puissance de l'enthousiasme, ont pu supporter cette vie souterraine, et se sont ainsi séparés entièrement du soleil et de la nature ; mais l'ame est si mal à l'aise dans ce lieu, qu'il n'en peut résulter aucun bien pour elle* » (134).

Encore faut-il que l'enthousiasme soit collectif et cela devient de plus en plus difficile « *dans un siècle où l'intérêt personnel semble le seul principe de toutes les actions des hommes* » et où domine « *l'intérêt personnel* » (123). À plusieurs reprises la nostalgie d'un âge d'or perdu se fait jour comme lorsque Corinne fait visiter Saint-Pierre à lord Nelvil et regrette l'inachèvement du projet initial : « *tel était le superbe plan de Miche-Ange, il espérait du moins qu'on l'achèverait après lui ; mais les hommes de notre temps ne pensent plus à la postérité. Quand une fois on a tourné l'enthousiasme en ridicule, on a tout défait, excepté l'argent et le pouvoir* » (99).

Corinne met en scène un univers manichéen : « « *Il n'y a que deux classes d'hommes distinctes sur la terre, celle qui sent l'enthousiasme, et celle qui le méprise ; toutes les autres différences sont le travail de la société* » (272). L'enthousiasme de l'héroïne ne fait aucun doute : « *Et quand elle se releva, en faisant retentir le son de son instrument, de sa cymbale aérienne, elle semblait animée par un enthousiasme de vie, de jeunesse et de beauté, qui devait persuader qu'elle n'avait besoin de personne pour être heureuse* » (149). Celui d'Oswald reste plus problématique et constitue un facteur de déséquilibre narratif que rien ne parviendra à rétablir : « *Il revint chez lui avec une impression pénible ; car rien n'est plus triste que de n'être pas ému par ce qui devrait nous émouvoir ; on se croit l'ame desséchée ; on craint d'avoir perdu cette puissance d'enthousiasme, sans laquelle la faculté de penser ne servirait plus qu'à dégoûter de la vie* » (264).

C. Inspiration divine

Le sens le plus fort du mot *enthousiasme* dans *Corinne* renvoie toutefois au délire sacré qui saisit l'interprète de la divinité dans l'acception antique du terme. Ce n'est pas par hasard que Corinne brille avant tout par son don d'improvisation. « *Corinne disait que cette bonne foi dans les arts d'imagination, comme dans tout le reste, est le caractère du génie, et que le calcul du succès est presque toujours destructeur de l'enthousiasme* » (223). Comme elle l'explique à lord Nelvil : « *Je crois éprouver alors un enthousiasme surnaturel, et je sens bien que ce qui parle en moi vaut mieux que moi-même* » (85). Lors de son couronnement au Capitole, tout dans son attitude marque l'exaltation de celle qui a été transportée sous l'effet de l'inspiration : « *elle venait de parler, elle venait de remplir son ame des plus nobles pensées, l'enthousiasme l'emportait sur la timidité. Ce n'était plus une femme craintive, mais une prêtresse inspirée qui se consacrait avec joie au culte du génie* » (68). Là encore, l'attitude existentielle d'Oswald se distingue de celle de Corinne : « *L'enthousiasme poétique, qui vous donne tant de charmes, n'est pas, j'ose le dire, la dévotion la plus salutaire. Corinne, comment pourrait-on se préparer par cette disposition aux sacrifices sans nombre qu'exige de nous le devoir !* » (274).

III. LA TRISTESSE ET LA MÉLANCOLIE

Un malaise vague sans cause bien définie taraude les héros et les empêche de jouir sans mélange des bonheurs que pourrait leur dispenser le monde. Ce *tædium vitæ*, « *dégoût de la vie* », s'apparente en soi à un état pathologique – tout comme la mélancolie qui, je le rappelle, signifie « *bile noire, humeur noire* » dans la médecine ancienne – mais il représente surtout une disposition générale des sensibilités caractéristique d'un individu en crise soumis à ce que l'on appellera bientôt le *mal du siècle* et qui remonte aux années 1760. L'imagination et l'enthousiasme constituent le versant brillant des sentiments dans *Corinne*, la tristesse et la mélancolie, le versant sombre.

A. D'Erfeuil ou l'optimisme

Tous les personnages ne succombent pas à la tristesse et à la mélancolie. Ainsi ce mal épargne-t-il le comte d'Erfeuil (voir « *la gaieté même du comte d'Erfeuil* » [37]), représentant caricatural d'une France légère, contente d'elle-même et sûre de ses valeurs. Manquant d'imagination, rempli de préventions contre le pays qu'il visite « *le Guide des voyageurs à la main* » (46), il juge l'Italie « *en homme du monde* » (47). « *Le comte d'Erfeuil faisait de comiques lamentations sur les environs de Rome. – Quoi, disait-il, point de maison de campagne, point de voiture, rien qui annonce le voisinage d'une grande ville ! Ah, bon Dieu, quelle tristesse !* » (47). Il ne saurait s'agir ici du mal existentiel qui ronge Oswald par exemple. D'Erfeuil, en être positif, fuit la tristesse (voir p. 508) qu'il ne valorise en aucun cas. Ce n'est certes pas lui qui partagerait l'avis de l'instance narrative qui pose que : »Il y a comme un enivrement de tristesse qui fait à l'ame le bien de la remplir tout entière » (257). Il reste parfaitement étranger à la « *profonde mélancolie* » qui se dégage des ruines et des tombeaux (voir p. 300-301).

B. La tristesse comme idiosyncrasie

Telle est la caractéristique d'Oswald marqué du signe de la tristesse (28, 31, 32, 37, 65, 146, 308, 464, 568) comme de la mélancolie (31, 123, 544-545 ; une « *mélancolie naturelle* », 308), sans cesse « *oppressé par des sentiments pénibles* » (48), « *accablé par le chagrin qui [l]e suivra jusqu'au tombeau* » (568). L'oppression de la tristesse peut céder le pas à la joie lorsqu'il caresse « *le projet enchanteur de voir Rome avec Corinne* » (92) à condition de ne pas adopter une attitude réflexive, seule façon de « *port[er] la vie légèrement* » (*id.*) : « *Ses regrets et ses craintes se perdirent dans les nuages de l'espérance ; son cœur, depuis longtemps opprimé par la tristesse, battait et tressaillait de joie ; il craignait bien qu'une si heureuse disposition ne pût durer ; mais l'idée même qu'elle était passagère donnait à cette fièvre de bonheur plus de force et d'activité »* (*ibid.*). L'amour seul permettra de transformer le sentiment de tristesse éprouvé par le personnage : « *En s'en allant il se retourna plusieurs fois pour apercevoir encore les fenêtres de Corinne ; mais quand il eut perdu de vue son habitation, il éprouva une tristesse nouvelle pour lui, celle que cause la solitude* » (253) qui le submergera dès lors que la liaison avec Corinne sera rompue : « *Lord Nelvil croyait voir partout l'empreinte de la tristesse ; il ne reconnaissait plus l'impression que l'Italie avait produite jadis sur lui. L'absence de celle qu'il avait tant aimée désenchantait à ses yeux la nature et les arts* » (554).

C. Un bonheur fragile

Corinne quant à elle possède une nature heureuse qui recèle toutefois des failles : « *Je suis née pour le bonheur, mon caractère est confiant, mon imagination est animée ; mais la peine excite en moi je ne sais quelle impétuosité qui peut troubler ma raison ou me donner la mort. Je vous le répète encore, ménagez-moi ; la gaieté, la mobilité ne me servent qu'en apparence ; mais il y a dans mon ame des abîmes de tristesse dont je ne pouvais me défendre qu'en me préservant de l'amour* » (126). L'héroïne n'échappe pas aux sentiments de tristesse et de mélancolie, soit qu'elle devine par présage ou par raisonnement un avenir menaçant (282, 289), soit qu'elle subisse l'influence du délétère paysage anglais (381), soit qu'elle revoie des lieux charmants sans l'objet de son amour (399, 511). Elle cherche à contenir l'emprise du *tædium vitæ* en elle : « *En achevant ces mots, Corinne s'éloigna précipitamment ; elle craignait de s'entretenir longtemps avec Oswald ; elle ne se complaisait point dans la douleur, et cherchait à briser les impressions de tristesse ; mais elles n'en revenaient que plus violemment lorsqu'elle les avait repoussées* » (401).

Au total, les sentiments participent de la même lutte des valeurs que celles du nord et du midi dans *Corinne*. L'imagination et l'enthousiasme projettent l'être hors de lui-même et lui permettent de profiter pleinement du monde qui l'environne. La tristesse et la mélancolie lui barrent en revanche l'accès paisible d'un univers réconcilié et lui laissent un douloureux sentiment d'isolement et de singularité comme le montre clairement ce passage où Corinne décide « *d'aller voir à Florence les belles églises qui décorent cette ville* » : « *Pour se rendre à la ville elle traversa le bois charmant qui est sur les bords de l'Arno : c'était une soirée ravissante du mois de juin, l'air était embaumé par une inconcevable abondance de roses, et les visages de tous ceux qui se promenaient exprimaient le bonheur. Corinne sentit un redoublement de tristesse en se voyant exclue de cette félicité générale que la Providence accorde à la plupart des êtres ; mais cependant elle la bénit avec douceur de faire du bien aux hommes. — Je suis une exception à l'ordre universel, se disait-elle, il y a du bonheur pour tous, et cette terrible faculté de souffrir, qui me tue, c'est une manière de sentir particulière à moi seule* » (513-514).

Émotion

Le terme « *émotion* » représente une particularité lexicale forte du roman (113 occurrences). Il est employé le plus souvent dans les paroles d'Oswald et de Corinne mais deux amants n'ont pas le monopole des émotions, que celles-ci manifestent des sentiments ou qu'elles soient suscitées par le spectacle des beaux-arts. « *Émotion* » se trouve également dans le discours d'autres personnages et dans celui du narrateur, parfois relayé par le pronom « on » : « *ce que l'on voit excite en nous bien plus d'idées que ce qu'on lit, et les objets extérieurs causent une émotion forte* » (219). Provoquée par le spectacle des arts ou la passion, l'émotion est à l'intersection des thèmes de l'esthétique et du sentiment.

I. ÉLOQUENCE DE L'ÉMOTION

L'émotion a comme fonction de découvrir aux personnages « *le vaste domaine du sentiment et de la pensée* » (129).

A. L'émotion créatrice

Le talent d'improvisatrice de Corinne ne provient pas seulement de sa verve créatrice mais d'une faculté de s'abreuver à « *l'inépuisable source des sentiments et des idées* » (56), selon Castel-Forte : « *Ce n'est pas seulement [...] à la fécondité de son esprit qu'il faut l'attribuer, mais à l'émotion profonde qu'excitent en elle toutes les pensées généreuses* » (56).

Transparence de Corinne : « *J'ose dire cependant que je n'ai jamais improvisé sans qu'une émotion vraie ou une idée que je croyais nouvelle ne m'ait animée ; j'espère donc que je me suis un peu moins fiée que les autres à notre langue enchanteresse.* » (83).

Lors de la représentation de la pièce de Shakespeare au château de Castel-Forte, au-delà du détachement apparent envers ce qui est représenté, la vraie émotion paraît : « *Si lord Nelvil avait pu jouer avec Corinne le rôle de Roméo, le plaisir qu'elle goûtait n'eût pas été si complet. Elle aurait désiré d'écarter les vers des plus grands poëtes pour parler elle-même selon son cœur ; peut-être même qu'un sentiment invincible de timidité eût enchaîné son talent, elle n'eût pas osé regarder Oswald, de peur de se trahir, enfin la vérité portée jusqu'à ce point aurait détruit le prestige de l'art : mais qu'il était doux de savoir là celui qu'elle aimait, quand elle éprouvait ce mouvement d'exaltation que la poésie seule peut donner ! quand elle ressentait tout le charme des émotions sans en avoir le trouble ni le déchirement réel !* » (197-198).

B. Les spectacles

Les beaux-arts mettent en œuvre chez les spectateurs une émotion comparable, comme l'affirme Corinne : « *Il me semble que pour se rendre sensible aux beaux arts, il faut commencer par voir les objets qui inspirent une admiration vive et profonde. Ce sentiment, une fois éprouvé, révèle pour ainsi dire une nouvelle sphère d'idées [...]* » (100).

Ainsi, l'émotion « *tout à fait extraordinaire* » d'Oswald en arrivant en face de Saint-Pierre, recherchée par son guide, produit une révélation « *du génie de l'homme décoré par la magnificence de la nature* » (100). L'émotion esthétique provient de la capacité à se laisser captiver : « *Parmi tant de tombeaux qui frappent les regards, on place des noms au hasard, sans pouvoir être assuré de ce qu'on suppose ; mais cette incertitude même inspire une émotion qui ne permet de voir avec indifférence aucun de ces monuments.* » (129).

La nature provoque de ces saisissements : « *Oswald et Corinne arrivèrent à Naples pendant que l'éruption du Vésuve durait encore. Ce n'était de jour qu'une fumée noire qui pouvait se confondre avec les nuages ; mais le soir, en s'avançant sur le balcon de leur demeure, ils éprouvèrent une émotion tout à fait inattendue. Ce fleuve de feu descend vers la mer, et ses vagues de flammes, semblables aux vagues de l'onde, expriment, comme elle, la succession rapide et continuelle d'un infatigable mouvement.* » (293).

Pareillement, l'émotion religieuse provoquée par le prédicateur du Colisée ne peut qu'émouvoir et remuer « *l'ame jusque dans son sanctuaire le plus intime.* » (261).

C. Visibles amours

L'émotion est ce qui révèle le sentiment. « *Émotion* » est très employé pour caractériser le ton de parole, ainsi « *dire avec une vive émotion* » (304), « *s'écrier dans son émotion* » (449), la forme « *avec émotion* » (93, 131, 449) fait partie du lexique de l'énonciation de *Corinne*.

Les regards se croisent et l'émotion saisit le personnage malgré lui : « *Oswald, qui s'était arrêté dans le même lieu peu de moments après, aperçut le charmant visage de son amie qui se répétait dans l'eau. Il fut saisi d'une émotion tellement vive qu'il ne savait pas d'abord si c'était son imagination qui lui faisait apparaître l'ombre de Corinne, comme tant de fois elle lui avait montré celle de son père* […] » (125-126) ; « […] *il ne la regardait jamais sans émotion* […] » (144).

Moments d'intimité où l'émotion unit les cœurs plus que les discours : « *Néanmoins, un bruit de la ville arriva jusque dans ce lieu ; c'était le son des cloches qui se faisait entendre à travers les airs : peut-être célébraient-elles la mort, peut-être annonçaient-elles la naissance ; n'importe, elles causèrent une douce émotion aux voyageurs* » (338-339) ; « *il s'éleva soudain un ouragan terrible, une obscurité profonde les entourait, et les chevaux qui sont si vifs dans ces contrées, qu'il faut les atteler par surprise, les menaient avec une inconcevable rapidité ; ils sentaient l'un et l'autre une douce émotion, en étant ainsi entraînés ensemble.* » (413).

II. CONTENIR L'ÉMOTION ?

A. Maîtriser ses émotions

La pudeur demande de masquer ses pleurs, de cacher son trouble : « *Jamais il ne racontait une action généreuse, jamais il ne parlait d'un malheur sans que ses yeux se remplissent de larmes, et toujours il cherchait à cacher son émotion.* » (88-89) ; « *L'un des agréments séducteurs d'Oswald, c'était cette émotion facile et cependant contenue qui mouillait souvent, malgré lui, ses yeux de pleurs : son regard avait alors une expression irrésistible.* » (356) ; « […] *elle craignait, en lui rappelant sa noble conduite, de montrer trop d'émotion ; il lui semblait qu'elle en aurait moins quand ils ne seraient plus seuls.* » (81).

Il existe une émotion toute de convenance, marque de l'éducation ou fruit des usages sociaux : « *La réserve pleine de vertu des femmes anglaises, l'art plein de grace des femmes françaises, servent souvent à cacher, croyez-moi la moitié de ce qui se passe dans l'ame des unes et des autres* » (159). De même, la foi des Italiens, superficielle, pour Oswald : « *Le catholicisme italien, tout en démonstrations extérieures, dispense l'ame de la méditation et du recueillement. Quand le spectacle est fini, l'émotion cesse, le devoir est rempli* » (271).

Pour le personnage mondain, la dissimulation des émotions est nécessaire : « *Absence d'enthousiasme, absence d'opinion, absence de sensibilité, un peu d'esprit combiné avec ce trésor négatif, et la vie sociale proprement dite, c'est-à-dire la fortune et le rang, s'acquièrent ou se maintiennent assez bien.* » (88) ; « *— Non, non,* *interrompit le comte d'Erfeuil, ce n'est pas cela que je veux dire ; ce sont de certaines convenances établies qu'il ne faut pas braver, sous peine de passer pour un homme bizarre, pour un homme... enfin, vous m'entendez, pour un homme qui n'est pas comme les autres.* » (244).

Ainsi, la mère de Lucile, après s'être trouvé mal, se doit de reprendre contenance : « *Lorsque lady Edgermond revint à elle, il cherchait à lui montrer l'intérêt qu'elle lui inspirait ; mais elle le repoussa avec froideur, et rougit en pensant que par son émotion elle avait peut-être manqué de fierté pour sa fille, et trahi le désir qu'elle avait eu de lui donner lord Nelvil pour époux.* » (461).

B. La défaite de la raison

Corinne avertit Oswald des dangers de l'émotion non maîtrisée : « *Non, vous ne savez pas quelle émotion j'éprouverais s'il fallait raconter mes malheurs !* » (97). Laisser parler les sentiments apparaît comme une cause de douleur, « *évitons ces émotions* », avertit le comte Raimond (314) ; « *[...] ses yeux se remplissaient de pleurs, et son émotion lui faisait mal ; sa pâleur et son tremblement étaient pénibles à voir, et son ami cherchait bien vite à la détourner de ces idées* » (527).

Pourtant, l'abandon à la douleur que Lucile et Corinne cherchent à éviter pourrait révéler leurs véritables émotions : « *Les larmes étaient prêtes à la suffoquer, et si elle se fût abandonnée à cette émotion, peut-être ce moment eût-il été le plus doux de sa vie ; mais elle se contint, et la gêne qui existait entre les deux époux n'en devint que plus pénible.* » (556) ; « *Il [Oswald] s'arrêta, fit le tour de cette voiture, revint sur ses pas pour la revoir encore, et tâcha d'apercevoir quelle était la femme qui s'y tenait cachée. Le cœur de Corinne battait pendant ce temps avec une extrême violence, et tout ce qu'elle redoutait, c'était de s'évanouir et d'être ainsi découverte ; mais elle résista cependant à son émotion, et lord Nelvil perdit l'idée qui l'avait d'abord occupé.* » (490).

La capacité d'émotion de Corinne, sa sensibilité, la prédisposent à une souffrance qui, en dépit de sa raison, est aiguisée par l'amour : « *Il n'est plus temps, interrompit Corinne, il n'est plus temps, la douleur est déjà dans mon sein, ménagez-moi.* » (126). (Voir ci-dessus la fiche « Raison et sentiment », p. 112, à propos de la précarité des émotions et de leurs manifestations physiques.)

C. Révélations

L'émotion se manifeste et dévoile le trouble d'Oswald : « *Corinne le considéra de nouveau, vivement frappée de son émotion mais on l'entraîna vers son char, et toute la foule disparut long-temps avant qu'Oswald eût retrouvé sa force et sa présence d'esprit.* » (69). De même lorsque Corinne joue *Roméo et Juliette*, il confond l'art et la vérité : « *Une autre fois lord Nelvil crut voir qu'elle étendait les bras vers lui comme pour l'appeler à son aide, et il se leva dans un transport insensé, puis se rassit, ramené à lui-même par les regards surpris de ceux qui l'environnaient ; mais son émotion devenait si forte qu'elle ne pouvait plus se cacher.* » (199).

Manifestations physique de l'émotion qui ne permettent pas de la cacher : « *Oswald, effrayé du son de voix de Corinne, qui trahissait son émotion intérieure, se mit à genoux devant elle, et lui dit : — Corinne, le cœur de ton ami n'est point changé ; qu'ai-je donc appris qui pût me désenchanter de toi ?* » (393).

III. LE LANGAGE DU CŒUR

Si le personnage mondain cache son émotion, elle se manifeste de manière valorisée quand elle dénote l'enthousiasme l'individu. Elle devient ainsi le vrai langage du cœur.

A. Émotion communicative

L'expression de la joie gagne Corinne qui joue la comédie : « *Les applaudissements des spectateurs étaient si multipliés et si vrais, que leur plaisir se communiquait à Corinne ; elle éprouvait cette sorte d'émotion que cause l'amusement, quand il donne un sentiment vif de l'existence, quand il inspire l'oubli de la destinée, et dégage pour un moment l'esprit de tout lien, comme de tout nuage.* » (435).

Au-delà du langage, l'émotion réunit Oswald et Corinne : « *Lord Nelvil devinait les impressions de Corinne avec une sagacité parfaite, et Corinne découvrait, à la plus légère altération du visage de lord Nelvil, ce qui se passait en lui.* » (89) ; « *Corinne et lord Nelvil sentirent, par l'émotion qu'ils éprouvèrent en ce moment, que tous les cultes se ressemblent.* » (277, voir aussi 250) ; « *Il existait d'ailleurs, entre Oswald et Corinne, une sympathie singulière et toute puissante ; leurs goûts n'étaient point les mêmes, leurs opinions s'accordaient rarement, et, dans le fond de leur ame néanmoins, il y avait des mystères semblables, des émotions puisées à la même source, enfin je ne sais quelle ressemblance secrète qui supposait une même nature, bien que toutes les circonstances extérieures l'eussent modifiée différemment.* » (398-399).

Séparée d'Oswald, Corinne regrette avec nostalgie une douleur qui la rapprocherait de son bien-aimé : « *Ah ! S'écria-t-elle, si demain, lorsqu'il se promènera sur ces bords, avec la bande joyeuse de ses amis, ses pas triomphants heurtaient contre les restes de celle qu'une fois pourtant il a aimée, n'aurait-il pas une émotion qui me vengerait, une douleur qui ressemblerait à ce que je souffre ?* » (499).

B. La force du destin

Dépassant l'antinomie du cœur et de la raison, l'émotion réconcilie le personnage avec la vie : « *Oswald aimait assez l'émotion du danger : elle soulève le poids de la douleur, elle réconcilie un moment avec cette vie qu'on a reconquise, et qu'il est si facile de perdre.* » (33).

L'émotion rappelle le personnage à sa destinée : « *Après avoir quitté la maison de lady Edgermond, Oswald se rendit en Écosse. Le trouble que lui avait laissé la présence de Lucile, le sentiment qu'il conservait pour Corinne, tout fit place à l'émotion qu'il ressentit à l'aspect des lieux où il avait passé sa vie avec son père : il se reprochait les distractions auxquelles il s'était livré depuis une année ; il craignait de n'être plus digne d'entrer dans la demeure qu'il eût voulu n'avoir jamais quittée.* » (463).

C. Un sentiment invincible

L'émotivité s'affirme en définitive comme la liberté de l'esprit qui s'affranchit de la raison. Il a ainsi partie liée avec le domaine de l'ineffable : « *Rien ne peut exprimer l'émotion que j'éprouvais, ce devoir sacré, ce devoir nouveau s'empara de toute mon ame, et je fus soumis à Madame d'Arbigny comme l'esclave le plus dévoué.* » (325) ; « *Je ne puis exprimer l'émotion que je ressentis, un déluge de pleurs couvrit mon visage, tous mes souvenirs se ranimèrent : rien ne retrace le passé comme la musique ; elle fait plus que retracer, il apparaît, quand elle l'évoque, semblable aux ombres de ceux qui nous sont chers, revêtu d'un voile mystérieux et mélancolique.* » (384).

Oswald considère les étapes de l'*innamoramento* qui le rapprochent de Corinne en s'abandonnant un peu plus chaque fois à l'émotion qui le gagne : « *Aurais-je pu croire que l'émotion du plaisir pût trouver sitôt accès dans mon ame ?* » (70) ; « *Ces sons harmonieux, en accroissant l'émotion d'Oswald, semblaient lui inspirer un peu plus de hardiesse. Déjà il avait osé regarder Corinne : eh ! Qui pouvait la regarder sans être frappé de l'inspiration divine qui se peignait dans ses yeux ?* » (81). C'est avec ce même renoncement qu'il est touché par Lucile : « *Lord Nelvil réfléchissait à cette vie si austère et si retirée que Lucile avait menée, à cette beauté sans pareille, privée ainsi de tous les plaisirs comme de tous les hommages du monde, et son ame fut pénétrée de l'émotion la plus pure.* » (455) ; « *[...] il lui sembla que, dans cet instant, la main de Lucile qu'il tenait avait tremblé. Le silence de Corinne pouvait lui faire croire qu'il n'était plus aimé, et l'émotion de cette jeune fille devait lui donner l'idée qu'il l'intéressait au fond du cœur.* » (484).

*

Le caractère fatal de l'émotion est évoqué à la fin du roman : « *Lord Nelvil, ne pouvant soutenir la violence de son émotion, perdit entièrement connaissance. Corinne en le voyant dans cet état voulut aller vers lui ; mais ses forces lui manquèrent au moment où elle essayait de se lever : on la rapporta chez elle ; et depuis ce moment il n'y eut plus d'espoir de la sauver* » (584). Si l'émotion possède une capacité à transporter les personnages, et se voit alors valorisée, *Corinne* demeure un roman de l'amour malheureux.

Religion

La religion n'est pas au premier plan des préoccupations de ce roman. Je m'y intéresserai pourtant, dans la mesure où elle est omniprésente, aussi bien sur le plan sentimental que comme facteur culturel intimement lié à l'atmosphère de l'Italie aussi bien qu'à la vie du couple Corinne-Oswald, dont l'histoire est en grande partie résumée dans le panthéisme de Corinne :

> Cher Oswald, laissez-nous donc tout confondre, amour, religion, génie, et le soleil et les parfums, et la musique et la poésie ; il n'y a d'athéisme que dans la froideur, l'égoïsme et la bassesse.
> (273)

Près de la mort, au cours de son « *Dernier chant* », elle exprime encore son besoin de religiosité :

> « Il n'y a rien d'étroit, rien d'asservi, rien de limité dans la religion. Elle est l'immense, l'infini, l'éternel ; et loin que le génie puisse détourner d'elle, l'imagination dès son premier élan dépasse les bornes de la vie, et le sublime en tout genre est un reflet de la divinité. »   (582-583)

Toutefois, la réalité italienne, l'adhésion des amants à deux formes différentes du christianisme entraînent observations et discussions passionnées.

I. LE SUBSTRAT PAÏEN

Le catholicisme italien ne peut se comprendre sans la donne antérieure, ce paganisme gréco-latin, toujours présent à travers les monuments, qui colore encore la manière d'être des habitants, au dire de Corinne.

A. Paganisme récupéré

Dans son esprit, la récupération du paganisme par la religion chrétienne est évidente pour ce qui concerne les statues[1] :

> Voici la statue de Jupiter, dont on a fait un Saint-Pierre en lui mettant une auréole sur la tête. L'expression générale de ce temple caractérise parfaitement le mélange des dogmes sombres et des cérémonies brillantes ; un fond de tristesse dans les idées, mais dans l'application la mollesse et la vivacité du midi ; des intentions sévères, mais des interprétations très douces ; la théologie chrétienne et les images du paganisme ; enfin la réunion la plus admirable de l'éclat et de la majesté que l'homme peut donner à son culte envers la divinité.   (105)

Son interprétation correspond de près au processus suivi tout au long du roman – la tentative d'expliquer, sinon de justifier, les éléments d'apparence parfois contradictoire dans la vie de l'Italie et des Italiens.

B. Paganisme résorbé

C'est le cas, entre autres, du contraste entre le catholicisme du Midi et celui du Nord. Au cours de cette visite prolongée, Corinne souligne ce contraste par rapport au caractère « *sombre* » des églises gothiques :

> Il y avait quelque chose de mystique dans le catholicisme des peuples septentrionaux. Le nôtre parle à l'imagination par les objets extérieurs. Miche-Ange a dit, en voyant la coupole du Panthéon : « Je la placerai dans les airs. » Et en effet, Saint-Pierre est un temple posé sur une église. Il y a quelque alliance des religions antiques et du christianisme dans l'effet que produit sur l'imagination l'intérieur de cet édifice.   (103)

C. Intégration

L'évocation de l'imagination, parmi les *leitmotive* les plus persistants du roman, permet de démontrer, à travers l'ensemble des restes du monde ancien, que le paganisme a fini par faire partie du catholicisme :

> Il semble que l'esprit sévère de l'antiquité et la douceur du christianisme soient ainsi rapprochés dans Rome à travers les siècles, et se montrent aux regards comme à la réflexion.   (109-110)

Telle est la leçon qu'en tire Corinne après sa visite à Sainte-Marie de la Rotonde à Rome :

> Les païens ont divinisé la vie, et les chrétiens ont divinisé la mort ; tel est l'esprit des deux cultes : mais notre catholicisme romain est moins sombre cependant que ne l'était celui du nord.
> (96)

Cette église est en réalité le Panthéon, exception peut-être, mais preuve que les chrétiens ont su conserver l'héritage païen, tout en l'intégrant à leur religion :

> Partout en Italie le catholicisme a hérité du paganisme ; mais le Panthéon est le seul temple antique à Rome qui soit conservé tout entier, le seul où l'on puisse remarquer dans son ensemble la beauté de l'architecture des anciens, et le caractère particulier de leur culte.   (95)

---

1. Simone Balayé, dans une note de l'édition Folio, écrit : « *On croyait antique la statue de l'apôtre saint Pierre, alors qu'elle est probablement une œuvre d'Arnolfo di Cambio.* » (613).

II. CONSIDÉRATIONS SUR LE CATHOLICISME

Même si elle fait une retraite d'une semaine dans un couvent avant Pâques, Corinne ne donne pas l'impression de se dépenser outre mesure en réflexions sur la religion. Ce n'est d'ailleurs pas surprenant, si l'on en juge d'après l'image du catholicisme qui ressort du roman. Celui-ci n'est cependant pas à l'abri de la critique.

A. Ignorance de la philosophie

Pour Oswald, qui fait de l'échantillonnage dans les églises de Rome, la situation n'est pas brillante :

> La philosophie chrétienne, celle qui cherche l'analogie de la religion avec la nature humaine, est aussi peu connue des prédicateurs italiens que toute autre philosophie. Penser sur la religion les scandaliserait presque autant que penser contre, tant ils sont accoutumés à la routine dans ce genre.   (260)

L'un de ces prédicateurs, s'en prenant à Voltaire et Rousseau comme à son bonnet, est joliment caricaturé (p. 260). C'est, d'ailleurs, l'une des rares fois où l'on cite des noms de penseurs de l'époque.

B. Un catholicisme d'apparence

On peut supposer que le récit du narrateur représente la pensée d'Oswald, notamment à propos de la façon dont les curés romains célèbrent la semaine sainte :

> Tous ceux qui y contribuent ne sont pas également recueillis, également occupés d'idées pieuses ; ces cérémonies, tant de fois répétées, sont devenues une sorte d'exercice machinal pour la plupart de ceux qui s'en mêlent, et les jeunes prêtres dépêchent le service des grandes fêtes avec une activité et une dextérité peu imposantes. Ce vague, cet inconnu, ce mystérieux qui convient tant à la religion, est tout-à-fait dissipé par l'espèce d'attention qu'on ne peut s'empêcher de donner à la manière dont chacun s'acquitte de ses fonctions.   (263)

D'une manière générale, ce qu'Oswald reprocherait au catholicisme c'est son aspect superficiel, les gestes qui remplacent une foi active (271). Il y a plus grave, dans la mesure où les rites dispensent les hommes d'assumer la responsabilité de leurs actes :

> Aussi voyez quelle confusion il résulte, dans la tête de votre peuple, de l'habitude où il est d'attacher plus d'importance aux pratiques religieuses qu'aux devoirs de la morale : c'est après la semaine sainte, vous le savez, que se commet à Rome le plus grand nombre de meurtres. Le peuple se croit pour ainsi dire en fonds par le carême, et dépense en assassinats les trésors de sa pénitence.   (270)

Écho du pari de Pascal dans cette idée que les gestes pourraient suffire pour nous amener à la vraie foi.

C. Une religion du sentiment

Oswald se montre donc indulgent, quoiqu'un brin sceptique, quand Corinne lui annonce sa retraite de huit jours avant Pâques (250). Néanmoins, invité par Thérésine à pénétrer dans la chambre de Corinne pendant son absence, il est tout étonné de se voir accorder les mêmes honneurs que la Vierge. Thérésine veut lui montrer son portrait peint par Corinne elle-même :

> En face de ce portrait il y avait un tableau charmant qui représentait la vierge ; et l'oratoire de Corinne était devant ce tableau. Ce mélange singulier d'amour et de religion se trouve chez la plupart des femmes italiennes avec des circonstances beaucoup plus extraordinaires encore que dans l'appartement de Corinne ; [...] mais cependant placer ainsi l'image de celui qu'on aime

vis-à-vis d'un emblème de la divinité, et se préparer à la retraite dans un couvent, par huit jours consacrés à tracer cette image, c'était un trait qui caractérisait les femmes italiennes en général plutôt que Corinne en particulier. [...] rien n'était plus contraire aux idées d'Oswald sur la manière de concevoir et de sentir la religion ; néanmoins, comment aurait-il pu blâmer Corinne, dans le moment même où il recevait une si touchante preuve de son amour !   (252-253)

Réciproquement, il arrive plus d'une fois que Corinne reproche à Oswald sa sévérité, croyant, semble-t-il, que le protestantisme ne s'occupe que de la morale :

Si la religion consistait seulement dans la stricte observation de la morale, qu'aurait-elle de plus que la philosophie et la raison ? Et quels sentiments de piété se développerait-il en nous, si notre principal but était d'étouffer les sentiments du cœur ? Les stoïciens en savaient presque autant que nous sur les devoirs et l'austérité de la conduite ; mais ce qui n'est dû qu'au christianisme, c'est l'enthousiasme religieux qui s'unit à toutes les affections de l'ame ; c'est la puissance d'aimer et de plaindre ; c'est le culte de sentiment et d'indulgence qui favorise si bien l'essor de l'ame vers le ciel !   (271)

III. DU PROTESTANTISME

La différence entre le catholicisme et le protestantisme, deux manières de concevoir la religion chrétienne, occupe peu de place dans *Corinne ;* l'accent est davantage mis sur les conséquences de la religion pour la vie des uns et des autres[1].

A. Un peu d'histoire

C'est Corinne, avec sa prolixité coutumière, qui résume le mieux la situation :

On croit généralement que le catholicisme est plus rigoureux que le protestantisme, et cela peut être vrai dans les pays où la lutte a existé entre les deux religions ; mais en Italie, nous n'avons point de dissensions religieuses, et en Angleterre vous en avez beaucoup éprouvé ; il est résulté de cette différence, que le catholicisme a pris, en Italie, un caractère de douceur et d'indulgence, et que, pour détruire le catholicisme en Angleterre, la réformation s'est armée de la plus grande sévérité dans les principes et dans la morale. Notre religion, comme celle des anciens, anime les arts, inspire les poètes, fait partie, pour ainsi dire, de toutes les puissances de notre vie, tandis que la vôtre, s'établissant dans un pays où la raison dominait plus encore que l'imagination, a pris un caractère d'austérité morale dont elle ne s'écartera jamais. La nôtre parle au nom de l'amour, la vôtre au nom du devoir. Vos principes sont libéraux, nos dogmes sont absolus ; et néanmoins, dans l'application, notre despotisme orthodoxe transige avec les circonstances particulières, et votre liberté religieuse fait respecter ses lois, sans aucune exception.   (269)

Autrement dit, « *La vôtre est sévère et sérieuse, la nôtre est vive et tendre.* » (269).

B. Dogmes

Corinne est loin d'être insensible à l'office protestant auquel elle assiste sur le bateau de guerre anglais dans la baie de Naples :

Rien ne parle plus à l'ame en effet que le service divin sur un vaisseau ; et la noble simplicité du culte des réformés semble particulièrement adaptée aux sentiments que l'on éprouve alors.
          (297)

Il va de soi que la « *simplicité du culte* », à travers tout ce qu'il peut évoquer, exprime en même temps l'angoisse qu'elle éprouve devant la menace qu'il représente pour ses rapports avec Oswald :

---

1. D'autres questions, tel que le contraste entre le Midi et le Nord, jouent un rôle certain. Voir la fiche « Pays » ci-dessus p. 98.

> La subordination, le sérieux, la régularité, le silence qu'on remarquait dans ce vaisseau, étaient l'image d'un ordre social libre et sévère, en contraste avec cette ville de Naples, si vive, si passionnée, si tumultueuse. [...] Et n'est-ce pas, en effet, l'air natal pour un anglais, qu'un vaisseau au milieu de la mer ?
> (295)

La voix du narrateur semble parfois représenter les réactions d'Oswald, à tout le moins ce sont celles d'un non-catholique :

> La religion est respectée en Italie comme une loi toute puissante ; elle captive l'imagination par les pratiques et les cérémonies ; mais on s'y occupe beaucoup moins en chaire de la morale que du dogme, et l'on n'y pénètre point par les idées religieuses dans le fond du cœur humain. L'éloquence de la chaire, ainsi que beaucoup d'autres branches de la littérature, est donc absolument livrée aux idées communes qui ne peignent rien, qui n'expriment rien.
> (260)

Le jugement est assez dur. Il s'explique en partie par ce qu'Oswald considère comme ayant des conséquences regrettables dans la vie réelle.

C. Religion contre raison

En bon protestant, celui-ci voit la religion comme une affaire de responsabilité personnelle, fondée sur un rapport direct entre Dieu et l'homme, ayant pour but le perfectionnement moral de l'individu :

> La moralité de l'homme est son culte envers Dieu : c'est dégrader l'idée que nous avons du créateur, que de lui supposer dans ses rapports avec la créature une volonté qui ne soit pas relative à son perfectionnement intellectuel. La paternité, cette noble image d'un maître souverainement bon, ne demande rien aux enfants que pour les rendre meilleurs ou plus heureux ; comment donc s'imaginer que Dieu exigerait de l'homme ce qui n'aurait pas l'homme même pour objet !
> (270)

C'est pourquoi il est impossible de séparer la religion de la réflexion : la raison a ses fonctions que le cœur ne connaît pas :

> Si j'aime la raison dans la religion, c'est-à-dire si je repousse et les dogmes contradictoires et les moyens humains de faire effet sur les hommes, c'est parce que je vois la divinité dans la raison comme dans l'enthousiasme [...].
> (274)

*

On le voit, Mᵐᵉ de Staël est loin de s'opposer aux religions établies, mais elle ne saurait accepter les superstitions. Si elle approuve les juifs d'éviter l'arc de Titus : « *les longs ressouvenirs conviennent aux longs malheurs* » (113), Corinne est sensible à l'exploit d'Oswald sauvant le ghetto d'Ancône. D'une façon générale, elle s'efforce de comprendre les religions, et davantage encore de rendre compte de celle des Italiens, dont elle se persuade qu'ils ont intégré les pratiques du monde antique. De même, elle fait appel à cette Antiquité pour tenter de détourner Oswald des excès de la rigueur morale :

> Ne portez point, dit-elle à lord Nelvil, la rigueur de vos principes de morale et de justice dans la contemplation des monuments d'Italie ; ils rappellent pour la plupart, je vous l'ai dit, plutôt la splendeur, l'élégance et le goût des formes antiques, que l'époque glorieuse de la vertu romaine.
> (115)

C'est une autre manière de répéter qu'en religion, comme dans d'autres domaines, l'Italie a été, qu'elle sera peut-être, que son présent est encore dans son passé.

Impressions

Les 83 occurrences du mot *impression(s)*, qui font de celui-ci une particularité lexicale forte du roman, sont liées à l'importance du vocabulaire du sentiment dans *Corinne*. Il s'agit par l'emploi de ce terme de rendre compte d'état de conscience plus affectifs qu'intellectuels.

Tout à la fois « *surpris et charmé, inquiet et entraîné* » par Corinne (76), Oswald est le personnage auquel sont rapportées l'essentiel des impressions évoquées dans le roman : « *Oswald ressentit une impression pénible* » (202), « *Oswald éprouva un mélange confus d'impressions diverses* » (207, voir aussi 67, 208, 323, 487). Si Oswald est impressionné par les peintures (226, 237), la musique (267) et les monuments (345), les impressions produites par l'Italie sur lui ne sont cependant pas si importantes que celles que provoque Corinne elle-même : « *Cependant il s'avança dans le temple, et l'impression qu'il reçut sous ces voûtes immenses fut si profonde et si religieuse, que le sentiment même de l'amour ne suffisait plus pour remplir en entier son ame.* » (102) ; « *Corinne aussi, la jeune et belle Corinne, était à genoux derrière le cortège des prêtres, et la douce lumière qui éclairait son visage pâlissait son teint sans affaiblir l'éclat de ses yeux. Oswald la contemplait ainsi comme un tableau ravissant et comme un être adoré.* » (267-268).

Corinne, artiste consciente de ses effets : « *elle jouissait de l'impression qu'elle avait produite sur Oswald* » (206), lutte contre les impressions produites par Oswald « *Corinne s'aperçut donc, et ce fut avec effroi, qu'elle avait encore augmenté son sentiment pour Oswald, en l'observant de nouveau, en le jugeant en détail, en luttant vivement contre l'impression qu'il lui faisait* » (399) ; « *Laissons au temps, laissons au hasard, interrompit Corinne, à décider si cette impression d'un jour que j'ai produite sur vous durera plus qu'un jour* » (93).

ଈଔଃ

GLOSSAIRE
CONCORDANCE

Les entrées sont lemmatisées (ce qui veut dire ramenées à la forme canonique des dictionnaires). Pour chaque terme retenu, on trouvera sa concordance, c'est-à-dire le contexte minimum nécessaire à la compréhension, suivie de la pagination dans l'édition de référence (Éditions Gallimard, collection « Folio », 1985) et d'une notice, d'ordre culturel, ne visant pas à se substituer aux notes, extraite, pour les faits de langue, du *Littré* (CD-Rom de la société Redon), marquée par le sigle [L], ou, à l'occasion, du Robert électronique [R] ; pour l'information de caractère encyclopédique, d'*Axis* (Hachette), marquée par le sigle [A], ou encore de l'*Encyclopaedia Universalis* [U] ou d'*Encarta* de Microsoft [E].

Bien entendu, les termes glosés par Simone Balayé dans l'édition prescrite ne sont pas repris ici[1]. Pour obtenir la liste complète des occurrences des noms propres, on consultera l'index sur mon site internet (*http://www.cavi.univ-paris3.fr/phalese/hubert1.htm*).

---

abord (d'). [...] *mais il fut bien loin d'en éprouver d'abord cet heureux effet* [...] (33, et *passim*) ◊ En premier lieu, au premier instant, avant tout. [L]

ACHÉRON. *J'aperçois le lac d'Averne, volcan éteint, dont les ondes inspiraient jadis la terreur ; l'Achéron, le Phlégéton, qu'une flamme souterraine fait bouillonner, sont les fleuves de cet enfer visité par Énée.* (349) ◊ MYTH. Fleuve des Enfers, dans la mythologie grecque. Les âmes des morts, pour entrer au royaume d'Hadès, le traversaient sur la barque de Charon. [A] La rivière qui porte ce nom est située en Grèce (Épire), et non en Italie.

ACHILLE. [...] *ces deux couples d'amoureux qui se partagent presque toutes les pièces de Métastase, et qui s'appellent tantôt Achille, tantôt Tircis, tantôt Brutus, tantôt Corilas, et chantent tous de la même manière des chagrins et des martyres d'amour qui remuent à peine l'ame à la superficie* [...] (184) ◊ MYTH. Fils de Thétis et de Pélée, roi des Myrmidons. Au siège de Troie, il tua Hector, fils de Priam, mais fut à son tour mortellement atteint au talon par une flèche que lui décocha Pâris. (C'était le seul endroit où l'on pût le blesser, sa mère l'ayant tenu par le talon lorsqu'elle le plongea dans le Styx pour le rendre invulnérable ; d'où l'expression talon d'Achille, pour indiquer le point faible d'une personne.). [A] Voir « Métastase ». Le drame *Achille à Scyros* est de 1736. Achille y est amoureux de Déidamie.

ADRIATIQUE. *Les mariniers sur les bords de la mer Adriatique sont revêtus d'une capote rouge et brune très singulière* [...] (41, et *passim*) ◊ Grand golfe formé par la Méditerranée entre l'Italie et les Balkans. [A]

ADRIEN. *Au milieu de ses rêveries, Oswald se trouva sur le pont Saint-Ange, qui conduit au château du même nom, ou plutôt au tombeau d'Adrien, dont on a fait une forteresse.* (69) ◊ Hadrien ou Adrien, empereur romain (76-138). Il se fit construire un grandiose tombeau, devenu le château Saint-Ange.

AGRIPPA. *Ce temple, continua Corinne, fut consacré par Agrippa, le favori d'Auguste, à son ami, ou plutôt à son maître.* (95, et *passim*). ◊ Général et homme politique romain (63 – 12 av. J.-C.). Il fut le principal artisan de la victoire d'Actium (31). Administrateur en Gaule, il fit effectuer de nombreux travaux (pont du Gard). Rome lui doit plusieurs monuments, dont le Panthéon, des thermes, des temples. [A]

AGRIPPINE. [...] *on voit de loin le temple élevé par Agrippine en l'honneur de Claude, qu'elle a fait empoisonner* [...] (122, et *passim*). ◊ Agrippine la Jeune, fille de Germanicus et d'Agrippine l'Aînée (16 – 59). De son premier mari, Domitius Ahenobarbus, elle eut Néron, qu'elle fit adopter par l'empereur Claude, son troisième époux. Elle empoisonna celui-ci et plaça sur le trône Néron, qui la fit assassiner pour

---

1. Pour un bon usage de ce glossaire, et pour connaître son mode d'élaboration, voir : Henri BÉHAR, « Les mots difficiles », dans *Des mots en liberté*, *Mélanges offerts à Maurice Tournier*, ENS éditions, 1998, p. 323-333.

se libérer de sa tutelle. [A] Le temple se trouve à côté de l'église de saint Jean et saint Paul.

aimable. *Et Corinne était surtout aimable par l'abandon et le naturel* [...] (124) ◊ Qui est digne d'être aimé. [L] *Mais n'ai-je pas de la bonté, de la franchise, du courage ? Ne suis-je pas aimable en société ?* (39) Dans le langage de la société, qui a le don de plaire. [L]

ALBANE (l'). *Le premier est de l'Albane ; il a peint le Christ enfant endormi sur la croix.* (234) ◊ Albane (Francesco Albani, dit l'). Peintre italien (Bologne, 1578 – id., 1660). Élève de Calvaert et des Carrache, il est surtout connu pour ses compositions mythologiques d'un genre un peu suranné. [A]

ALBANO. *Ils traversèrent la campagne d'Albano, lieu où l'on montre encore ce qu'on croit être le tombeau des Horaces et des Curiaces.* (284) ◊ Albano Laziale. V. du Latium, à 26 km au S.-E. de Rome, sur un lac de cratère des monts Albains. [A] Ce monument est en réalité un tombeau de type étrusque, datant sans doute des dernières années de la république romaine.

ALEXANDRE. *À peine trouve-t-on dans leurs statues quelques traces de mélancolie. Une tête d'Apollon au palais Justiniani, une autre d'Alexandre mourant, sont les seules où les dispositions de l'ame rêveuse et souffrante soient indiquées* [...] (217, et *passim*). ◊ Alexandre III le Grand (Pella, Macédoine, 356 – Babylone, 323 av. J.-C.), roi de 336 à 323 av. J.-C., que l'on considère comme l'un des plus prestigieux conquérants de l'histoire. [A]

ALFIERI (Vittorio). *Nous sommes esclaves, mais des esclaves toujours frémissants, dit Alfieri, le plus fier de nos écrivains modernes.* (104, et *passim*) ◊ Poète et dramaturge italien (Asti, 1749 – Florence, 1803), l'un des précurseurs du romantisme européen. Il a laissé des tragédies, dans lesquelles il célèbre la liberté et prêche la lutte contre le despotisme (*Saül*, 1782 ; *Myrrha*, 1787). [A] Voir cette lettre de Mme de Staël à Pedro de Souza (14 mai 1805) : « C'est le seul Italien qui fût un homme du nord par la profondeur de ses impressions et l'indépendance de ses sentiments. »

ALPES. *Oswald prêtait l'oreille autant qu'il le pouvait au bruit du vent, au murmure des vagues ; car toutes les voix de la nature faisaient plus de bien à son ame que les propos de la société tenus au pied des Alpes, à travers les ruines et sur les bords de la mer.* (37, et *passim*). ◊ Rappelons d'une part que le titre complet de *Julie ou la Nouvelle Héloïse* de Jean-Jacques Rousseau (1761) était *Lettres de deux amans habitans d'une petite Ville au pied des Alpes*, etc., de l'autre que Mme de Staël est l'auteur d'une étude, publiée en 1788, *Lettres sur le caractère et les écrits de Jean-Jacques Rousseau*.

amant. *Au commencement de la soirée lord Nelvil se plaçait à côté de Corinne, et, avec un intérêt qui tenait à la fois de l'amant et du protecteur* (172) ◊ Amant, celui qui, ayant de l'amour pour une femme, a fait connaître ses sentiments, et est aimé ou tâche de se faire aimer. [L]

AMAZONE. *À la fin de la pièce Corinne parut élégamment habillée en reine amazone* [...] (435) ◊

Terme de mythologie. Nom de femmes guerrières qui vivaient sans hommes. [L]

ame. (516 occ.) ◊ Ce mot s'était toujours écrit sans accent circonflexe jusqu'en 1798 ; mais alors l'Académie, dans son édition, l'a marqué d'un accent circonflexe, et a maintenu depuis cet accent. L'accent, outre qu'il indique la prononciation, représente une lettre supprimée ; l'ancien mot était anme et, par suite, alme et même arme. [L]

amoncèle. *Cette lave avance, avance sans jamais se hâter et sans perdre un instant ; si elle rencontre un mur élevé, un édifice quelconque qui s'oppose à son passage, elle s'arrête, elle amoncèle devant l'obstacle ses torrents noirs et bitumineux, et l'ensevelit enfin sous ses vagues brûlantes.* (337) ◊ La conjugaison impose deux ll.

ANCONE. *La santé de lord Nelvil l'avait contraint de s'arrêter quelques jours à Ancone.* (39, et *passim*). ◊ Ancône (en ital. Ancona). V. d'Italie, ch.-l. de la région des Marches ; port sur l'Adriatique. [A] La ville a été occupée par les Français en 1797 puis en 1801. Ils y émancipèrent les Juifs en supprimant les barrières du ghetto.

ANCUS MARTIUS. *Ces prisons furent d'abord construites par Ancus Martius, et servaient alors aux criminels ordinaires.* (109) ◊ Quatrième roi légendaire de Rome (v. 640 – 616 av. J.-C.). Il agrandit Rome et créa le port d'Ostie. [A]

ANNIBAL. Voir « Hannibal ».

APENNINS. *Ils voyageaient au commencement de septembre : le temps était superbe dans la plaine ; mais quand ils entrèrent dans les Apennins, ils éprouvèrent la sensation de l'hiver.* (412-413, et *passim*). ◊ Chaîne alpine composite formant l'ossature de la péninsule italienne. [A] Du point de vue climatique, ils sont, avec la plaine du Pô et les Alpes, la seule région d'Italie à ne pas relever du climat méditerranéen.

APOLLODORE. [...] *un peu plus loin les ruines du temple dédié au soleil et à la lune, bâti par l'empereur Adrien, qui était jaloux d'Apollodore, fameux architecte grec, et le fit périr pour avoir blâmé les proportions de son édifice.* (113) ◊ Apollodore de Damas. Architecte et ingénieur grec d'origine syrienne (Damas, v. 60 – ?, 129). Appelé à Rome par Trajan, il dessina les plans du forum de Trajan (107) et d'autres édifices importants. On lui doit aussi le pont des Portes de Fer, sur le Danube (v. 104, Drobéta, Hongrie). [A]

Apollon du Belvédère. *Près d'Ostie, l'on a trouvé dans les bains de Néron l'Apollon du Belvédère.* (120) ◊ Célèbre statue antique (Vatican), copie romaine d'un original grec attribué à Léocharès (IVᵉ s. av. J.-C.) [U]. Elle a été transférée à Paris par la suite mais se trouvait encore à Rome en 1795.

ARCADIE. *Curtius, habillé en berger d'Arcadie, dansait longtemps avec sa maîtresse avant de monter sur un véritable cheval au milieu du théâtre* [...] (179) ◊ Arcadie ou Arkadia (en gr. mod. Arkadhía). Pays peuplé de bergers, havre idyllique de paix et de bonheur imaginé par les écrivains de l'Antiquité (Virgile) et de la Renaissance. [A]

ARETIN (l'). [...] *l'Aretin, cet homme qui a*

consacré ses jours à la plaisanterie, et n'a rien éprouvé, sur la terre, de sérieux que la mort [...] (516) ◊ Arétin (Pietro Bacci, dit Aretino, en fr. l') Écrivain italien (Arezzo, 1492 – Venise, 1556). Il fut au service du banquier A. Chigi, puis à celui des papes. Forcé de quitter Rome pour outrages envers la cour pontificale, il finit par s'établir à Venise, où il constitua un cénacle artistique et littéraire. Les souverains les plus puissants redoutaient sa verve satirique. Parmi ses œuvres – reflet des mœurs très libres de l'époque –, on retiendra ses comédies, dont la Courtisane (1525), ses Pasquinades (1520), satires féroces, ses dialogues licencieux (I ragionamenti, 1534-1536). [A]

ARICIE. Hippolyte, dans ce tableau, est peut-être plus beau que dans Racine même ; il y ressemble davantage au Méléagre antique, parce que nul amour pour Aricie ne dérange l'impression de sa noble et sauvage vertu [...] (236) ◊ Héroïne racinienne de Phèdre (1677).

ARIOSTE (l'). [...] le couronnement de Corinne lui inspirait d'avance l'intérêt que ferait naître une aventure de l'Arioste. (51, et passim) ◊ Arioste (Ludovico Ariosto, dit l') Poète italien (Reggio Emilia, 1474 – Ferrare, 1533). Son chef-d'œuvre est le Roland furieux (1516), long poème épique qui tire du Roland amoureux, de Boiardo, son thème central : l'amour contrarié de Roland pour Angélique. L'œuvre, où le récit d'aventures héroïques et merveilleuses se mêle à l'exposé d'intrigues amoureuses finement observées, eut un immense succès dans toute l'Europe de la Renaissance, et inspira pendant plusieurs siècles nombre d'écrivains et d'artistes. [A] En mai 1805, Mme de Staël assure à Pedro de Souza (lettre du 14 mai 1805) qu'elle fait apprendre à sa fille des « octaves de l'Arioste ».

Aristodème. La Mérope de Maffei, le Saül d'Alfieri, l'Aristodème de Monti, et surtout le poème du Dante, bien que cet auteur n'ait point composé de tragédie, me semblent faits pour donner l'idée de ce que pourrait être l'art dramatique en Italie. (188) ◊ (en gr. Aristodêmos). Roi semi-légendaire de Messénie (VIIIe s. av. J.-C.). Il combattit Sparte pendant vingt ans, durant la première guerre de Messénie. Les Lacédémoniens, victorieux, ravalèrent ses sujets au rang d'ilotes [A]. Le meilleur des drames de Monti (voir ce nom), créé en 1786.

ARLEQUIN. Les personnages d'Arlequin, de Brighella, de Pantalon, etc. se trouvent dans toutes les pièces avec le même caractère. (181, et passim) ◊ Personnage de la commedia dell'arte, adopté par la plupart des théâtres d'Europe. Porteur d'un masque noir et d'un habit bariolé, c'était un valet bouffon, superstitieux et poltron. [A]

arlequinade. [...] dans l'intervalle du quatrième au cinquième acte, l'acteur qui joue l'amant vient annoncer le plus tranquillement du monde, au parterre les arlequinades que l'on donne le jour suivant (179-180) ◊ Pièce de théâtre où Arlequin joue le principal rôle. [L]

ARMIDE. Son charme tenait-il de la magie ou de l'inspiration poétique ? était-ce Armide ou Sapho ? (77) ◊ Héroïne de la Jérusalem délivrée du Tasse.

ARNO. [...] on va se promener toutes les après-midi sur les bords de l'Arno ; et le soir l'on se demande les uns aux autres si l'on y a été. (513, et passim) ◊ Fl. d'Italie (Toscane) ; 241 km. Il arrose Arezzo et Florence, puis se jette dans la mer Tyrrhénienne près de Pise. [A]

augure. La vertu, la vertu... dit M. de Maltigues, en hésitant un peu, puis se décidant à la fin, c'est un langage pour le vulgaire, que les augures ne peuvent se parler entre eux sans rire [...] (327) ◊ Terme d'antiquité. Celui dont la charge était, chez les Romains, de tirer des présages du vol et du chant des oiseaux. [L] « Deux augures ne peuvent se regarder sans rire », sentence de Caton rapportée par Cicéron (De Divinatione, II, 24) [R].

AURÉLIEN. [...] la ville de Rome bornée d'abord au mont Palatin, ensuite aux murs de Servius Tullius qui renfermaient les sept collines, enfin, aux murs d'Aurélien qui servent encore aujourd'hui d'enceinte à la plus grande partie de Rome. (110) ◊ Aurélien (Lucius Domitius Aurelianus). (v. 212 – 275). Empereur romain (270-275) qui ordonna la construction d'une nouvelle enceinte autour de Rome par crainte des attaques barbares.

Ave Maria. C'était à l'heure de la soirée où l'on entend toutes les cloches de Rome sonner l'Ave Maria [...] (258) ◊ Prière à la Sainte Vierge désignée par ses premiers mots en latin (Je vous salue, Marie...). [A]

AVENTIN (mont). Le mont Aventin offre plus qu'aucun autre les traces des premiers temps de l'histoire romaine. (118, et passim) ◊ (en lat. Aventinus). Une des sept collines de Rome. [A]

AVERNE (lac d'). Je vous fais passer, dit Corinne à ceux qui l'accompagnaient, sur les bords du lac d'Averne, près du Phlégéton, et voilà devant vous le temple de la Sibylle de Cumes. (347, et passim) ◊ Lac de la Campanie, près duquel était l'antre de la sibylle de Cumes, antre qui conduisait, suivant la mythologie, aux enfers. [L]

bacchanale. Il n'y a ni luxe ni bon goût dans la fête du carnaval, une sorte de pétulance universelle la fait ressembler aux bacchanales de l'imagination [...] (240-241) ◊ Au plur. Fêtes que les anciens célébraient en l'honneur de Bacchus. [L]

bacchante. [...] et l'on pourrait lui dire comme Sapho à la bacchante qui s'agitait de sang-froid : Bacchante, qui n'es pas ivre, que me veux-tu ? (425) ◊ Prêtresse de Bacchus célébrant les bacchanales. [L] Voir « Sapho ».

BARBEROUSSE. Il y a dans cette salle un tableau qui représente le jugement dernier, et un autre le moment où le plus puissant des empereurs, Frédéric Barberousse, s'humilia devant le sénat de Venise. (427) ◊ Frédéric Ier Barberousse (Waiblingen, 1122 – en Cilicie, 1190). Empereur romain germanique de la maison de Hohenstaufen (1152-1190). Porté à l'Empire à la mort de son oncle Conrad III, il rêva toute sa vie de ressusciter la puissance impériale telle qu'elle était au temps de Charlemagne. [...] Vaincu à Legnano par les coalisés (1176), Frédéric s'engagea par le traité de Venise (1177) à ne plus intervenir dans le gouvernement des États de l'Église et, par le traité de Constance (1183), il reconnut l'autonomie des cités italiennes. [A] Le tableau de F. Zuccaro évoque sa rencontre avec le Pape dans l'église Saint Marc de Venise.

barcarole. [...] *la manière dont elle chantait quelques barcaroles, dans le genre gai, prouvait qu'elle devait jouer la comédie, aussi bien que la tragédie.* (433) ◊ 1° Sorte de chanson particulière aux gens du peuple et surtout aux gondoliers de Venise. 2° Petite pièce de musique faite sur une chanson relative aux promenades sur l'eau, et où l'on imite la coupe et le rhythme des barcarolles de Venise. [L] Cette graphie avec un seul l semble particulière à Mme de Staël, transcrivant de l'italien.

BAYES. *Nous traversons les lieux célébrés sous le nom des délices de Bayes* [...] (347, *et passim*) ◊ Baies (en lat. Baiae). Ville romaine, près de Naples, célèbre pour ses thermes et la beauté de sa situation. [A]

BERNIN (le). [...] *depuis ces peuples jusqu'au chevalier Bernin, cet artiste maniéré, comme les poëtes italiens du dix-septième siècle, on peut observer l'esprit humain à Rome dans les différents caractères des arts, des édifices et des ruines.* (136) ◊ Bernin (Gian Lorenzo Bernini, dit le) Architecte, sculpteur et décorateur italien (Naples, 1598 – Rome, 1680). Son nom demeure lié au triomphe du baroque dans la Rome papale d'Urbain VIII et d'Alexandre VII. [A]

bientôt. *Comme je n'y avais pas laissé d'attachement vif, je fus bientôt consolée, en arrivant à Livourne, par tout le charme de l'Italie* [...] (386) ◊ En peu de temps, promptement. [L]

BOCACE. — *Vous oubliez, interrompit vivement Corinne, d'abord Machiavel et Bocace,* [...] *et tant d'autres enfin qui savent écrire et penser.* (175, et *passim*). ◊ Boccace (en ital. Giovanni Boccacio). Écrivain italien (Florence ou Certaldo, 1313 – Certaldo, 1375). Parmi ses premières œuvres, composées avant 1345 et nourries de ses souvenirs napolitains, il faut citer *Filocolo*, roman, dans lequel il évoque son amour pour une mystérieuse Fiammetta ; des poèmes comme *l'Amorosa visione* et *Filostrato* ; un roman psychologique, *Elegia di Madonna Fiammetta*. Vers 1340, il se fixa à Florence. Il y écrivit, probablement entre 1349 et 1353, son chef-d'œuvre, le *Décaméron*, dans lequel il imagine que, pendant la peste de 1348, sept jeunes femmes et trois jeunes gens se réunissent dans une villa des environs de Florence où, pour se distraire, ils se racontent des histoires (cent contes au total). Cette structure permit à Boccace de peindre un tableau extrêmement varié et précis de la société italienne du XIVe s. en même temps que d'illustrer l'âme humaine dans ce qu'elle a d'universel. [A]

BOLOGNE. *En approchant de Bologne, on est frappé de loin par deux tours très élevées, dont l'une surtout est penchée d'une manière qui effraie la vue.* (559-560) ◊ V. d'Italie, cap. de l'Émilie-Romagne et ch.-l. de prov., au N. de l'Apennin toscan et près de la vallée du Reno. [A]

BOLSÈNE. [...] *tandis qu'une simple vierge tenant son enfant dans ses bras, un vieillard attentif dans la messe de Bolsène* [...] (223) ◊ *La Messe de Bolsena* est un tableau de Raphaël (1483-1520).

Borghèse (Villa). *Oswald et Corinne terminèrent leur voyage de Rome par la Villa Borghèse* [...] (141, et *passim*) ◊ Bâtie pour le cardinal Scipione

Borghèse (1576-1633), cette villa romaine abrite un remarquable ensemble d'œuvres d'art acquis par cette famille (peintures de Raphaël, de Titien, du Corrège ; sculptures antiques et œuvres du Bernin, de Canova). [A]

BOSSUET (Jacques Bénigne). — *Il est vrai, répondit le comte d'Erfeuil, que nous avons en ce genre les véritables autorités classiques ; Bossuet, La Bruyère, Montesquieu, Buffon, ne peuvent être surpassés ; surtout les deux premiers, qui appartiennent à ce siècle de Louis XIV, qu'on ne saurait trop louer, et dont il faut imiter, autant qu'on le peut, les parfaits modèles.* (176) ◊ Prélat et écrivain français (Dijon, 1627 – Paris, 1704). Sa période, toute latine, mais vivifiée par le lyrisme biblique, est restée un modèle. (Acad. fr., 1671.). [A]

bouffe. *La gaieté même que la musique bouffe sait si bien exciter, n'est point une gaieté vulgaire, qui ne dise rien à l'imagination* [...] (248) ◊ Bouffon. Opéra bouffe, genre d'opéra opposé au genre sérieux. Chanteur bouffe, chanteur qui joue un rôle plaisant dans un opéra. Ital. buffa, plaisanterie. [L] Voir ci-dessous « Pergolèse ».

BRENTA. *On s'embarque sur la Brenta pour arriver à Venise* [...] (420) ◊ Fleuve de l'Italie du Nord (174 km), qui naît dans les Dolomites, près de Trente, et se jette dans l'Adriatique, au sud de la lagune de Venise. Son cours est bordé par les maisons de campagne et les palais d'été élevés par la noblesse vénitienne du XVIe au XVIIIe s. [A]

BRIGHELLA. *Les personnages d'Arlequin, de Brighella, de Pantalon, etc. se trouvent dans toutes les pièces avec le même caractère.* (181) ◊ Nom de l'un des masques de la commedia dell'arte [U].

BRUNELLESCHI. *Il a voulu qu'il fût placé en face d'une fenêtre, d'où l'on pouvait voir le dôme bâti par Filippo Brunelleschi, comme si ses cendres devaient tressaillir encore sous le marbre, à l'aspect de cette coupole, modèle de celle de Saint-Pierre.* (515) ◊ Sculpteur et architecte italien (Florence, 1377 – id., 1446), participa à la construction de nombreux édifices qui marquèrent Florence. Son chef-d'œuvre est la coupole de Santa Maria del Fiore, œuvre audacieuse qui reste l'un des symboles de la cité. [A]

BRUTUS. Le texte fait allusion à deux personnages de ce nom : ♦ BRUTUS (Lucius Junius) Héros semi-légendaire de Rome. On le considère comme le fondateur de la République (509 av. J.-C.), dont il fut l'un des deux premiers consuls. [A] ♦ BRUTUS (Marcus Junius) Homme politique romain (v. 85 – 42 av. J.-C.). Fils adoptif de César, il fut, grâce à lui, nommé propréteur de la Gaule cisalpine (46), puis préteur urbain (45). Il participa, pourtant, à la conjuration qui aboutit à l'assassinat de son bienfaiteur. Vaincu à Philippes par Octavien et Antoine, il se suicida. [A] La pièce de Voltaire (1730) et le tableau de David mettent en scène le premier.

BUFFON. *Bossuet, La Bruyère, Montesquieu, Buffon, ne peuvent être surpassés* [...] (176) ◊ Buffon (Georges Louis Leclerc, comte de) Naturaliste et écrivain français (Montbard, 1707 – Paris, 1788). Lors de sa réception à l'Académie française en 1753 il prononça un discours, édité plus tard sous le titre *Discours sur le style*, et dans lequel il fait l'apologie de la rhétorique classique fondée sur l'esprit, le goût et la mesure : pour Buffon, l'homme imprime sa marque sur le monde par son action matérielle et par son expression littéraire : « Le style, c'est l'homme même ». [A] C'était un habitué de la maison Necker à Paris.

CACUS. *Virgile a placé sur le mont Aventin la caverne de Cacus* (119) ◊ MYTH. Géant à trois têtes crachant le feu, qui vivait dans une caverne du mont Aventin. Il fut tué par Hercule, auquel il avait dérobé des bœufs. [A]

CAÏRBAR. *[...] et cet autre tableau qui fait contraste avec celui-ci, c'est le fils de Caïrbar endormi sur la tombe de son père.* (237) ◊ Caïrbar est un personnage des *Poèmes d'Ossian* de James Macpherson (1736-1796).

CALABROIS. *On voit des Calabrois qui se mettent en marche pour aller cultiver les terres, avec un joueur de violon à leur tête, et dansant de temps en temps pour se reposer de marcher.* (291) ◊ De Calabre. Rég. d'Italie, dans le Mezzogiorno (Midi), formant l'extrémité de la péninsule. [A] La graphie en –ois est en usage jusqu'en 1845.

CALIGULA. *Ce monument, qui vint d'Égypte pour orner les bains de Caligula [...]* (101) ◊ Caligula (Caius Caesar Augustus Germanicus, dit) (Antium, 12 apr. J.-C., – Rome, 41). Empereur romain (31-41). [A] Voir « Sixte-Quint ».

Cambrai (ligue de). *Le dialecte vénitien est doux et léger comme un souffle agréable : on ne conçoit pas comment ceux qui ont résisté à la ligue de Cambrai parlaient une langue si flexible.* (423) ◊ Alliance, formée en 1508 contre les Vénitiens, entre le pape Jules II, l'empereur Maximilien, le roi de France Louis XII et Ferdinand d'Aragon. Elle fut dissoute en 1510. [A]

CAMBYSE. *Un obélisque que le barbare Cambyse respecta cependant assez pour faire arrêter en son honneur l'incendie d'une ville !* (138) ◊ Cambyse II. Souverain perse de la dynastie des Achéménides (régna entre 530 et 522 av. J.-C.). Fils de Cyrus II le Grand, il fit la conquête de l'Égypte (525). Il mourut au moment où il se préparait à rentrer en Perse pour y combattre une rébellion. Il a laissé une réputation de cruauté. [A]

CANDIE. *[...] les étendards de Chypre et de Candie qui flottent sur la place publique, les chevaux de Corinthe, réjouissent les regards du peuple, et le lion ailé de Saint-Marc lui paraît l'emblème de sa gloire.* (423) ◊ V. de Grèce. Ancien nom de la Crète, vendue aux Vénitiens en 1205, conquise par les Turcs au XVIIᵉ siècle, elle devint autonome en 1898, réunie à la Grèce en 1913.

CANOVA (Antonio). *Corinne et lord Nelvil terminèrent leur journée en allant voir l'atelier de Canova, du plus grand sculpteur moderne.* (220-221) ◊ Sculpteur italien (Possagno, prov. de Trévise, 1757 – Venise, 1822). [A] Mᵐᵉ de Staël l'a connu lors de son séjour à Rome en 1805.

CAPITOLIN. *En avançant vers le Capitole moderne on voit à droite et à gauche deux églises bâties sur les ruines du temple de Jupiter Férétrien et de Jupiter Capitolin.* (109) ◊ Depuis le début de la république romaine, Jupiter possédait, sur la colline

du Capitole, un temple magnifique, où son culte était associé à celui de Junon et de Minerve (Triade Capitoline). Ce temple symbolisait la protection particulière que le dieu accordait à la ville de Rome et à l'État romain. [A]

CAPOUE. *Voyez dans le lointain Capoue : elle a vaincu le guerrier dont l'âme inflexible résista plus longtemps à Rome que l'univers.* (350) ◊ V. d'Italie (Campanie), sur le Volturno. Fondée par les Étrusques au VIIᵉ s. avant notre ère, Capoue s'unit à Rome au IVᵉ s. av. J.-C. pour mieux résister aux incursions des montagnards samnites. En 215 av. J.-C., elle fut prise par Hannibal, qui y passa l'hiver et dont l'armée s'amollit au contact des « délices » de la ville. [A]

CAPRI. *Ce n'est pas assez des malheurs. La trace de tous les crimes est ici. Voyez, à l'extrémité du golfe, l'île de Capri, où la vieillesse a désarmé Tibère [...]* (351) ◊ Île escarpée d'Italie, dans la mer Tyrrhénienne, fermant la baie de Naples, dans l'axe de la péninsule de Sorrente. Ruines de plusieurs villas impériales romaines, dont la célèbre villa Joris, où Tibère séjourna onze ans. [A]

CAPULETS. *La première fois que Juliette paraît, c'est à un bal où Roméo Montague s'est introduit dans la maison des Capulets, les ennemis mortels de sa famille.* (194) ◊ (en ital. Cappelletti). Famille noble de Vérone à laquelle appartient Juliette. Sa rivalité avec les Montaigus inspira une nouvelle à Bandello, à qui Shakespeare emprunta le sujet de *Roméo et Juliette*. [A]

CARACALLA. *Les noms de ses deux fils, Caracalla et Géta, étaient inscrits sur le fronton de l'arc [...]* (113) ◊ Caracalla (Marcus Aurelius Antoninus Bassianus, dit) (Lyon, 188 – près d'Édesse, 217). Empereur romain (211-217). Fils de Septime Sévère, il doit son surnom à la tunique gauloise (caracalla) qu'il portait généralement. Il fut proclamé empereur en même temps que son frère Geta, qu'il fit assassiner en 212. Sous son règne furent construits à Rome les grandioses thermes de Caracalla. [A]

caravansérail. *Dans le vaste caravansérail de Rome, tout est étranger [...]* (48) ◊ Dans l'Orient, grand bâtiment au milieu duquel existe une vaste cour et où les voyageurs rencontrent, pour eux-mêmes et pour leurs bêtes de somme, tous les approvisionnements désirables. [L]

carême. *Le désir de connaître et d'étudier la religion d'Italie décida lord Nelvil à chercher l'occasion d'entendre quelques-uns des prédicateurs qui font retentir les églises de Rome pendant le carême [...]* (258) ◊ Les quarante-six jours d'abstinence entre le mardi gras et le jour de Pâques, pendant lesquels, à l'exception des dimanches, jeûnent les catholiques. La série de sermons prêchés pendant un carême. [L]

CASSANDRE. *Un Florentin, homme du peuple, montrait aux étrangers une Minerve qu'il appelait Judith, un Apollon qu'il nommait David, et certifiait, en expliquant un bas-relief qui représentait la prise de Troie, que Cassandre était une bonne chrétienne.* (518) ◊ MYTH. Fille de Priam et d'Hécube, elle avait reçu d'Apollon le don de prophétie, mais le dieu, auquel elle s'était refusée, l'avait aussi condamnée à n'être jamais crue dans ses prédictions. Après la prise de Troie, qu'elle avait annoncée, elle devint l'esclave d'Agamemnon, qui s'éprit d'elle. Tous deux périrent victimes de la jalousie de Clytemnestre. [A]

CASTOR et POLLUX. *Au haut de l'escalier sont deux colosses qui représentent, à ce qu'on croit, Castor et Pollux [...]* (109) ◊ MYTH. Frères jumeaux souvent désignés sous la dénomination commune de Dioscures (c'est-à-dire « Fils de Zeus »). Ils furent, après leur mort, placés parmi les constellations et devinrent les Gémeaux. [A]

CATILINA. *Jugurtha et les complices de Catilina périrent dans ces prisons.* (109) ◊ Homme politique romain (?, 109 – Pistoia, 62 av. J.-C.). Membre d'une famille patricienne ruinée, il aspirait, après Sulla, au pouvoir personnel. Rameutant les soldats de l'ancien dictateur et les déclassés de son milieu, il fomenta en 63 une vaste conspiration. Le mouvement insurrectionnel échoua grâce à Cicéron, consul en exercice, qui dénonça Catilina devant le sénat dans des harangues vigoureuses, les Catilinaires. Peu après, Catilina fut vaincu et tué à Pistoia. [A]

CATULLE. *Enfin ils découvrirent Tivoli qui fut la demeure de tant d'hommes célèbres, de Brutus, d'Auguste, de Mécène, de Catulle, mais surtout la demeure d'Horace [...]* (229) ◊ (en lat. Caius Valerius Catullus). Poète latin (Vérone, v. 87 – Rome, v. 54 av. J.-C.). [A]

CÉSAR (Jules). *C'est là que se promenaient les orateurs de Rome en sortant du Forum ; c'est là que César et Pompée se rencontraient comme de simples citoyens,* (119, et *passim*). ◊ (en lat. Caius Julius Caesar). Homme d'État et général romain (Rome, 101 – id., 44 av. J.-C.) [A]

CESAROTTI (Melchiorre). *Cesarotti a fait la meilleure et la plus élégante traduction d'Ossian qu'il y ait [...]* (174) ◊ Poète et essayiste italien (Padoue, 1730 – Selvazzano, Padoue, 1808). On retient de son œuvre un important essai sur les langues (*Saggio sulla filosofia delle lingue*, 1785) et une traduction des Poèmes d'Ossian, de J. Macpherson, qui fut une source d'inspiration pour les romantiques italiens. [A] Voir ce passage d'une lettre de Mᵐᵉ de Staël à Pedro de Souza (26 mai 1805) : « c'est, après Alfieri, il est vrai bien après, mais enfin c'est l'Italien que j'ai vu le plus analogue à mes idées et à mes sentiments. »

CÉSÈNE. *À Rimini et à Césène on quitte la terre classique des évènement de l'histoire romaine [...]* (417) ◊ V. d'Italie (Émilie-Romagne), proche de Forli, sur le Savio. [A]

CHARLES-QUINT. *C'est Charles-Quint lui-même, qui a dit : qu'un homme qui sait quatre langues vaut quatre hommes.* (177) ◊ Charles V ou Charles Quint (Gand, 1500 – Yuste, Estrémadure, 1558). Empereur germanique (1519-1556) et roi d'Espagne sous le nom de Charles Iᵉʳ (1516-1556). [A]

CHRISTINE. *Une église souterraine est bâtie sous le parvis de ce temple ; les papes et plusieurs souverains des pays étrangers y sont ensevelis, Christine, après son abdication, les Stuart, depuis que leur dynastie est renversée.* (104) ◊ (Stockholm, 1626 – Rome, 1689). Reine de Suède (1632-1654). Fille de Gustave II Adolphe, elle n'avait que six ans à la mort

de son père. Son règne, qui ne commença effectivement qu'en 1644, fut marqué par la signature des traités de Westphalie (1648), qui consacraient la prédominance de la Suède dans le Nord. Fantasque, et même déséquilibrée, mais intelligente et d'une culture étonnamment vaste, elle attira à sa cour de nombreux artistes et des penseurs, dont Descartes. Elle abdiqua en 1654 en faveur de son cousin Charles Gustave et adopta la religion catholique. Elle voyagea dans plusieurs pays et passa les dernières années de sa vie à Rome. [A]

CICÉRON. *Cicéron, Hortensius, les Gracques, habitaient sur ce mont Palatin, qui suffit à peine, lors de la décadence de Rome, à la demeure d'un seul homme* (117, et *passim*). ◊ Homme politique, orateur et écrivain romain (Arpinum, 106 – Formies, 43 av. J.-C.). L'œuvre de Cicéron rassemble des plaidoyers (*Verrines*, 70 ; *Pro Murena*, 63 ; *Pro Milone*, 52), des discours politiques (*Catilinaires*, 63 ; *Philippiques*, 44-43), des traités de rhétorique (*De oratore*, 55 ; *Brutus*, 46 ; *Orator*, 46), des essais philosophiques (*De republica*, 51 ; *Tusculanes*, 54 ; *De natura deorum*, 45-44 ; *De officiis*, 44) et une volumineuse correspondance. [A] Mᵐᵉ de Staël écrit le 30 juin 1806 à Mᵐᵉ de Tessé : « Cicéron, Bolingbroke, Ovide, savaient mieux braver la mort que l'exil. » (même allusion dans une lettre à Napoléon du 2 octobre 1810).

CIMBRE. *Le pendant de ce tableau, c'est Marius épargné par le Cimbre, qui ne peut se résoudre à tuer ce grand homme [...]* (233) ◊ Cimbres. Peuple germanique établi primitivement dans la presqu'île du Jutland et qui, au IIᵉ s. avant notre ère, uni aux Teutons et à d'autres tribus, se déplaça vers le sud, envahissant la Rhénanie et la Norique. Les Cimbres battirent les Romains à Noreia (près de Klagenfurt, 113 av. J.-C.), puis pénétrèrent en Gaule et en Espagne, avant d'être écrasés par Marius, à Verceil (101 av. J.-C.). [A] On raconte que Marius, exilé par Sylla, se cacha dans les marais de Minturne. Un esclave cimbre, envoyé pour le tuer, ne put s'y résoudre. Mᵐᵉ de Staël décrit ici le tableau de Drouais, *Marius et le Cimbre*, 1786.

CINCINNATUS. *On dirait que l'orgueilleuse nature a repoussé tous les travaux de l'homme, depuis que les Cincinnatus ne conduisent plus la charrue qui sillonnait son sein [...]* (130) ◊ Héros romain (VIᵉ-Vᵉ s. av. J.-C.). L'histoire et la légende ont fait de lui le symbole du désintéressement politique ; consul et deux fois dictateur, vainqueur des Èques en 458 et honoré du triomphe, il revint à la terre. [U]

CIRCÉ. *Non loin de Terracine est le promontoire choisi par les poètes, comme la demeure de Circé [...]* (285) ◊ (en gr. Kirkê). MYTH. Magicienne, fille d'Hélios et de Perséis, qui habitait dans l'île d'Æa. Elle métamorphosa en pourceaux une partie des compagnons d'Ulysse. Celui-ci demeura un an auprès d'elle, avant de poursuivre son périple. [A]

CLAUDE. *[...] on voit de loin le temple élevé par Agrippine en l'honneur de Claude, qu'elle a fait empoisonner [...]* (122) ◊ (~10-54) Empereur romain (41-54). Agrippine le fit mourir par le poison le 13 octobre 54 [U].

CLÉLIE. *C'est aussi dans ce même lieu que Clélie*

et ses compagnes, prisonnières de Porsenna, traversèrent le Tibre pour venir rejoindre les Romains. (119) ◊ Jeune Romaine donnée en otage au roi étrusque Porsenna et qui s'évada en traversant le Tibre à la nage (508 av. J.-C.). Elle fut reconduite par ses compatriotes au camp ennemi. Ému par son courage, Porsenna la laissa en liberté. [A]

CLÉOPÂTRE. *[...] je lui crois quelque chose de cette grâce tant vantée, de ce charme oriental que les anciens attribuaient à Cléopâtre.* (56) ◊ Nom porté par sept reines d'Égypte, dont la plus célèbre fut Cléopâtre VII (Alexandrie, 69 – id., 30 av. J.-C.), reine de 51 à 30 et dernier monarque de la famille des Lagides (323-30 av. J.-C.) [A]

CLORINDE. *J'en dirai autant du tableau que voici, Clorinde mourante et Tancrède.* (234) ◊ Héroïne de la *Jérusalem délivrée* du Tasse.

CŒLIUS (mont). *Le mont Cœlius est remarquable parce qu'on y voit les débris du camp des prétoriens et de celui des soldats étrangers.* (119) ◊ Une des sept collines de Rome.

columbarium. *Non loin de la voie Appienne, Oswald et Corinne se firent montrer les Columbarium où les esclaves sont réunis à leurs maîtres [...]* (133) ◊ À l'entrée COLUMBAIRE, Littré donne : Terme d'antiquité. Bâtiment sépulcral, qui contenait plusieurs niches propres à recevoir des urnes mortuaires. Étymologie : Lat. *columbarium*, pigeonnier ; les niches des urnes ressemblant à des trous à pigeons.

concetti. *Ne voudriez-vous pas, belle étrangère, reprit le comte d'Erfeuil, que nous admissions chez nous la barbarie tudesque, les nuits de Young des Anglais, les Concetti des Italiens et des Espagnols.* (177) ◊ *s. m. pl.* Pensées brillantes, mais que le goût n'approuve pas. Ouvrage rempli de concetti. Les concetti abondent dans cette pièce de vers. [L]

conservateurs. *Au fond de la salle dans laquelle elle fut reçue, était placé le sénateur qui devait la couronner et les conservateurs du sénat [...]* (53) ◊ Titre de préposés à la garde de certaines choses, de certains droits [L, qui donne cette phrase en ex.].

CONSTANTIN (arc de). *Non loin de là est l'arc de Constantin [...]* (113) ◊ Arc de Rome (haut. 21 m ; larg. 24 m), élevé sur décret du Sénat (à partir de 312) après la victoire de l'empereur Constantin sur Maxence, au pont Milvius. [A]

CORINNE. *Je ne dis à personne mon véritable nom, comme je l'avais promis à ma belle-mère ; je pris seulement celui de Corinne, que l'histoire d'une femme grecque, amie de Pindare, et poète, m'avait fait aimer.* (386) ◊ (en gr. Korinna). Poétesse grecque (? VIᵉ – Vᵉ s. av. J.-C.). Béotienne comme Pindare, elle composa des poèmes lyriques inspirés des légendes de son pays. [A] Elle vainquit cinq fois Pindare aux jeux poétiques de Thèbes.

CORIOLAN. *Hors des murs de Rome on trouve aussi les débris d'un temple qui fut consacré à la fortune des femmes, lorsque Véturie arrêta Coriolan.* (118) ◊ (en lat. Gnaeus Marcius Coriolanus). Héros semi-légendaire de la Rome antique († v. 488 av. J.-C.). Il vainquit les Volsques et prit Corioli, leur capitale dans le Latium – exploit qui lui valut son surnom. Mais, patricien accusé de tyrannie, condamné

à l'exil sous la pression de la plèbe, il vint assiéger Rome à la tête de ses anciens ennemis. Les larmes de sa mère et de sa femme le firent renoncer à son dessein ; il fut assassiné par les Volsques. [A]

CORRÈGE (le). *Parme conserve encore quelques chefs-d'œuvres du Corrège [...]* (558, et *passim*). ◊ Corrège (Antonio Allegri, dit en fr. le) (en ital. il Correggio). Peintre italien (Correggio, près de Parme, 1489 – id., 1534). Par son goût du mouvement (fresque de l'Assomption de la Vierge, à partir de 1524, coupole de la cathédrale de Parme), ses compositions souvent asymétriques marquées par des diagonales, sa science de la répartition de la lumière, le Corrège peut être considéré comme l'un des premiers représentants de l'esthétique baroque dans une Italie encore marquée par le classicisme. [A]

CURIACES (les trois). *Ils traversèrent la campagne d'Albano, lieu où l'on montre encore ce qu'on croit être le tombeau des Horaces et des Curiaces.* (284) ◊ Horaces (les trois) : Héros légendaires de la Rome primitive. Selon la tradition, ces trois frères affrontèrent en un combat singulier les trois Curiaces, champions de la ville d'Albe. Deux des Horaces furent tués au cours de la lutte, mais le dernier fit mine de fuir et triompha successivement des trois Curiaces lancés à sa poursuite, assurant ainsi la victoire de Rome. À son retour dans cette ville, il tua sa sœur, Camille, parce qu'elle pleurait son fiancé, l'un des Curiaces. Condamné à mort par le roi pour ce meurtre, il fut acquitté par le peuple. Cette histoire a inspiré à Corneille une tragédie, *Horace* (1640), et à David un célèbre tableau, *le Serment des Horaces* (1785). [A]

DALMATIE. *C'est de là que l'on découvre toute la ville au milieu des flots, et la digue immense aperçoit dans le lointain les côtes de l'Istrie et de la Dalmatie.* (428) ◊ Rég. littorale de la Croatie. En 1797, la Dalmatie devint autrichienne par le traité de Campoformio. Attribuée à la France en 1805 (traité de Presbourg) et intégrée par Napoléon aux provinces Illyriennes en 1809, elle fut rendue à l'Autriche en 1815. [A]

DANTE. *Le Dante, l'Homère des temps modernes, poète sacré de nos mystères religieux, héros de la pensée, plongea son génie dans le Styx pour aborder à l'enfer, et son ame fut profonde comme les abîmes qu'il a décrits.* (60, et *passim*) ◊ Dante (Dante Alighieri, dit) Poète italien (Florence, 1265 – Ravenne, 1321). [...] son œuvre maîtresse, la *Divine Comédie*, long poème mystique, écrit en italien entre 1306 et 1321, en vers de onze syllabes, et comprenant cent chants, répartis en trois parties de 33 chants plus un prologue : l'Enfer, le Purgatoire, le Paradis. Le sujet du poème est le récit du voyage imaginaire accompli par Dante dans l'au-delà, sous la conduite de Virgile, représentant la sagesse antique, puis de Béatrice, image de la foi qui mène à la contemplation de Dieu. Mais la *Divine Comédie* n'est pas seulement la peinture saisissante de l'itinéraire d'une âme pécheresse, avide d'infini, à travers un monde fantastique habité par les héros mythiques ou historiques des époques passées, elle se présente également comme une tentative grandiose de description de l'univers naturel et surnaturel, et constitue la somme de toutes les connaissances médiévales, à l'aube de la Renaissance. Œuvre d'un « visionnaire de l'éternité » (Guardini), elle est l'une des plus grandes œuvres de la littérature occidentale et la source de la littérature italienne moderne. [A] Mme de Staël a lu la *Divine comédie* avec le poète Monti, à Milan, en janvier 1805.

DAVID. *Alfieri qui, quand il le voulait, excellait dans tous les genres, a fait dans son Saül un superbe usage de la poésie lyrique ; [...] pour calmer les transports furieux de Saül par la harpe de David.* (189) ◊ Roi de Juda et d'Israël, de la tribu de Juda (v. 1010 – v. 970 av. J.-C.). Poète, musicien et même inventeur d'instruments de musique, David serait l'auteur de 73 des Psaumes de la Bible. [A] Dans la pièce d'Alfieri, David ne parvient que provisoirement à apaiser la folie meurtrière de Saül.

De profundis. [...] *c'est comme le de profundis que l'on chante pour les morts.* (327) ◊ Premiers mots du psaume CXXIX, qui est le sixième des sept psaumes de la pénitence : Des lieux profonds j'ai crié vers toi, ô Seigneur. [L]

défaut. *Madame d'Arbigny remarquait bien l'impression que je recevais, mais elle n'avait point d'empire sur M. de Maltigues, qui se décidait souvent par le caprice, au défaut de l'intérêt* [...] (323) ◊ Au défaut de, loc. prép. Faute de, dans le cas où la chose en question manquerait. [L]

délicatesses. [...] *mais sous tous les autres rapports, quel intérêt aurait-on à se laisser entraver par mille délicatesses vaines ?* (326) ◊ Scrupules sur ce qui touche à la morale, à la conscience, aux bienséances, à la pureté des sentiments. [L]

dénaturer. [...] *je recevais des lettres de Raimond pleines d'affection, il me racontait les difficultés qu'il trouvait à dénaturer sa fortune pour venir me joindre* [...] (315) ◊ Il ne se dit que dans cette phrase, *Dénaturer son bien*, pour dire, Vendre ses propres pour faire des acquêts dont on ait la libre disposition. [Acad. 1762]

députer. *M. de Maltigues, qui ne venait guère me voir, parce que nous ne nous convenions pas, arriva, député par Madame d'Arbigny pour m'arracher à ma solitude* [...] (325-326) ◊ Envoyer comme député (celui qui est chargé de certain message solennel auprès d'un prince ou d'une puissance). [L]

désenchanter. *Corinne, le cœur de ton ami n'est point changé ; qu'ai-je donc appris qui pût me désenchanter de toi ?* (393) ◊ Fig. Faire revenir quelqu'un de ses illusions. [L]

désert. *Cher Oswald, dit Corinne, quittons ce désert, redescendons vers les vivants* [...] (339) ◊ Lieu, pays sauvage et désert (fig.). Par extension, lieu, pays peu habité, retiré. Se retirer au désert, dans le langage de Port-Royal, s'enfermer dans une étroite retraite. [L]

DIANE. *On dit qu'Hippolyte fut ressuscité par Diane dans ces lieux* [...] (284) ◊ MYTH. Ancienne divinité italique, qui fut identifiée avec l'Artémis des Grecs. Fille de Jupiter et de Latone, elle était la déesse des forêts, de la nature sauvage et de la chasse. Son culte, enrichi des légendes associées à la déesse grecque, était largement diffusé à travers l'Italie.

Parmi ses sanctuaires les plus célèbres : celui de Diana Tifatina, à Capoue, et celui de Diana Nemorensis, à Aricie, au bord du lac Némi, dans les monts Albains. À Rome, le sanctuaire le plus ancien était celui de l'Aventin (fête annuelle : 13 août). [A]

DIDON. *Le premier représente Énée dans les Champs-Élysées, lorsqu'il veut s'approcher de Didon.* (234) ◊ MYTH. Princesse à laquelle est attribuée la fondation de Carthage. Fille du roi de Tyr, elle fut contrainte par son frère Pygmalion à s'enfuir de sa patrie. Elle aborda sur la côte africaine et y bâtit Carthage. Elle fut demandée en mariage par Hiarbas, le roi d'une peuplade voisine. Pour lui échapper, elle s'immola sur un bûcher. L'imagination de Virgile en a fait le principal personnage féminin de *l'Énéide*. [A]

DIOCLÉTIEN (thermes de). *Le couvent des Chartreux est bâti sur le débris des thermes de Dioclétien* [...] (255) ◊ Monuments romains construits de 298 à 306 ; ils furent les plus grands de Rome. [A]

DIOSCURES. *Ainsi tout est là, les temps héroïques représentés par les Dioscures, la république par le lions, les guerres civiles par Marius, et les beaux temps des empereurs par Marc-Aurèle.* (109) ◊ Voir Castor et Pollux.

DOMINIQUIN (le). *Voyez cette communion de saint Jérôme par Le Dominiquin.* (227) ◊ (Domenico Zampieri, dit le Dominiquin) Peintre italien (Bologne, 1581 – Naples, 1641). [A] Le tableau évoqué, conservé au Vatican, est de 1614.

électriser. *Ce beau ciel, ces romains si enthousiastes, et par-dessus tout Corinne, électrisaient l'imagination d'Oswald* [...] (52, et *passim*) ◊ Fig. Qui excite, comme fait l'électricité. Impression électrique. Éloquence électrique. [L]

ÉLYSÉE. [...] *ils sont remplacés par les oliviers, dont la verdure pâle et légère semble convenir aux bosquets qu'habitent les ombres dans l'Élysée, et quelques lieues plus loin les oliviers eux-mêmes disparaissent.* (418) ◊ MYTH. Syn. de Champs Élysées : région des Enfers où séjournaient les âmes vertueuses après la mort. [A]

ÉNÉE. *Le premier représente Énée dans les Champs-Élysées, lorsqu'il veut s'approcher de Didon.* (234) ◊ MYTH. Prince troyen, héros de *l'Énéide* de Virgile. Fils d'Anchise et d'Aphrodite, il lutta vaillamment contre les Grecs pendant la guerre de Troie. Au moment de la chute de la ville, il s'enfuit en portant son vieux père sur son dos. Après de nombreuses pérégrinations en Méditerranée, il parvint à l'embouchure du Tibre, dans le Latium, où il s'établit. Il épousa Lavinie, la fille du roi, et donna son nom à la ville qu'il fonda, Lavinium. Son fils Ascagne, ou Iule, fonda à son tour Albe la Longue. La tradition, reprise par Virgile, faisait d'Énée l'ancêtre du peuple romain. [A]

Énéide. *La terre de l'Énéide vous entoure, et les fictions consacrées par le génie sont devenues des souvenirs dont on cherche encore les traces.* (349) ◊ Poème épique de Virgile, en 12 chants (29-19 av. J.-C.). Cette épopée nationale, qui s'inspire d'Homère et fut publiée sur les ordres d'Auguste, raconte les voyages mythiques d'Énée après la chute de Troie jusqu'à la fondation de la nation romaine. Protégé des dieux, Énée sauva des ruines de Troie son père Anchise, son fils Ascagne et les Pénates ; il vogua vers la Sicile, puis vers Carthage où il rencontra Didon, et finit par accoster en Italie, sur les rives du Latium. Guidé par la sibylle de Cumes, il descendit ensuite aux Enfers, où le fabuleux destin de Rome lui fut révélé. Toute la littérature occidentale a été influencée par *l'Énéide*. [A]

entendre. *Le comte d'Erfeuil était dans un véritable enchantement, bien qu'il n'eût pas entendu tout ce que disait Corinne* [...] (86) ◊ Diriger son esprit, d'où par extension, comprendre, saisir le sens. [L]

enthousiasme. ♦ *Je crois éprouver alors un enthousiasme surnaturel, et je sens bien que ce qui parle en moi vaut mieux que moi-même* [...] (85) ◊ Inspiration divine, se manifestant par des discours pleins de grandes images. L'enthousiasme poétique. Mouvement passionné, transport qu'un poète, un artiste éprouve dans le moment de la composition, et qui consiste en ce que, préoccupé du seul sujet qui l'intéresse, le monde extérieur disparaît à peu près pour lui. ♦ *Les alarmes pour la fortune troublent autant les communs des hommes que la crainte de la mort, et n'inspirent pas cet élan de l'ame, cet enthousiasme qui fait trouver des ressources* [...] (41, *passim*) ◊ Tout transport qui, enlevant l'âme à elle-même, excite à des actes extraordinaires. Grande joie, vive allégresse. Admiration vive et passionnée. [L]

Esclavon. *Sur le quai des Esclavons l'on rencontre habituellement des marionnettes, des charlatans ou des raconteurs qui s'adressent de toutes les manières à l'imagination du peuple ;* (425) ◊ Venant de Sclavonie, l'actuelle Yougoslavie. Toponyme vénitien.

ESCULAPE. [...] *la statue d'Esculape est au milieu d'une île, celle de Vénus semble sortir des ondes* (142) ◊ Dieu romain de la Médecine, assimilé à l'Asclépios des Grecs. [A] C'est un temple dédié à Esculape qui se trouve sur une petite île dans le jardin du lac de la villa Borghese.

ESQUILIN (mont). *Le mont Esquilin était appelé le mont des poètes, parce que Mécène ayant son palais sur cette colline, Horace, Properce et Tibulle y avaient aussi leur habitation.* (120) ◊ L'une des sept collines de Rome, à l'Est de la ville antique. [A]

évènement. (33 occ.) ◊ L'orthographe évènement, conforme à la prononciation, n'a été admise par l'Académie que récemment ; elle est devenue non seulement licite, mais souhaitable ; tous les textes imprimés antérieurs à 1979 portent événement ; la plupart des textes postérieurs conservent cette tradition. [R] Cette graphie tendrait à prouver que Mme de Staël se souciait d'être en accord avec la prononciation !

extraordinaire. [...] *elle craignait que la réputation, que j'avais autour de moi d'être une personne extraordinaire* [...] (383, *et passim*) ◊ Singulier, rare, peu commun. Un génie extraordinaire. Un homme extraordinaire. [L]

fadaises. — *Si j'avais donné dans toutes vos fadaises, à vous autres jeunes gens, me disait-il, pensez-vous que ce qui se passe dans mon pays ne m'en aurait pas guéri ?* (328) ◊ Bagatelle fade ; mot,

pensée, discours qui ne signifie rien ou qui exprime quelque chose de si commun que cela ne vaut pas la peine d'être dit. [L]

FAUSTINE. *Faustine, monument de la faiblesse aveugle de Marc-Aurèle* [...] (113) ◊ Faustina la Jeune (Annia Galeria) Impératrice romaine (Rome, 125 – Cappadoce, v. 175). Fille d'Antonin le Pieux et femme de Marc Aurèle, qu'elle accompagna dans toutes ses campagnes (les soldats la surnommaient « Mater castrorum »), elle fut la mère de Commode. [A]

FERRARE. *Le Bolonais, la Lombardie, les environs de Ferrare et de Rovigo, sont remarquables par la beauté et la culture* [...] (417-418, *et passim*) ◊ V. d'Italie (Émilie-Romagne) fondée en 450 sur le site de l'ancienne cité romaine de Forum alieni ; un des centres culturels et artistiques les plus brillants d'Italie. [A]

FIAMMETTA. *Je ne connais qu'un roman, Fiammetta du Bocace, dans lequel on puisse se faire une idée de cette passion décrite avec des couleurs vraiment nationales.* (186) ◊ Voir plus haut « Bocace ».

fier (se). *Corinne fut au comble de la joie : car son cœur se fia tout-à-fait, dans ce moment, au sentiment d'Oswald* [...] (277) ◊ Se fier en, mettre sa confiance. [L]

GAËTE. *Du haut de la petite colline qui s'avance dans la mer et forme le cap Misène on découvrait parfaitement le Vésuve, le Golfe de Naples, les îles dont il est parsemé, et la campagne qui s'étend depuis Naples jusqu'à Gaëte, enfin la contrée de l'univers où les volcans, l'histoire et la poésie ont laissé le plus de traces.* (348) ◊ V. d'Italie (Latium), sur le golfe homonyme. [A]

GALILÉE. *Miche-Ange, Raphaël, Pergolèse, Galilée, et vous intrépides voyageurs, avides de nouvelles contrées, bien que la nature ne pût vous offrir rien de plus beau que la vôtre !* (63) ◊ Galilée (Galileo Galilei, dit) Physicien et astronome italien (Pise, 1564 – Arcetri, 1642) partisan de l'héliocentrisme de Copernic. [A]

généreux. ♦ *C'est, j'en conviens, répondit le prince Castel-Forte, un homme fier, généreux, spirituel, sensible même, et surtout mélancolique* [...] (90) ◊ Qui est d'un naturel noble, qui a un grand cœur (sens dérivé directement du sens étymologique qui est : de bonne race). [L] ♦ [...] *le libérateur n'écoutait rien avant d'avoir achevé sa généreuse entreprise* [...] (45, *et passim*) ◊ Se dit des choses qui décèlent une noble nature. [L]

GÊNES. *Depuis ce jour, sans en rien dire, elle se lia avec quelques négocians de la ville, et m'annonçait exactement quand un vaisseau partait du port voisin pour Gênes ou Livourne* [...] (381) ◊ V. d'Italie, cap. de la Ligurie et ch.-l. de prov., sur le golfe du même nom. [A]

GENGIS-KAN. *J'ai vu Gengis-kan, mis en ballet, tout couvert d'hermine, tout revêtu de beaux sentiments, car il cédait sa couronne à l'enfant du roi qu'il avait vaincu, et l'élevait en l'air sur un pied ; nouvelle façon d'établir un monarque sur le trône.* (179) ◊ Khan des Mongols (Delün Boldaq, auj. dans la région de Tchita, v. 1162 – Quingshui, dans l'actuel

Gansu, 1227). [...] En dépit des atrocités et des dévastations qui accompagnèrent toutes ses conquêtes, il établit pour un siècle une *pax Mongolica* qui permit des échanges commerciaux et culturels féconds entre l'Asie intérieure et les peuples de l'Extrême-Orient. [A]

génie. ♦ *C'est là que l'on conçoit comment les hommes ont cru à l'existence d'un génie malfaisant qui contrariait les desseins de la providence* [...] (338) ◊ Terme du polythéisme. Esprit ou démon bon ou mauvais qui présidait à la destinée de chaque homme. Fig. Le bon génie, le mauvais génie de quelqu'un, la personne qui, par ses exemples ou ses conseils ou ses actions, exerce une influence heureuse ou funeste sur la destinée de quelqu'un. ♦ *Il y avait chez Canova une admirable statue destinée pour un tombeau : elle représentait le génie de la douleur, appuyé sur un lion, emblème de la force* [...] (221) ◊ Fig. Le génie de la peinture, de la musique, le génie qu'on imagine comme présidant à chacun de ces arts. [L] ♦ *Il y entendit parler de Corinne, de son talent, de son génie* [...] (50, et *passim*). ◊ Fig. Talent inné, disposition naturelle à certaines choses (sens qui fut un néologisme dans la latinité et qui vient des qualités brillantes qu'on attribuait aux génies). [L] ♦ *Il sut honorer habilement les hommes de génie qui cultivaient les lettres, et dans la postérité sa gloire s'en est bien trouvée* (96). ◊ Aptitude spéciale dépassant la mesure commune soit dans les lettres et les beaux-arts (concevoir et exprimer), soit dans les sciences et la philosophie (inventer, induire, déduire, systématiser), soit dans l'action telle que celle de l'homme d'État, du militaire, etc. [L]

GEORGE. *Il traversait l'Italie pour sa santé, en faisant beaucoup d'exercice, en chassant, en buvant à la santé du roi George et de la vieille Angleterre* (167) ◊ George III (Londres, 1738 – Windsor,1820). Roi de Grande-Bretagne et d'Irlande (1760-1820). [A]

GERMANICUS. *Agrippine pleura longtemps Germanicus sur ces bords.* (352-353) ◊ Germanicus (Julius Caesar) Général romain (Rome, 15 av. J.-C. – Antioche, 19 apr. J.-C.). Neveu de Tibère qui l'adopta en 4 av. J.-C., il épousa Agrippine, la petite-fille d'Auguste. Ses campagnes victorieuses sur le Rhin (14-16 apr. J.-C.) lui valurent son surnom de Germanicus (« le Germanique ») et une grande popularité qui finit par susciter la jalousie de Tibère. L'empereur l'envoya alors en Orient. Germanicus pacifia l'Arménie, organisa en provinces la Cappadoce et la Commagène. Cependant, il entra en conflit avec le gouverneur de Syrie et confident de Tibère, Calpurnius Pison. Il réussit à éloigner celui-ci, mais il mourut mystérieusement peu après. Pison, accusé de l'avoir empoisonné, se suicida. [A]

GÉTA. *Les noms de ses deux fils, Caracalla et Géta, étaient inscrits sur le fronton de l'arc ; mais lorsque Caracalla eut assassiné Géta, il fit ôter son nom, et l'on voit encore la trace des lettres enlevées.* (113) ◊ Geta (Publius Septimius) (189 – 212). Empereur romain (211-212). Fils de Septime Sévère, il partagea le pouvoir, à la mort de celui-ci, avec son frère Caracalla qui le fit assassiner au bout d'un an. [A] Voir plus haut « Caracalla ».

GHIBERTI (Lorenzo). [...] *enfin elle se trouva devant les fameuses portes d'airain, sculptées par Ghiberti, pour le baptistère de St.-Jean, qui est à côté de la cathédrale de Florence.* (514) ◊ Sculpteur, peintre, architecte et orfèvre italien (Florence, 1378 – id., 1455). Formé à l'orfèvrerie, dans l'atelier de son beau-père, il est surtout célèbre pour avoir remporté, sur plusieurs concurrents dont Brunelleschi, le fameux concours (1401) organisé pour la réalisation de la deuxième porte (nord) du baptistère de Florence. La première porte, située au S., avait été exécutée par Andrea Pisano. Ghiberti réalisa les 28 panneaux du Sacrifice d'Isaac, de 1403 à 1424. Célèbre, il obtint plusieurs commandes (statue de Saint Jean-Baptiste pour Orsanmichele, 1412-1415). Après un bref séjour à Venise, il reçut la commande de la troisième porte du baptistère (exécutée de 1425 à 1452) appelée par Michel-Ange, qui l'admirait, la « Porte du Paradis » ; ornée de dix bas-reliefs, elle illustre des scènes de l'Ancien Testament. La maîtrise de Ghiberti, son sens de la perspective et son goût d'une organisation précise de l'espace éclatent dans cette remarquable composition. [A]

GIORGIONE. *Giorgione s'armait d'une cuirasse quand il était obligé de peindre dans un lieu public* [...] (165) ◊ Giorgione (Giorgio da Castelfranco, dit) Peintre italien (Castelfranco Veneto, v. 1477 – Venise, 1510). [A]

GOETHE (Johann Wolfgang von). *Goethe a peint, dans une délicieuse romance, ce penchant que l'on éprouve pour les eaux au milieu de la chaleur. La nymphe du fleuve au pêcheur le charme de ses flots : elle l'invite à s'y rafraîchir, séduit par degrés, enfin il s'y précipite.* (355) ◊ Écrivain allemand (Francfort-sur-le-Main, 1749 – Weimar, 1832). [A] Mᵐᵉ de Staël admirait Goethe, qu'elle a rencontré lors de son voyage en Allemagne (1803). Dès 1800, elle lui écrivait : « La lecture de *Werther* a fait époque dans ma vie comme un événement personnel et ce livre, joint à *La Nouvelle Héloïse*, sont les deux chefs-d'œuvre de la littérature selon moi. » (lettre du 29 avril 1800). La ballade « Der Fischer » date de 1778.

GOLDONI (Carlo). [...] *ils suppliaient Corinne de répondre, et se contentaient seulement de citer les noms si connus de Maffei, de Métastase, de Goldoni, d'Alfieri, de Monti.* (180) ◊ Dramaturge italien (Venise, 1707 – Paris, 1793). Il se donna pour mission la réforme de la comédie italienne en transformant la *commedia dell'arte*. À l'improvisation, il substitua le texte écrit ; à la comédie d'intrigue, la comédie de caractères. [A]

GOZZI (Carlo). *Gozzi, le rival de Goldoni, a bien plus d'originalité dans ses compositions, elles ressemblent bien moins à des comédies régulières.* (182) ◊ Écrivain italien (Venise, 1720 – id., 1806). Il défendit la tradition de la commedia dell'arte contre le réalisme scénique de Goldoni avec des *fiabe* (« fables »), féeries tirées de contes populaires ou orientaux. [A] Voir « Truffaldin ».

grace. (5 occ.) ◊ La forme sans accent circonflexe se trouve encore chez Furetière, mais le Dictionnaire de l'Académie (1762) et Littré ne connaissent que

« grâce ». L'édition Peltier (1807) porte « grâce ».

GRACQUES (les). *Cicéron, Hortensius, les Gracques, habitaient sur ce mont Palatin, qui suffit à peine, lors de la décadence de Rome, à la demeure d'un seul homme* [...] (117) ◊ Les deux frères Tiberius et Caius Sempronius Gracchus, tribuns de la plèbe [...] et auteurs de deux tentatives révolutionnaires pour résoudre le problème agraire et donner des nouvelles bases à l'État romain. [U] Sous la Révolution, ils sont devenus le type du patriote et de l'orateur. Ainsi, Mme de Staël écrit à Gibbon, après la naissance de son deuxième fils : « Me voilà mère des Gracques, et j'espère que mes deux fils rétabliront la liberté en France. » (lettre du 28 novembre 1792).

GUARINI (Giovan Battista). — *D'abord, répondit Corinne, les étrangers ne connaissent, pour la plupart, que nos poètes du premier rang, Le Dante, Pétrarque, l'Arioste, Guarini, Le Tasse et Métastase* [...] (173) ◊ Poète et diplomate italien (Ferrare, 1538 – Venise, 1612). Sa pastorale en forme de tragicomédie, *le Berger fidèle* (*Il pastor fido*, entre 1580 et 1583, publiée en 1590), fut admirée et imitée dans toute l'Europe. [A]

Hamlet. *On eût dit que dans ces lieux, comme dans la tragédie de Hamlet, les ombres erraient autour du palais où se donnaient les festins.* (499) ◊ Allusion au spectre du père (I, 5) dans le drame en cinq actes de William Shakespeare (v. 1600).

HANNIBAL. [...] *un temple élevé par la république à l'Honneur et à la Vertu ; un autre au Dieu qui a fait retourner Annibal sur ses pas* (129) ◊ Homme de guerre carthaginois (?, 247 – Bithynie, 183 av. J.-C.). Fils d'Hamilcar Barca, il devait être, en raison de son incomparable génie militaire, l'adversaire le plus redoutable de Rome. [...] En 219, [...] il déclencha sciemment la deuxième guerre punique. En trois mois, il franchit les Pyrénées, traversa le sud de la Gaule et les Alpes et infligea aux Romains plusieurs défaites dans le Tessin, à la Trébie (218), au lac Trasimène (217) et enfin à Cannes (216). Mais, n'osant attaquer Rome avec une armée épuisée, à laquelle Hannon, l'adversaire politique de sa famille, refusait d'envoyer des renforts depuis la métropole, il séjourna ensuite à Capoue. Son adversaire en profita pour reprendre l'initiative des opérations. Hannibal fut refoulé dans le sud de la péninsule italienne et les armées romaines, sous la conduite de Scipion l'Africain, infligèrent en Espagne de lourdes pertes aux Carthaginois, puis passèrent en Afrique du Nord. [A]

harpe éolienne. *On dirait que le souffle pur du ciel et de la mer agit sur l'imagination des hommes comme le vent sur les harpes éoliennes* [...] (84) ; *Corinne lui dit que c'étaient les harpes éoliennes que le vent faisait résonner et qu'elle avait placées dans quelques grottes du jardin, pour remplir l'atmosphère de sons aussi-bien que de parfums* [...] (230-231) ◊ Instrument à cordes monté de manière à rendre des sons quand le vent vient à le frapper. [L]

HARWICH. *Deux ou trois fois, dans le passage de Harwich à Embden, la mer menaça d'être orageuse.* (31) ◊ Oswald part du port de Harwich (Essex) au Nord-Est de Londres, un des principaux ports anglais pour le trafic des passagers vers le continent, pour se

rendre à Emden, ville maritime allemande (Basse-Saxe) près de l'embouchure de l'Ems.

HERCULANUM. *Corinne connaissait si bien toutes les attitudes que représentent les peintres et les sculpteurs antiques, que, par un léger mouvement de ses bras, en plaçant son tambour de basque tantôt au-dessus de sa tête, tantôt en avant avec une de ses mains, tandis que l'autre parcourait les grelots avec une incroyable dextérité, elle rappelait les danseuses d'Herculanum* [...] (148) ◊ (auj. Ercolano). Ancienne ville d'Italie (Campanie) située au pied du Vésuve et détruite, en même temps que Pompéi, par une éruption du volcan (79 apr. J.-C.) [A]

hiéroglyphe. *Ils détournèrent le Nil de son cours pour qu'il allât le chercher et le transportât jusqu'à la mer ; cet obélisque est encore couvert des hiéroglyphes qui gardent leur secret depuis tant de siècles, et défient jusqu'à ce jour les plus savantes recherches* [...] (138) ◊ Précisons que Jean-François Champollion (1790-1832) ne commencera à consigner ses observations sur le déchiffrement de la pierre de Rosette qu'à partir de 1822.

HIPPOLYTE. *Hippolyte, dans toute la beauté de la jeunesse et de l'innocence, repousse les accusations perfides de sa belle-mère* (236) ◊ Fils de Thésée. Il inspira une violente passion à Phèdre, sa belle-mère, qui, se voyant dédaignée, l'accusa d'avoir voulu la séduire. Thésée, furieux, suscita contre son fils le courroux de Poséidon, et Hippolyte périt piétiné par ses chevaux. [A]

HOMÈRE. *C'est là qu'on apprend à sentir Homère et Sophocle* (219) ◊ D'après la tradition, poète grec d'Asie Mineure, qui, selon Hérodote, aurait vécu au IXe s. av. J.-C. et dont plusieurs villes (Chio, Smyrne, Colophon, notamment) se glorifiaient [...] De *L'Iliade* et de *l'Odyssée*, premières œuvres connues de la littérature grecque, dérivent, par l'intermédiaire de Virgile, qui s'en inspira pour *l'Énéide*, la conception occidentale de l'épopée. [A]

HORACE. *Enfin ils découvrirent Tivoli qui fut la demeure de tant d'hommes célèbres, de Brutus, d'Auguste, de Mécène, de Catulle, mais surtout la demeure d'Horace* (229) ◊ Écrivain latin (Venusia, Apulie, 65 – Rome ?, 8 av. J.-C.). L'œuvre d'Horace comprend, d'une part, les *Satires* (35-30) et les *Épîtres* (20-10), d'autre part, les *Odes* (23-13). Les *Satires* et les *Épîtres* groupent des poèmes d'inspiration épicurienne, dans lesquels le poète moralise aimablement autour des menus faits de la vie quotidienne, ou réfléchit sur les problèmes littéraires et la nature de la poésie (*Épître aux Pisons* ou *Art poétique*). Dans les *Odes*, Horace a chanté le plaisir de vivre, la liberté intérieure, l'amour et la nature. Son influence a été considérable sur le développement de la poésie occidentale. [A]

HORACES (les trois). Voir « Curiaces ».

HORATIUS COCLÈS. *C'est en face de ce mont qu'Horatius Coclès fit couper derrière lui le pont qui conduisait à Rome* [...] (118) ◊ En lat. Publius Horatius Coclès (« le Borgne »). Héros romain légendaire qui défendit seul l'entrée du pont Sublicius, à Rome, contre l'armée du roi étrusque Porsenna. [LM]

HORTENSIUS. *Les maisons des particuliers*

étaient très petites et très simples. Cicéron, Hortensius, les Gracques, habitaient sur ce mont Palatin (117) ◊ Célèbre avocat qui défendit Verrès. [A]

Hydepark. *Le régiment de lord Nelvil devait être passé en revue le lendemain matin, à Hydepark* (486) ◊ Hyde park : parc londonien.

idolâtrie. *Que pouvez-vous craindre de moi, Corinne, quand je vous aime avec idolâtrie ?* (340) ; *Oswald, Oswald, pourquoi donc vous aimer avec tant d'idolâtrie ?* (409) ◊ Fig. Amour excessif. [L]

inconvenable. *Il ne disait rien qui fût précisément inconvenable, mais il froissait toujours les sentiments délicats d'Oswald en parlant trop fort ou trop légèrement sur ce qui l'intéressait.* (72, voir 155) ◊ Qui ne convient pas. Ce qui est inconvenable ne convient pas ; le sens est purement négatif. Ce qui est inconvenant, non-seulement ne convient pas, mais en outre est choquant, blessant par quelque chose. Inconvenant est une aggravation d'inconvenable. [L]

insçu. (5 occ.) ◊ Forme présente dans le Dictionnaire de l'Académie (1762). Graphie conservant trace de l'étymologie supposée de *savoir* < *scire*.

INSPRUCK. *Dans la ville d'Inspruck, avant d'entrer en Italie* […] (33) ◊ Ancienne orthographe pour « Innsbruck », capitale du Tyrol en Autriche.

ISCHIA. […] *des paysannes des îles voisines d'Ischia et de Procida, dont l'habillement a conservé de la ressemblance avec le costume grec* […] (347) ◊ Île italienne de la mer Tyrrhénienne (Campanie), à l'entrée N. du golfe de Naples. [A]

ISTRIE. […] *dans les lointain les côtes de l'Istrie et de la Dalmatie* (428) ◊ Presqu'île de la Croatie, dans le nord de l'Adriatique, entre les golfes de Trieste et de Rijeka ; autrichienne entre 1797 et 1806.

ITALIE. *passim.* ◊ À l'issue de la guerre de la Succession d'Espagne (1701-1714), l'Italie du Nord échoit aux Habsbourg d'Autriche, les Bourbons d'Espagne ne conservant que le royaume des Deux-Siciles et le duché de Parme et Plaisance. Les campagnes de Bonaparte (1796-1800) et la politique napoléonienne après 1806 aboutissent à l'annexion de vastes territoires (Rome devient le département du Tibre) et à la constitution d'un royaume d'Italie ; les traités de 1815 rétablissent les anciennes monarchies. [A]

JANICULE (mont). *Vis-à-vis du mont Aventin est le mont Janicule* (118) ◊ L'une des sept collines de Rome, située sur la rive droite du Tibre et qui était consacrée à Janus. [A]

JÉRUSALEM. Voir « Titus ».

JUDITH. *Un Florentin, homme du peuple, montrait aux étrangers une Minerve qu'il appelait Judith, un Apollon qu'il nommait David, et certifiait, en expliquant un bas-relief qui représentait la prise de Troie, que Cassandre était une bonne chrétienne* […] (518) ◊ Héroïne juive, qui a donné son nom à un livre deutérocanonique de l'Ancien Testament. D'après celui-ci, elle aurait, après l'avoir séduit, tué Holopherne, un général de Nabuchodonosor, pour sauver la ville de Béthulie assiégée par les Assyriens. [A]

JUGURTHA. *Jugurtha et les complices de Catilina périrent dans ces prisons.* (109) ◊ (?, v. 160 – Rome, v. 104 av. J.-C.). Roi de Numidie (118-105). Petit-fils illégitime de Massinissa, il fut adopté par son oncle Micipsa, qui lui légua un tiers de son royaume. Voulant régner seul, Jugurtha fit assassiner ses cousins Hiempsal et Adherbhal. Les Romains, qui redoutaient en lui un nouvel Hannibal, lui déclarèrent la guerre en 111. Il subit plusieurs défaites, mais résista jusqu'en 105, date à laquelle il fut livré à ses ennemis par son beau-père, Bocchus, roi de Mauritanie, à qui Rome donna son royaume. Il fut éliminé après le triomphe de Marius (104). [A]

JULIETTE. Voir « Roméo ».

JUPITER. Voir « Capitolin ».

jusques. (15 occ.) ◊ La forme jusques, avec l's adverbial, fréquente dans l'ancienne langue, s'emploie encore parfois pour des raisons d'euphonie, notamment en poésie. [R]

lady. *Lady Edgermond, lady Nelvil, passim.* ◊ Titre donné, en Angleterre, aux femmes des lords et des chevaliers, et, par courtoisie, aux filles des lords et des chevaliers baronnets, en y joignant le nom de baptême. [L]

LAOCOON. *Des vases, des autels, des ornements de toute espèce entourent l'Apollon, le Laocoon, les muses.* (219) ◊ MYTH. Prêtre chargé du culte d'Apollon à Troie, il déconseilla en vain l'introduction dans la ville du fameux cheval de bois. Il mourut, ainsi que ses fils, étouffé par deux énormes serpents. Groupe sculpté (marbre, 2,42 m de hauteur) conservé au musée Pio Clementino (Vatican). Cette œuvre hellénistique fut sans doute réalisée à Rhodes (fin du IIe s. – Ier s. av. J.-C.) et fut retrouvée en 1506 à Rome. [A]

LATRAN. *On entre par la porte de Saint-Jean-de-Latran.* (401) ◊ Située à Rome, la piazza San Giovanni in Laterano conserve trois édifices remarquables, actuellement propriété du Vatican : le palais du Latran, reconstruit par Fontana (1588), la basilique Saint-Jean-de-Latran et le Baptistère, qui, élevé sous Constantin sur des thermes romains, doit sa forme octogonale à Sixte III (mosaïques des Ve et VIIe s.). [A]

LAURE. *La patrie m'inspira mieux que Laure elle-même.* (62) ◊ Laure de Noves : dame provençale (1308 ? – 1348). Peut-être fille du seigneur Audibert de Noves et épouse de Hugues de Sade, elle inspira à Pétrarque un amour sans espoir, qu'il chanta dans son *Canzoniere*. [A] Voir « Pétrarque »

lazzaroni. *Ils traversèrent d'abord la rue de Tolède, et virent les Lazzaroni couchés sur les pavés, ou retirés dans un panier d'osier, qui leur sert d'habitation jour et nuit.* (289) ◊ Littér. Homme du bas peuple, à Naples. « Des lazzaroni » (Académie). [R] Littré donne « lazarone », *s. m.*, plur. lazaroni.

LÉON X. *Le Colisée, les obélisques, toutes les merveilles qui au fond de l'Égypte et de la Grèce, de l'extrémité des siècles, depuis Romulus jusqu'à Léon X* […] (65) ◊ [Jean de Médicis] (Florence, 1475 – Rome, 1521). Pape (1513-1521). Mécène fastueux, il se montra d'une grande générosité envers les artistes (Raphaël et Michel-Ange). [A]

LIVIE. *Il reste encore sur le mont Palatin quelques chambres des bains de Livie* […] (117) ◊ Femme de l'empereur Auguste (58 av. J.-C. – 29 apr. J.-C.). Elle épousa Auguste en 38 av. J.-C. Après la mort de celui-ci, elle intrigua pour l'accession au trône de son fils Tibère. [A]

LIVOURNE. [...] *un vaisseau partait du port voisin pour Gênes ou Livourne.* (381) ◊ (en ital. Livorno). V. d'Italie (Toscane), ch.-l. de prov. sur la mer Tyrrhénienne. La ville dut sa fortune aux Médicis, qui la dotèrent, à partir de 1530, d'une infrastructure portuaire destinée à en faire un grand centre de commerce des épices. [A]

LOMBARDIE. [...] *la Lombardie, les environs de Ferrare et de Rovigo, sont remarquables par la beauté et la culture.* (418) ◊ Région traditionnelle d'Italie, la plus peuplée et la plus riche du pays. [A]

lord. Jusqu'à la page 340, à l'exception de la citation de *Roméo et Juliette* (199) et de la formule liturgique anglaise (297), seuls les Nelvil père et fils sont désignés, *passim*, par le titre de « lord ». À partir de la page 340, ce titre est également donné à lord Edgermond (340, 361, 449, 460, 465, 466, 481, 484, 486, 496, 502, 507). ◊ Titre donné aux nobles en Angleterre. Le féminin est lady (voir ce mot).

louvoyer. *Je l'entendis seulement qui me disait quelques mots pour m'engager à retarder mon départ, à écrire à mon père que j'étais malade ; enfin à louvoyer avec sa volonté.* (313) ◊ Fig. Prendre des détours pour arriver à un but où l'on ne peut aller directement. [L]

lumières. *Le mystère, tel que Dieu nous l'a donné, est au-dessus des lumières de l'esprit, mais non en opposition avec elles.* (275) ◊ Fig. Ce qui éclaire et guide l'esprit, ce qui rend visibles les obscurités. [L] *Mais, au milieu de cette ignorance, il y a un fond d'esprit naturel et d'aptitude à tout, tel, qu'on ne peut prévoir ce que deviendrait une semblable nation, si toute la force du gouvernement était dirigée dans le sens des lumières et de la morale.* (292) ◊ La lumière, ou les lumières, la capacité intellectuelle naturelle et acquise. Les lumières du siècle, le point de civilisation, de connaissances auxquelles il est parvenu. [L]

MACBETH. *C'est Macbeth, l'invincible Macbeth, qui, prêt à combattre Macduff dont il a fait périr la femme et les enfants, apprend que l'oracle des sorcières s'est accompli, que la forêt de Birnam paraît s'avancer vers Dunsinane.* (235) ◊ Personnage de la tragédie homonyme de Shakespeare (1606). Il apprend par les sorcières qu'il ne sera vaincu que lorsque la forêt de Birnam viendra à Dunsinane, ce qui se produira grâce à un subterfuge des soldats de l'armée de Macduff et de Malcolm qui coupent des branches de la forêt de Birnam et se mettent en marche vers Dunsinane derrière ce rideau de feuillage.

MACDUFF. ◊ Personnage de *Macbeth*.

MACHIAVEL. *Machiavel, qui révéla l'art du crime, plutôt en observateur qu'en criminel.* (516) ◊ Écrivain et homme politique italien (Florence, 1469 – id., 1527). [...] Machiavel ne s'interroge pas, à la façon des utopistes, sur ce que devraient être les États, mais sur ce qu'ils sont, sur les lois qui président à leur constitution, à leur vie, à leur mort. La théorie, jamais séparée de l'action, fait apparaître comme central le phénomène politique du pouvoir. Si les affaires humaines sont dominées par la « fortune », une place est laissée à la virtù, qui peut s'incarner dans un peuple (comme sous la République romaine, que Machiavel admire par-dessus tout), ou dans un individu exceptionnel, comme César Borgia (le principat convenant mieux à la structure des États modernes). [A]

MAGDELEINE (sainte). *Jésus-Christ n'a-t-il pas dit de la Magdeleine : il lui sera beaucoup pardonné, parce qu'elle a beaucoup aimé.* (270) ◊ Luc, 7, 47 : la Vulgate identifie la pêcheresse à Madeleine, ce qui est récusé de nos jours.

Malin, -igne. *L'influence maligne ne se fait sentir par aucun signe extérieur ; vous respirez un air qui semble pur et qui est très-agréable ;* (143) ◊ adj. Qui a quelque qualité mauvaise, nuisible. Il se dit des maladies qui présentent le caractère de la malignité. Pustule maligne. Fièvre maligne, ancien nom des fièvres graves, et qui, dans le langage actuel de la médecine, n'a plus de sens déterminé. [L]

MANTEGNE. *Corinne pensait que l'expression des peintres modernes, en général, était souvent théâtrale, qu'elle avait l'empreinte de leur siècle, où l'on ne connaissait plus, comme André Mantegne, Perugin et Léonard de Vinci, cette unité d'existence, ce naturel dans la manière d'être, qui tient encore du repos antique.* (222) ◊ Mantegna : Peintre et graveur italien (Isola di Carturo, Padoue, 1431 – Mantoue, 1506). [...] Admirateur passionné de l'Antiquité, auteur d'une œuvre dynamique et expressive, Mantegna exerça une influence décisive sur la peinture de la Renaissance. [A]

MARC-AURÈLE. *Ainsi tout est là, les temps héroïques représentés par les Dioscures, la république par les lions, les guerres civiles par Marius, et les beaux temps des empereurs par Marc-Aurèle.* (109) ◊ (Rome, 121 – Vindobona, 180). Empereur romain (161-180). Originaire d'Espagne, adopté par Antonin le Pieux à la demande d'Hadrien, il épousa Faustine la Jeune, la fille de son père adoptif, et régna d'abord conjointement avec son frère adoptif, Lucius Verus († 169). Son règne, marqué par de nombreuses guerres, contre les Parthes puis contre les Germains, fut assombri par des catastrophes naturelles et des épidémies. Ami d'Hérode Atticus et de Fronton, Marc Aurèle se voulut philosophe et le dernier grand témoin du stoïcisme antique : l'autonomie de l'individu et son appartenance à l'ordre du monde s'expriment dans des *Pensées* adressées à lui-même et qui ont pour origine la pratique de l'examen de conscience empruntée au pythagorisme. [A]

MARCELLUS. *Il n'y a point d'autre théâtre que celui de Marcellus dont les ruines subsistent encore.* (120) ◊ (en lat. Marcus Claudius Marcellus). Général romain (v. 268 – 208 av. J.-C.). Cinq fois consul, il dut sa renommée à sa victoire (222) sur les Insubres à Clasidium (auj. Costeggio), qui permit la conquête de la Gaule Cisalpine. Son plus grand succès fut la prise de Syracuse (212), alliée de Carthage, en dépit de l'ingéniosité d'Archimède. [A]

marche. *Oswald parcourut la marche d'Ancone et l'état ecclésiastique jusqu'à Rome* [...] (46) ◊ Frontière militaire d'un État. Usité surtout dans le nom de certains pays, comme la marche Trévisane, la marche d'Ancône, la marche de Brandebourg. [L]

MARIUS. *Au haut de l'escalier sont deux colosses qui représentent, à ce qu'on croit, Castor et Pollux,* *puis les trophées de Marius.* (109) ◊ Général et homme politique romain (Cereatae, près d'Arpinum, 157 – Rome, 86 av. J.-C.). [A]

MARTIUS. *Ces prisons furent d'abord construites par Ancus Martius, et servaient alors aux criminels ordinaires.* (109) ◊ Ancus Martius. Quatrième roi légendaire de Rome (v. 640 – 616 av. J.-C.). Il agrandit Rome et créa le port d'Ostie. [A]

MAURIENNE. *Dans la Maurienne, l'hiver devint à chaque pas plus rigoureux.* (549) ◊ Région des Alpes de Savoie. [A]

MÉDICIS. *L'aspect de Florence rappelle son histoire avant l'élévation des Médicis à la souveraineté.* (512) ◊ Famille de banquiers florentins, qui parvint au pouvoir grâce à sa richesse et à son habile politique. [A]

mélancolie. ♦ *D'où vient la mélancolie profonde dont je me sens saisie en entrant dans cette ville ?* (421) ◊ Terme d'ancienne médecine. Bile noire, humeur hypothétique, un des quatre éléments qui, suivant les anciens, constituaient le corps humain, et dont ils avaient placé le siège dans la rate. On regardait la mélancolie comme capable de produire les affections, les maladies hypocondriaques. Disposition triste provenant d'une cause physique ou morale, dite aussi vulgairement vapeurs du cerveau. [L] ♦ [...] *j'imagine que quelqu'autre motif secret est la cause de sa longue et profonde mélancolie* [...] (78) ◊ Tristesse déjà adoucie qui succède à une perte cruelle. [L] ♦ *Sans doute il n'y a pas dans nos poètes cette mélancolie profonde, cette connaissance du cœur humain qui caractérise les vôtres* [...] (174) ◊ Tristesse vague qui n'est pas sans douceur, à laquelle certains esprits et surtout les jeunes gens sont assez sujets, et qui n'a pas été sans action sur la poésie moderne de l'Europe. [L]

MÉLÉAGRE. *Hippolyte, dans ce tableau, est peut-être plus beau que dans Racine même ; il y ressemble davantage au Méléagre antique, parce que nul amour pour Aricie ne dérange l'impression de sa noble et sauvage vertu.* (236) ◊ MYTH. Héros légendaire d'Étolie, qui s'illustra dans la célèbre chasse de Calydon, en tuant le sanglier qui dévastait le royaume de son père. [A]

MELLINI. *Corinne conduisit Oswald dans la Villa Mellini, jardin solitaire et sans autre ornement que des arbres magnifiques.* (140) ◊ Siège, depuis, de l'observatoire astronomique.

Mérope. *Il y a dans la Mérope de Maffei une grande simplicité d'action, mais une poésie brillante, revêtue des images les plus heureuses ; et pour quoi s'interdirait-on cette poésie dans les ouvrages dramatiques ?* (188) ◊ La tragédie en vers *Mérope* (jouée et publiée en 1713) remporta un succès extraordinaire. Inspirée de la mythologie grecque, du théâtre d'Euripide et de la période classique française, elle annonce la réforme du drame italien qui eut lieu plus tard. [U]

MÉTASTASE. *Nos poètes du premier rang, Le Dante, Pétrarque, l'Arioste, Guarini, Le Tasse et Métastase.* (173) ◊ (Pietro Trapassi, dit Metastasio) Poète et dramaturge italien (Rome, 1698 – Vienne, 1782). Poète officiel à la cour de Vienne, célèbre par

ses mélodrames, tragédies avec accompagnement musical (*Didone abbandonata*, 1724 ; *Olimpiade*, 1733 ; *La clemenza di Tito*, 1734), il s'efforça de restaurer le drame grec tout en l'adaptant aux goûts raffinés du public contemporain. [A]

MÉTELLUS. *Les tombeaux qu'on aperçoit les premiers sont ceux des Métellus, des Scipions et des Servilius.* (129) ◊ Caecilius Metellus (Quintus) dit le Macédonique Homme politique et général romain († 115 av. J.-C.). Issu d'une illustre famille de la nobilitas plébéienne, il conquit la Macédoine et combattit les Celtibères en Espagne. Quintus, dit le Numidique († v. 90 av. J.-C.), neveu du précédent. Il vainquit Jugurtha en Afrique (109), mais fut supplanté par Marius, son ancien lieutenant, et exilé. Quintus, dit Pius (130 – 64 av. J.-C.), fils du précédent. Durant la guerre sociale, il battit le chef des Marses, Pompedius Silo (88), et acheva la conquête de l'Espagne. [A]

MICHEL (saint). *Elles se jetaient à genoux devant lui, et s'écriaient : Vous êtes sûrement saint Michel, le patron de notre ville.* (45) ◊ Archange. Protecteur d'Israël, chef des armées célestes, il est le « Grand Prince » dans le livre de Daniel (12, 1). Son culte, très ancien en Orient, est beaucoup plus récent en Occident, où l'archange serait apparu trois fois : au château Saint-Ange, à Rome, sous Grégoire le Grand ; au mont Gargano, en Apulie, au Ve s. ; et au Mont-Saint-Michel. [A]

midi. *Les peuples du midi se représentent la fin de la vie sous des couleurs moins sombres que les habitants du nord* [...] (66, et *passim*) ◊ Le sud du continent européen. [R]

MILTON (John). *L'homme le plus vulgaire, lorsqu'il prie, lorsqu'il souffre et qu'il espère dans le ciel, cet homme, dans ce moment, a quelque chose en lui qui s'exprimerait comme Milton, comme Homère, ou comme Le Tasse.* (272) ◊ Poète et pamphlétaire anglais (Londres, 1608 – Chalfont Saint Giles, Buckinghamshire, 1674). [...] Il consacra la fin de sa vie à la méditation religieuse. *Le Paradis perdu* (1667) a pour thème la chute de l'homme. Le personnage central en est Satan, dont le poète exalte la révolte. Cette œuvre, qui exerça sur les romantiques une influence considérable, fut suivie du *Paradis retrouvé* (1671), récit de la tentation du Christ, puis de *Samson Agonistes* (1671). [A]

ministre. *J'ai vu dans les Cévennes un ministre protestant qui prêchait, vers le soir, dans le fond des montagnes* [...] (276) ; *À des moments marqués, le ministre anglican prononçait des prières dont toute l'assemblée répétait avec lui les dernières paroles* [...] (297) ◊ Chez les luthériens et les calvinistes, ministre du saint Évangile, ministre de la parole de Dieu, ou, simplement, ministre, celui qui fait le prêche. [L]

MINTURNES. *Marius s'est réfugié dans ces marais de Minturnes, près de la demeure de Scipion* [...] (351) ◊ Ville de l'Italie ancienne, dans le Latium, auj. détruite. Célèbre par les marais voisins où Marius proscrit se cacha.

MISÈNE. *C'est à Misène, dans le lieu même où nous sommes, que la veuve de Pompée, Cornélie, conserva jusqu'à la mort son noble deuil.* (352) ◊

Promontoire volcanique d'Italie (Campanie) qui ferme la baie de Naples au N.-O. [A]

miserere. *Oswald se rendit à la chapelle Sixtine pour entendre le fameux miserere vanté dans toute l'Europe.* (265) ◊ Terme de liturgie. Le psaume cinquante-unième, qui commence en latin par ces mots, miserere mei, Deus [ayez pitié de moi, Dieu]. [L]

MODÈNE. *Lord et lady Nelvil traversèrent Plaisance, Parme, Modène.* (557) ◊ V. d'Italie (Émilie-Romagne), ch.-l. de prov., sur la via Emilia, entre Reggio et Bologne. [A]

MONTAGUE. Voir « Roméo »

MONTI. *Les musiciens chantèrent ces délicieuses paroles de Monti.* (384) ◊ Poète italien (Alfonsine, Ravenne, 1754 – Milan, 1828). Influencé par le néoclassicisme érudit en vogue à l'époque napoléonienne, il a laissé une œuvre poétique abondante et variée. On lui doit également des tragédies et des essais critiques, dans lesquels il se prononça pour la création d'une langue littéraire nationale mais où il condamna le romantisme. [A] Mme de Staël a lié amitié avec lui à Milan, en décembre 1805.

moresque. *L'architecture vénitienne se ressent du commerce avec l'orient ; c'est un mélange du goût moresque et gothique qui attire la curiosité sans plaire à l'imagination.* (420) ◊ Qui a rapport aux coutumes, aux usages, au goût des Mores [ou Maures]. Fête moresque. Édifice moresque. Costume moresque. [L]

MUSAGÈTE. [...] *dans la Minerve guerrière et dans l'Apollon Musagète.* (218) ◊ Selon Hésiode, les Muses étaient neuf sœurs, filles de Zeus et de Mnémosyne. Inspiratrices des poètes, leur cortège est conduit par Apollon Musagète. [A]

mylord. *passim.* ◊ angl. *my lord,* « mon seigneur ». Vx. Titre donné en France aux lords et pairs d'Angleterre, et par ext. à tout étranger riche, puissant. [R]

NAPLES. *Oswald et Corinne, après le passage inquiétant des marais pontins, arrivèrent enfin à Terracine, sur le bord de la mer, aux confins du royaume de Naples.* (285) ◊ Le royaume de Naples, fondé par les Normands au XIIe s. puis dominé pendant trois siècles par les Espagnols, avant d'être attribué par Napoléon à son frère Joseph puis à Murat (1807-1815) retrouva la dynastie des Bourbon-Sicile et s'unit à l'Italie en 1860.

NEMI. *Ils passèrent près du lac de Nemi et des bois sacrés qui l'entourent.* (284) ◊ Voir « Diane ».

NÉRON. *Sénèque y moralise sans cesse Néron, comme s'il était le plus patient des hommes, et lui Sénèque le plus courageux de tous.* (185) ◊ Empereur romain (54-68). Ici, personnage de l'*Octavie* d'Alfieri (1784), caractérisé par sa volonté de faire le mal mais aussi par son éternelle angoisse.

NINUS. *L'autre jour, à Sémiramis, après que le spectre de Ninus eut chanté son ariette.* (178) ◊ Souverain légendaire de l'Assyrie. Époux de Sémiramis, il aurait fondé Ninive. [A] *Sémiramis*, Opéra de Métastase (1748).

NIOBÉ. *La statue de Niobé réveilla son intérêt* [...] (518) ◊ (en gr. Niobê). MYTH. Fille de Tantale et épouse d'Amphion à qui elle donna sept fils et sept filles, les Niobides. Fière de sa progéniture, elle se

moqua de Léto qui n'avait eu qu'un fils et qu'une fille (Apollon et Artémis). Ceux-ci vengèrent leur mère en tuant de leurs flèches tous les Niobides. [A]

NISIDA. *L'île de Nisida fut témoin des adieux de Brutus et de Porcie.* (353) ◊ Île volcanique dans les environs de Naples.

NORTHUMBERLAND. [...] *demandez à M. Edgermond s'il n'a jamais été dans le Northumberland.* (171) ◊ Comté de Grande-Bretagne, au N. de l'Angleterre littorale. [A]

NUMA. [...] *le ciel où les Romains croyaient commander encore reçoit parmi ses étoiles Romulus, Numa, César : astres nouveaux qui confondent à nos regards les rayons de la gloire et la lumière céleste.* (351) ◊ Numa Pompilius. Dans la tradition légendaire des origines de Rome, second roi de la cité (v. 715 – v. 672). Il passe pour avoir organisé la vie religieuse à Rome. [A]

Numide. *Il y a je ne sais quoi de Numide dans les cris sauvages qu'on entend de toutes parts.* (292) ◊ Qualifie les tribus nomades de la Numidie, correspondant à l'actuelle Algérie.

objet. *Je ne sais, mais plus on aime, moins on se fie au sentiment que l'on inspire ; et quelle que soit la cause qui nous assure la présence de l'objet qui nous est cher, on l'accepte toujours avec joie* [...] (137, et passim) ◊ Fig. et par excellence, femme aimée. [L]

octave. *Elle préluda quelque temps sur sa lyre, et ne divisant plus son chant en octaves, elle s'abandonna dans ses vers à un mouvement non interrompu* [...] (352) ◊ Stance de huit vers, employée dans la poésie espagnole, italienne et portugaise, et dont les six premiers sont sur deux rimes qui reviennent alternativement ; les deux derniers sont à rime plate ; les grands poèmes épiques italiens, les Rolands, la Jérusalem délivrée, etc. sont écrits en ces octaves. [L]

Octavie. *La pièce d'Octavie est une de celles où ce défaut de vraisemblance est le plus frappant. Sénèque y moralise sans cesse Néron, comme s'il était le plus patient des hommes.* (185) ◊ Impératrice romaine (v. 42-62 apr. J.-C.). Fille de Claude et de Messaline, elle fut mariée, en 53, au futur Néron qui, à l'instigation de Poppée, la répudia, la fit exiler dans l'île de Pandateria et l'obligea à s'ouvrir les veines [A]. Lord Nelvil commente ici la tragédie de Vittorio Alfieri, *Ottavia* (1784).

odalisque. *Ces mêmes femmes aussi que vous voyez indolentes comme les Odalisques du sérail sont capables tout à coup des actions les plus dévouées.* (164) ◊ Femme esclave, au service des femmes d'un harem. Par ext. Femme d'un harem. [A]

OLYMPE. *Un dieu quitta l'Olympe pour se réfugier en Ausonie ; l'aspect de ce pays fit rêver les vertus de l'âge d'or, et l'homme y parut trop heureux pour l'y supposer coupable.* (59) ◊ (en gr. Olumpos, auj. Ólimbos). Région montagneuse et inaccessible où les Grecs situaient la demeure de Zeus. C'est également le lieu de réunion des grandes divinités olympiennes, qui, après l'arrivée des Doriens, supplantèrent progressivement les divinités chthoniennes. L'Olympe est souvent confondu avec le ciel, domaine des dieux ouraniens, vainqueurs des forces chaotiques représentées par les Titans et les Géants. [A]

OSSIAN. *Cesarotti a fait la meilleure et la plus élégante traduction d'Ossian qu'il y ait.* (174) ◊ Barde et guerrier gaélique légendaire du IIIe s., sous le nom duquel J. Macpherson publia des poèmes épiques, inspirés de la tradition populaire écossaise. [A] Voir « Cesarotti ».

OSTIE. *Près d'Ostie, l'on a trouvé dans les bains de Néron l'Apollon du Belvédère.* (120) ◊ Localité d'Italie (Latium), dépendant de Rome. Voir « Apollon ».

pair. *Oswald lord Nelvil, pair d'Écosse, partit d'Édimbourg pour se rendre en Italie pendant l'hiver de 1794 à 1795* [...] (27) ◊ Membre de la chambre haute en Angleterre. Les pairs, en Angleterre, sont depuis longtemps des gentilshommes comme en France ; mais ils n'ont point de pairie, point de terre à laquelle ce titre soit attaché, VOLT. Hist. parl. VIII. [L]

PALATIN (mont). *À l'extrémité du mont Palatin s'élève un bel arc de triomphe dédié à Titus pour la conquête de Jérusalem.* (113) ◊ (en lat. Palatium). Une des sept collines de Rome, située entre le Tibre et le Forum. Berceau de l'illustre cité, on y trouve les traces d'un village qui remonterait au VIIIe s. av. J.-C., la maison d'Auguste et de Livie, le palais de Tibère, le palais Flavien, la Domus Augustana (résidence impériale ou palais de Domitien). [A]

PALLAS. *Un temple à Vénus, qui, du temps de la république, était consacré à Pallas.* (113) ◊ Surnom d'Athéna. Elle le devait à un Géant homonyme qu'elle avait tué dans la gigantomachie. [A]

PANTALON. *Les personnages d'Arlequin, de Brighella, de Pantalon, etc.* (181) ◊ Personnage du théâtre italien, apparu d'abord à Venise. Tel qu'il existait déjà dans l'Antiquité, Pantalon est le type du vieillard de comédie : goutteux, reniflant, toussant, crachotant, affublé d'un long nez crochu, vêtu d'un habit noir usé et sale, voûté, pour le physique ; au moral, cupide, avare, prétentieux, le plus souvent amoureux ridicule, ou franchement libidineux. Il semble devoir être éternellement la dupe de quelqu'un, que ce soit d'un fils, qu'il tient dans la misère, d'un rival, ou d'un valet, Arlequin ou Scapin, qui recourt à toutes sortes de déguisements pour lui soutirer de l'argent. [U]

PARINI (Giuseppe). [...] *tels que Chiabrera, Guidi, Filicaja, Parini, etc., sans compter Sannazar.* (174) ◊ Poète italien (Bosisio, auj. Bosisio Parini, Côme, 1729 – Milan, 1799). Son œuvre est celle d'un moraliste nourri des principes des Lumières et doté d'une vive sensibilité artistique. Il doit sa célébrité à des *Odes* (1757-1795) inspirées par des sentiments patriotiques et sociaux et à un grand poème en quatre parties : la *Journée* (1763-1801), dans lequel son esprit satirique prend pour cible la haute société milanaise. [A] Voir cette lettre de Mme de Staël à Monti (28 janvier 1805) : « Ce Parini qui fait des tours de force avec les mots comme Marchesi en fait avec les notes, m'a bien peu intéressée ; [...] ».

Pas des Échelles. *Ils arrivèrent au pied des montagnes qui séparent le Dauphiné de la Savoie, et montèrent à pied ce qu'on appelle* le pas des échelles [...] (548) ◊ Passage obligé vers l'Italie ; on

franchit le Guiers au bourg des Échelles, comme l'indique Chateaubriand dans son *Voyage en Italie*.

passe-port. *Si vous pouviez venir ici pour m'emmener, vous me sauveriez peut-être la vie ; car les Anglais voyagent librement encore en France ; et moi je ne puis obtenir un passe-port ; le nom de mon frère me rend suspecte* [...] (317) ◊ Permission donnée par l'autorité, et garantissant la liberté et la sûreté de ceux qui voyagent. [L, qui donne cette graphie en deux mots]

PAUSANIAS. [...] *on croit qu'elles appartiennent à un temple d'Athènes décrit par Pausanias.* (138) ◊ Pausanias le Périégète (IIe s. ap. J.-C.), auteur d'un ouvrage en dix livres : la *Périégèse ou Description de la Grèce*.

PAUSILIPPE. *Corinne et sa société s'y arrêtèrent avant de traverser la grotte de Pausilipe.* (344) ◊ Colline de Naples. [A]

PAZZI. *Sa conjuration des Pazzi, Virginie, Philippe second, sont admirables par l'élévation et la force des idées.* (187) ◊ Allusion à une tragédie de Vittorio Alfieri, *La Conjuration des Pazzi*, « sujet emprunté à Machiavel, qui raconte le meurtre de Julien de Médicis par des conjurés républicains, menés par Guillaume Pazzi, et le châtiment des coupables par Laurent de Médicis, frère de Julien ». [U]

PERGOLÈSE (Jean-Baptiste). *Michel-Ange, Raphaël, Pergolèse, Galilée, et vous intrépides voyageurs, avides de nouvelles contrées.* (63) ◊ Compositeur italien (Iesi, 1710 – Pouzolles, 1736). Auteur de musique instrumentale, vocale et théâtrale, on lui doit surtout la *Servante maîtresse* (1733), intermède en deux actes destiné à être intercalé entre les actes d'un opéra sérieux (*Il prigionier superbo*). Représenté à Paris en 1752, cet opéra bouffe déclencha la querelle dite « des Bouffons » entre les partisans de l'opéra-comique, dont J.-J. Rousseau, et ceux de la tradition lullyste, parmi lesquels J.-Ph. Rameau. On doit aussi à Pergolèse de la musique sacrée, en particulier un *Stabat Mater* (1736) qu'il termina quelques jours avant sa mort. [A]

PÉRUGIN (le). (222) ◊ Pérugin (Pietro Vannucci, dit le) peintre italien (Città della Pieve, Pérouse, v. 1445 – Fontignano, Pérouse, 1523). Formé à deux grandes écoles, celle de Verrocchio, dont il fut l'élève à Florence (1470-1472), et celle de P. della Francesca, le Pérugin travailla surtout en Ombrie, à Florence et à Rome. Auteur d'une production considérable, il réalisa surtout des compositions religieuses ordonnées symétriquement, où les personnages sont placés dans les architectures en trompe l'œil, qui s'ouvrent sur un paysage. [A]

PÉTRARQUE. *Il fit quelques questions sur cette cérémonie consacrée par les noms de Pétrarque et du Tasse.* (49) ◊ Francesco Petrarca. Poète et humaniste italien (Arezzo, 1304 – Arqua, Padoue, 1374) [...] En 1327 se produisit l'un des événements majeurs de sa vie : la rencontre, à Avignon, de celle qui sera son inspiratrice et qu'il immortalisera sous le nom de Laure. [...] En 1341, il reçut à Rome la couronne de laurier, qui le désignait comme le plus grand poète de son temps. Son œuvre, d'une importance capitale dans l'histoire de la pensée européenne, a pour ambition de réconcilier la culture antique et païenne avec la foi chrétienne. [...] On lui doit [...] surtout l'ouvrage qui lui conféra l'immortalité, le *Canzoniere*, recueil de 366 pièces, dont 317 sonnets, inspirées par sa passion idéalisée pour Laure et dans lesquelles il analyse les différents aspects de son amour et décrit ses états d'âme. Ces poèmes, d'une forme savante et raffinée, serviront pendant trois siècles de modèle à la poésie italienne et, à travers elle, ils exerceront une influence capitale sur l'évolution du lyrisme européen. [A] Voir « Laure ».

PHILOCTÈTE. *Philoctète est peut-être le seul sujet tragique dans lequel les maux physiques puissent être admis.* (226) ◊ Compagnon d'Hercule qui, avant de mourir, lui confia ses flèches empoisonnées. Blessé au pied par l'une d'elles, son infection fut si forte que les Grecs l'abandonnèrent. Tragédie de Sophocle (409 av. J.-C.)

PHLÉGÉTON. *Je vous fais passer, dit Corinne à ceux qui l'accompagnaient, sur les bords du lac d'Averne, près du Phlégéton, et voilà devant vous le temple de la Sibylle de Cumes.* (347) ◊ Phlégéthon ou Pyriphlégéthon (en gr. *Puriphlegethôn* « le fleuve du feu »). MYTH. Fleuve des Enfers, qui s'unit au Cocyte pour former l'Achéron. [A]

PINDARE. (386) ◊ Poète lyrique grec (Cynoscéphales, près de Thèbes, 518 – Argos ?, 438 av. J.-C.). Voir « Corinne ».

pittoresque. *En approchant de Parme et de toutes les villes qui sont sur cette route, on a de loin le coup-d'œil pittoresque des toits en forme de terrasse qui donnent aux villes d'Italie un aspect oriental* [...] (558, et *passim*) ◊ Il se dit de la disposition des objets, de l'aspect des sites, de l'attitude des figures, que le peintre croit plus favorables à l'expression. [Acad. 1762]

PLAISANCE. *Lord et lady Nelvil traversèrent Plaisance, Parme, Modène.* (557) ◊ (en ital. Piacenza). V. d'Italie (Émilie-Romagne), sur la via Emilia, au confl. de la Trebbia et du Pô. [A]

PLINE. *Pline raconte que l'on a vu trois cent soixante colonnes de marbre et trois mille statues dans un théâtre qui ne devait durer que peu de jours.* (120) ◊ Pline l'Ancien. Écrivain latin (Côme, 23 – Stabies, 79). Préfet de la flotte de Misène, il mourut en observant les effets de l'éruption du Vésuve qui ensevelit Herculanum et Pompéi. Il laissait une œuvre abondante, de caractère encyclopédique, dont il ne reste qu'une *Histoire naturelle*, en 37 livres, qui fut un ouvrage de référence jusqu'à l'époque de la Renaissance. [A]

POLICHINELLE. [...] *et qui, tristes arlequins et taciturnes polichinelles, ne disent pas une parole pendant toute la soirée.* (241) ◊ Personnage du théâtre comique qui tire son nom du Pulcinella napolitain. Fanfaron, glouton et querelleur, il a traditionnellement deux bosses, un nez crochu et rouge, une voix nasillarde et aiguë. [A]

POLITIEN (le). [...] *sans compter Sannazar, Politien, etc. qui ont écrit en latin avec génie.* (174) ◊ (Angelo Ambrogini, dit il Poliziano) Poète et humaniste italien (Montepulciano, 1454 – Florence, 1494). Il devint le familier de Laurent de Médicis et le

précepteur de ses fils. Il composa, en grec, en latin et en toscan, des poèmes lyriques d'inspiration épicurienne (*Sylvae*, 1482-1486). Ses *Stances pour le tournoi* (1475-1478) furent écrites à l'occasion d'une victoire en tournoi de Julien de Médicis. Son drame mythologique et pastoral la *Fable d'Orphée* (1480) inspira à Monteverdi son *Orfeo* (1607). [A]

POLLUX. Voir plus haut « Castor et Pollux ».

POMPÉE. *C'est à Misène, dans le lieu même où nous sommes, que la veuve de Pompée, Cornélie, conserva jusqu'à la mort son noble deuil.* (352) ◊ Général et homme politique romain (?, 106 – Péluse, 48 av. J.-C) [qui] chercha à se réfugier en Égypte auprès de son protégé Ptolémée XIII, mais celui-ci, craignant les représailles de César, le fit assassiner. [A]

POMPÉIA. *Les ruines de Pompéia sont du même côté de la mer que le Vésuve.* (299) ◊ (en ital. Pompei, en lat. Pompeii). V. d'Italie (Campanie), au pied du Vésuve, au S.-E. de Naples. La région fut peuplée au VIIᵉ s. av. J.-C. par les Osques. Occupée vers 470 par les Étrusques, puis vers 425 par les Samnites, la ville devint colonie romaine (80 av. J.-C.) et fut dotée à cette occasion de nombreux monuments. Résidence d'été des riches Romains, elle fut endommagée par un tremblement de terre en 62 ou 63 apr. J.-C., et était en pleine reconstruction lorsqu'elle fut ensevelie sous les cendres du Vésuve, le 24 août 79. Les premières fouilles à Pompéi datent du XVIIIᵉ s. Elles eurent une grande influence sur la connaissance de la vie quotidienne dans l'ancienne Rome et jouèrent un rôle primordial dans la renaissance du goût pour l'antique. [A]

PONTINS (marais). *Oswald et Corinne, après le passage inquiétant des marais pontins, arrivèrent enfin à Terracine, sur le bord de la mer, aux confins du royaume de Naples.* (285) ◊ Plaine marécageuse de la région romaine, de Cisternin à Terracine. Elle fut asséchée en 1811 par les Français de Napoléon, puis bonifiée par les travaux du régime fasciste en 1932.

PORCIE. *L'île de Nisida fut témoin des adieux de Brutus et de Porcie.* (353) ◊ Porcia, fille de Caton d'Utique († 43 av. J.-C.). Épouse de Brutus, très intéressée par la politique et ardente partisane de la République, elle se serait suicidée après la mort de son mari à Philippes. [A]

PORSENNA. *Vis-à-vis du mont Aventin est le mont Janicule, sur lequel Porsenna plaça son armée.* (118) ◊ Roi étrusque (VIᵉ s. av. J.-C.). Suivant la tradition, il aurait entrepris, vers 507 av. J.-C., une expédition sur Rome pour y rétablir les Tarquins, et la ville aurait été sauvée par le courage d'Horatius Coclès et de Mucius Scaevola. En réalité, il semble bien que Porsenna ait infligé une lourde défaite aux Romains. [A]

PORTICI. *Quelques feuilles brûlées des manuscrits qui ont été trouvés à Herculanum et à Pompéia, et que l'on essaye de dérouler à Portici.* (301) ◊ Port d'Italie (Campanie) au pied du Vésuve, sur le golfe de Naples. [A]

positif. *Lucile avait une grande douceur de caractère, mais sa mère lui avait donné des idées positives sur tous les points ;* (543) ◊ Se dit par opposition à ce qui émane de l'imagination, de l'idéal.

Esprit positif, esprit qui recherche en tout la réalité et l'utilité. On dit encore : c'est un homme positif, c'est un homme dont les idées sont positives ; et aussi c'est un homme qui considère en tout l'intérêt. [L]

PROCIDA. [...] *dansaient avec des paysannes des îles voisines d'Ischia et de Procida.* (347) ◊ (anc. et lat. Prochyta). Île italienne de la mer Tyrrhénienne, à l'entrée du golfe de Naples. [A]

PROMÉTHÉE. [...] *le feu qui l'anime, mieux gardé par son génie que par le dieu des païens, ne trouva point dans l'Europe un Prométhée qui le ravit.* (60) ◊ Fils des Titanides Japet et Clyméné, père de Deucalion, c'est à la fois un rebelle à l'égard des dieux et un bienfaiteur de l'humanité. Offrant un sacrifice à Zeus, il trompe le maître des dieux en ne lui donnant que les os cachés sous de la graisse. Pour se venger, Zeus cache le feu aux hommes : Prométhée le dérobe et le ramène sur terre. Pour le punir, Zeus l'enchaîne sur un rocher du Caucase et envoie un aigle lui dévorer le foie, qui repousse sans cesse, tandis qu'il fait à l'humanité le cadeau empoisonné qu'est Pandore. Prométhée sera délivré par Héraclès. [A]

PROPERCE. *Corinne rappela les vers de Tibulle et de Properce, qui se glorifient des faibles commencements dont est sortie la maîtresse du monde.* (110) ◊ Poète latin (Ombrie, v. 47 – ?, v. 15 av. J.-C.). Membre du cercle de Mécène, ami de Virgile, il use dans ses quatre livres *d'Élégies* de toutes les ressources de la mythologie et de la rhétorique pour chanter son amour pour la courtisane Cynthia. [A]

publicité. *Il n'y avait certainement rien de plus contraire aux habitudes et aux opinions d'un Anglais que cette grande publicité donnée à la destinée d'une femme* [...] (49) ◊ *s. f.* Notoriété. La publicité du crime le rend encore plus punissable. [Acad. 1762]

QUIRINAL (mont). *Le mont Quirinal et le mont Viminal se tiennent de si près, qu'il est difficile de les distinguer.* (121) ◊ L'une des sept collines de Rome, qui doit son nom au dieu Quirinus. [A]

raconteur. *Le raconteur fait des gestes les plus animés du monde ; sa voix est haute, il se fâche, il se passionne, et cependant on voit qu'il est au fond parfaitement tranquille ;* (425) ◊ Rare. Personne qui raconte, aime à raconter. – Conteur. « Les historiens sont des raconteurs du passé... » (Goncourt). REM. à la différence de conteur, raconteur ne s'emploie guère aujourd'hui qu'avec un compl. en de ; il semble être souvent péjoratif (un raconteur d'histoires, de balivernes, de sornettes...). [R]

RAPHAËL. *On croit que Raphaël prit le modèle de ses arabesques dans les peintures à fresque des thermes de Titus* [...] (120, et *passim*) ◊ (en ital. Raffaello Santi ou Sanzio). Peintre italien (Urbino, 1483 – Rome, 1520). Mᵐᵉ de Staël fait ici référence aux thermes de Trajan bâtis dans la résidence édifiée par Néron (*Domus aurea*), partiellement redécouverts au XVIᵉ siècle. « Raphaël et ses élèves y découvrirent avec émerveillement des peintures et des stucs d'une grande fantaisie, qui leur inspirèrent le décor à "grotesques" (les souterrains étant appelés "grottes") ». [U]

ressouvenir. *Il est à souhaiter, pour l'honneur des Juifs, que cette anecdote soit vraie ; les longs ressouvenirs conviennent aux longs malheurs* [...]

(113) ◊ *s. m.* Idée que l'on conserve ou que l'on se rappelle d'une chose passée. [L]

retracer. *Et maintenant que je me retrace ce qui s'est passé entre nous* [...] (319, et *passim*) ◊ Fig. Rappeler le souvenir, renouveler la mémoire. [L]

retraite. ◆ *La plupart d'entre eux ne cultivent pas même dans la retraite les facultés intellectuelles que la nature leur a données ;* (75) ◊ Action de se retirer du monde, de la cour, des affaires, des emplois, du théâtre, etc. [L] ◆ *La retraite de Corinne allait finir ; il attendait le bonheur de la revoir* [...] (265) ◊ Éloignement momentané du monde, pour se livrer à des exercices de piété. [L]

RIALTO. *On entend quelquefois un gondolier qui, placé sur le pont de Rialto, se met à chanter une stance du Tasse.* (430) ◊ Pont de Venise enjambant d'une seule arche de marbre le Grand Canal. Construit de 1588 à 1592 par A. da Ponte pour remplacer un pont de bois du XIIᵉ s., il est construit en dos-d'âne et comporte deux rangées de boutiques et deux rampes. [A]

RIENZI. *Crescentius, Arnault de Brescia, Nicolas Rienzi, ces amis de la liberté romaine* (99, 119) ◊ Cola di Rienzo (Nicola di Lorenzo, dit) Homme politique italien (Rome, 1313 – id., 1354). Il étudia les auteurs latins de l'Antiquité qui lui donnèrent l'ambition de restaurer la grandeur de l'antique Rome républicaine. Envoyé en mission à Avignon pour presser Clément VI de revenir à Rome, il gagna la confiance du pape qui le nomma secrétaire de la Camera capitolana. Il prépara alors la révolution qui devait mettre fin à la domination de l'aristocratie romaine représentée par les familles Colonna, Orsini, Savelli. Le 21 mai 1347, il monta au Capitole, se fit élire tribun et libérateur de l'État romain par le peuple, et proclama une nouvelle Constitution. Il rétablit l'ordre et obtint même l'adhésion de plusieurs cités à la République. Mais, le ressentiment des nobles et les inquiétudes de la papauté sur les projets d'unité de la péninsule le contraignirent à s'enfuir en décembre 1347. Innocent VI, pensant exploiter l'ancienne popularité du tribun pour la restauration de l'autorité pontificale, le nomma sénateur. Cola di Rienzo fit son entrée dans Rome (août 1354), mais sa dictature fut mal supportée et il fut massacré lors d'un nouveau soulèvement populaire. [R]

roideur. [...] *et au milieu de tous les liens qu'elle s'était imposés, de toute sa roideur acquise et naturelle, il y avait une passion pour sa fille d'autant plus profonde que l'âpreté de son caractère venait d'une sensibilité réprimée, et donnait une nouvelle force à l'unique affection qu'elle n'avait pas étouffée.* (455) ◊ La forme archaïque roideur est moins attestée en français moderne (XIXᵉ-XXᵉ) que roide. État, caractère (d'une chose ou d'une personne) raide. [R]

ROMAGNE. *Ils suivirent pendant deux jours les rivages de la mer Adriatique ; mais cette mer ne produit point, du côté de la Romagne, l'effet de l'océan ni même de la Méditerranée.* (417) ◊ L'ancienne Romandiola, qui fut le centre politique de l'exarchat de Ravenne, tomba aux mains des Lombards en 751. Pépin le Bref l'enleva à ces derniers en 754 et en fit don à la papauté. Elle demeura, malgré diverses vicissitudes, possession du Saint-Siège jusqu'en 1859 et rejoignit ensuite le nouveau royaume d'Italie. [A]

romanesque. ♦ *Mais les femmes aiment la peine, pourvu qu'elle soit bien romanesque [...]* (79) ◊ Qui a le caractère du roman. Qui tient du roman, merveilleux, fabuleux. [L] ♦ *Mais vous, qui êtes romanesque, vous auriez été sa dupe [...]* (331) ◊ Exalté, chimérique, comme les personnages de roman. [L]

ROMÉO. *Que pourriez-vous comparer à la scène de Belvidera et de son époux, dans Otway ; à Roméo, dans Shakespeare [...]* (154) ◊ *Roméo et Juliette*, légende qui évoque l'amour de Romeo Montecchi et de Giulietta Capuleti (ou Cappelletti), consacré par un mariage secret, mais incapable de réconcilier les familles ennemies, et qui s'achève par la mort des deux amants. Elle a inspiré les Italiens Masuccio Salernitano (1450), L. Da Porto (v. 1530) et M. Bandello (1554) et a fini par s'imposer à la littérature européenne et notamment à Shakespeare. [A] *Roméo et Juliette* de Shakespeare (1592).

ROMULUS. (*passim*) ◊ Selon la tradition légendaire, fondateur éponyme et premier roi de Rome. [A]

ROSA (Salvator). *Ce qui vaut le mieux, ce me semble, en ce genre, c'est la manière de Salvator Rosa, qui représente, comme vous le voyez dans ce tableau, un rocher, des torrents et des arbres, sans un seul être vivant, sans que seulement le vol d'un oiseau rappelle l'idée de la vie.* (237) ◊ Peintre italien (Arenella, Naples, 1615 – Rome, 1673). Il exerça ses activités notamment à Florence (1640-1649) et à Rome, où il se fixa à partir de 1649. Peintre prolixe, également poète et musicien, son tempérament passionné et extravagant s'exprima dans des scènes de genre ou de bataille, des compositions mythologiques, des portraits et des paysages conservés dans de nombreux musées. Rosa joua un rôle important dans l'évolution de la peinture de paysage. [A]

ROVIGO. *La Lombardie, les environs de Ferrare et de Rovigo, sont remarquables par la beauté et la culture.* (418) ◊ V. d'Italie (Vénétie), ch.-l. de prov. sur l'Adige. [A]

RUBICON. [...] *et le dernier souvenir qui s'offre à la pensée, c'est le Rubicon traversé par César, lorsqu'il résolut de se rendre maître de Rome.* (417) ◊ (en ital. Rubicone, anc. Fiumicino). Fleuve côtier d'Italie (Émilie-Romagne), tributaire de l'Adriatique, au S. de Ravenne. (C'est l'un des trois fleuves, avec le Pisciatello et l'Uso, qui pourraient être le Rubicon des Anciens.) Franchir le Rubicon. Le Rubicon marquait la frontière entre l'Italie et la Gaule Cisalpine et une armée ne pouvait le franchir sans l'autorisation du Sénat. En 49 av. J.-C., César, de retour des Gaules, le passa avec ses troupes et pénétra en Italie. Ce geste de révolte, dramatisé par l'épopée de Lucain (César aurait prononcé la célèbre phrase : *Alea jacta est*, « le sort en est jeté ! »), marqua le début de la guerre civile qui l'opposa à Pompée. [A]

SAINT-MARIN. [...] *non loin de ce Rubicon on voit aujourd'hui la république de Saint-Marin.* (417) ◊ L'État communal de San Marin, constitué en République autonome depuis le Xᵉ s., a toujours su préserver son indépendance, même quand Bonaparte lui fit des offres d'agrandissement en 1797.

SALLUSTE. (121) ◊ Historien latin (Amiternum, 86 – ?, 35 av. J.-C.). Ami et partisan de César, qu'il accompagna en Afrique et qui lui fit octroyer le gouvernement de Numidie, il se retira de la vie publique après la mort de son protecteur et se consacra à l'Histoire. On possède de lui, outre des fragments d'un important ouvrage, *Histoires*, deux monographies, *la Guerre de Jugurtha* et *la Conjuration de Catilina*, dans lesquelles il examine les causes de la décadence du régime aristocratique. [A]

SANNAZAR. [...] *sans compter Sannazar, Politien, etc. qui ont écrit en latin avec génie.* (174) ◊ Sannazaro (Iacopo). Poète et humaniste italien (Naples, 1455 – id., 1530). Son roman pastoral en vers et en prose, *l'Arcadie* (1504), servit de modèle à la littérature baroque de toute l'Europe aux XVIᵉ et XVIIᵉ s. [A] Mᵐᵉ de Staël a vu son tombeau à Naples (*Carnets de voyage*, Droz, 1971, p. 160).

SAPHO. [...] *l'on pourrait lui dire comme Sapho à la bacchante qui s'agitait de sang-froid :* Bacchante, qui n'es pas ivre, que me veux-tu ? (425) ◊ Sappho ou Sapho. Poétesse lyrique grecque (Lesbos, v. 625 – id., v. 586 av. J.-C.). Originaire de l'île de Lesbos comme son contemporain Alcée, elle évoqua avec des accents passionnés l'amour que lui inspirèrent certaines des jeunes filles à qui elle enseignait la musique et la danse, et célébra leur beauté et leur grâce. Elle avait composé neuf livres de poèmes, dont il ne reste que des fragments. [A]

saturnales. *Mais le plaisir de cette fête, c'est la foule et la confusion : c'est comme un souvenir des Saturnales [...]* (242) ◊ Terme d'antiquité. Fête que les Romains célébraient à l'honneur de Saturne, pendant laquelle les esclaves portaient les habits de leurs maîtres, s'asseyaient à table avec eux, etc. pour rappeler le souvenir du siècle d'or, où toutes les conditions étaient égales. Fig. Temps de licence, de désordre. Il se dit aussi des excès où tout frein est ôté. [L]

Saül. *Alfieri qui, quand il le voulait, excellait dans tous les genres, a fait dans son Saül un superbe usage de la poésie lyrique ; et l'on pourrait y introduire heureusement la musique elle-même, non pas pour mêler le chant aux paroles, mais pour calmer les transports furieux de Saül par la harpe de David.* (189) ◊ Tragédie en cinq actes (1782), chef-d'œuvre de Vittorio Alfieri (voir ce nom). Mᵐᵉ de Staël assista à une représentation de *Saül* à Rome le 5 février 1805 où elle dit avoir eu quelque plaisir (lettre à Monti).

schall. *Elle était vêtue comme la Sybille* [sic] *du Dominiquin, un schall des Indes tourné autour de sa tête, et ses cheveux du plus beau noir entremêlés avec ce schall [...]* (52) ; *Elle détacha le schall qui entourait son front [...]* (67) ◊ s. m. Voy. CHÂLE. Longue pièce d'étoffe que les Orientaux emploient diversement dans leur vêtement, et spécialement en turban. Grande pièce d'étoffe carrée, ou en carré long double, qui se plie en biais une pointe sur l'autre, ordinairement dans le genre des châles de l'Orient, et que les femmes portent sur les épaules... [L]

SCIPION. [...] *le même que monta Scipion, lorsque, repoussant la calomnie par la gloire, il alla dans le temple pour rendre grâce aux dieux des victoires qu'il avait remportées.* (108) ◊ Scipion l'Africain (en lat. Publius Cornelius Scipio Africanus). Homme politique et général romain (?, v. 235 – Liternum, 183 av. J.-C.), fils de Cneius Cornelius Scipio. Nommé proconsul en Espagne (210), il s'empara de Carthagène (209), vainquit Hasdrubal et parvint à évincer les Carthaginois de la péninsule Ibérique. Consul en 205, il s'allia au Numide Massinissa et débarqua en Afrique (204). Il menaça Carthage et remporta une victoire décisive sur Hannibal à Zama (202), ce qui lui valut un retour triomphal à Rome et le surnom d'Africain. Après avoir été l'artisan de la paix avec Carthage (201), il refusa le consulat à vie. En 190-189, il accompagna son frère Lucius en Asie comme légat, et dirigea en fait la campagne contre Antiochos III. Accusé de concussion par ses adversaires politiques, à l'instigation de Caton l'Ancien, il fut blanchi, mais, après la condamnation de son frère (187), il se retira dans sa villa de Campanie. [A]

SCIPIONS (les). *Le tombeau de la famille des Scipions a été trouvé dans ces lieux mêmes, et transporté depuis au Vatican.* (129) ◊ Célèbre famille patricienne de Rome, qui appartenait à la gens Cornelia. Elle connut son apogée aux IIIᵉ et IIᵉ s. av. J.-C. et forma alors une véritable dynastie, qui fournit à la République de nombreux magistrats et chefs militaires. [A]

SÉNÈQUE. *La pièce d'Octavie est une de celles où ce défaut de vraisemblance est le plus frappant. Sénèque y moralise sans cesse Néron, comme s'il était le plus patient des hommes, et lui Sénèque le plus courageux de tous.* (185) ◊ (en lat. Lucius Annaeus Seneca). Écrivain latin (Cordoue, v. 4 av. J.-C. – Rome, 65 apr. J.-C.). [A]

septentrional. *Il y avait quelque chose de mystique dans le catholicisme des peuples septentrionaux* [...] (103) ; *Les nations septentrionales n'ont point donné à l'Italie cet aspect guerrier que l'Allemagne a conservé* [...] (285-286) ◊ Qui est du côté du septentrion [le nord, celui des pôles du monde qui est au nord]. Subst. Les Septentrionaux, les gens du Nord (avec un S majuscule). [L]

SEPTIME SÉVÈRE. [...] *un arc à Septime Sévère que le sénat lui éleva pour récompense de ses exploits.* (113) ◊ (en lat. Lucius Septimius Severus Aurelius Antoninus). (Leptis Magna, Afrique 146 – Eburacum, Auj. York, Angleterre, 211). Empereur romain (193-211). Il fut, à la mort de Pertinax (193), proclamé empereur par les légions d'Illyrie. Il s'appuya sur l'armée pour éliminer ses opposants. Il favorisa l'ordre équestre au détriment du sénat et renforça les tendances bureaucratiques et centralisatrices de l'Empire. Brillant chef militaire, il fit campagne contre les Parthes (198), s'empara de Séleucie, de Babylone et de Ctésiphon, et créa la province de Mésopotamie (199). Il laissa l'Empire à ses deux fils Caracalla et Géta. [A]

SERVIUS. *Ces prisons furent d'abord construites par Ancus Martius, et servaient alors aux criminels ordinaires. Mais Servius Tullius en fit creuser sous terre de beaucoup plus cruelles pour les criminels d'état.* (109) ◊ Sixième roi légendaire de Rome (selon la tradition, 578-535 av. J.-C.), gendre de Tarquin l'Ancien. On lui prête la construction de l'enceinte

qui porte son nom (mur Servien) et qui englobait les sept collines de Rome. [A]

SIBYLLE. *Elle était vêtue comme la Sybille* [sic] *du Dominiquin* [...] (52, *et passim*) ◊ Chez les anciens, femmes auxquelles on attribuait la connaissance de l'avenir et le don de prédire. [L] Sibylle de Cumes : Aux environs de Cumes se trouvait, suivant la légende, l'antre d'une célèbre sibylle que consulta Énée avant de descendre aux Enfers. La ville fut détruite par les Napolitains en 1205. [A] *Cf.* les vers que Mᵐᵉ de Staël composa pour Pedro de Suza, en souvenir de leur idylle romaine : « N'oubliez pas alors la Sibylle étrangère / Dont le cœur fut prophète, et qui dans ses adieux / Vous promit tous les biens dignes d'une âme fière ». C'est au palais Borghese, à Rome, que Mᵐᵉ de Staël a pu voir la *Sibylle* du Dominiquin (voir *Les Carnets de voyage de Madame de Staël*, Droz, 1971, p. 184).

SICILE. *C'est seulement après la conquête de la Sicile que les Romains firent usage, pour la première fois, du marbre pour leurs monuments.* (112) ◊ Après avoir repoussé une première invasion punique à Himère (480 av. J.-C.) et fait échouer l'expédition athénienne d'Alcibiade (415-413 av. J.-C.), les Grecs ne purent empêcher les Carthaginois de prendre pied à l'ouest de l'île. Cette expansion amena finalement l'intervention de Rome, qui, après la première guerre punique, fit de la Sicile sa première province (241 av. J.-C.). Considérées comme des alliées, les cités grecques conservèrent leur autonomie. [A]

sigisbé. *Un Écossais sigisbé de sa femme, s'il ne l'est pas de celle d'un autre !* (467) ◊ Sigisbée, *s. m.* Homme, dit aussi cavalier servant, qui fréquente assidûment une maison et se montre très empressé auprès de la maîtresse. [L]

sinistre. — *Ah ! Corinne, dit Oswald, que voulez-vous m'annoncer par ces paroles sinistres ?* (342) ◊ Qui fait craindre des malheurs. Pernicieux, dangereux, funeste. [L]

SIXTE-QUINT. *Ce monument, qui vint d'Égypte pour orner les bains de Caligula, et que Sixte-Quint a fait transporter ensuite au pied du temple de Saint-Pierre.* (101) ◊ Sixte V, dit Sixte Quint [Felice Peretti]. (Grottammare, Marches, 1520 – Rome, 1590). Pape italien (1585-1590). Franciscain conventuel, il devint vicaire général de son ordre avant d'accéder au cardinalat (1570), puis au pontificat. Il excommunia Henri de Navarre (1585), réforma le Sacré Collège et réorganisa la Curie. Il fit de la Vulgate, dite « sixtine », la version latine officielle de la Bible. [A] Il restaura les obélisques de Rome et fit dresser l'obélisque du Vatican en 1586 par l'architecte Domenico Fontana. Cet obélisque avait été transporté d'Héliopolis par Caligula.

Sixtine (chapelle). [...] *et comme la musique de la chapelle Sixtine et l'illumination de Saint-Pierre sont des beautés uniques dans leur genre.* (262) ◊ Située au Vatican et édifiée sous Sixte IV (v. 1475-v. 1480), probablement par B. Pontelli, cette chapelle est célèbre pour sa décoration peinte, à l'exécution de laquelle participèrent (1481-1484) S. Botticelli, D. Ghirlandaio, C. Rosselli, le Pérugin, Pinturicchio, L. Signorelli et B. Della Gatta, qui réalisèrent les fresques latérales illustrant l'Ancien et le Nouveau Testament. Michel-Ange y exécuta (1508-1512), à la demande de Jules II, les fresques de la voûte (figures de prophètes et de sibylles, neuf scènes de la Genèse, etc.) et de 1536 à 1541, sur l'ordre de Paul III, le Jugement dernier sur le mur du fond. [A]

société. ♦ *Le prince Castel-Forte était très-occupé de Corinne, et tous les Italiens qui composaient sa société lui montraient un sentiment qui s'exprimait par les soins et les hommages les plus délicats et les plus assidus* [...] *(76, et passim)* ◊ Compagnie de personnes qui s'assemblent ordinairement les unes chez les autres. Absolument, la société, les gens qui ont des salons et ceux qui les fréquentent, pour la conversation, pour la causerie, le jeu. [L] ♦ *Quinze jours se passèrent pendant lesquels lord Nelvil se consacra tout entier à la société de Corinne* [...] *(88)* ◊ Commerce habituel que l'on a avec certaines personnes. [L]

SOPHOCLE. *C'est là qu'on apprend à sentir Homère et Sophocle. (219)* ◊ Poète tragique grec (Colone, près d'Athènes, v. 496 – Athènes, 405 av. J.-C.). [A]

SORRENTE. *Devant vous est Sorrente ; là, demeurait la sœur du Tasse. (353)* ◊ (en ital. Sorrento). V. d'Italie (Campanie), au S. de la baie de Naples, sur la presqu'île de Sorrente, en face de Capri. [A]

stabat. *Pergolèse a été assassiné pour son Stabat. (165)* ◊ Stabat ou stabat mater. *n. m. invar.* (mots lat. « la Mère se tenait debout ») ; premiers mots d'une prose). Prose du missel romain rappelant la souffrance de la Vierge Marie pendant la Passion, qui, dans l'ancienne liturgie, se chantait après le graduel. Œuvre musicale composée sur le texte liturgique. [A] Voir ci-dessus « Pergolèse ».

STUART. [...] *les papes et plusieurs souverains des pays étrangers y sont ensevelis, Christine, après son abdication, les Stuart, depuis que leur dynastie est renversée. (104)* ◊ Nom d'une dynastie qui régna sur l'Écosse de 1371 à 1714 et sur l'Angleterre de 1603 à 1714. [A]

STYX. *Ce spectacle rappelait bien plutôt les descriptions poétiques des rives du Styx, que ces eaux bienfaisantes qui doivent charmer les regards des habitants brûlés par les rayons du soleil. (558)* ◊ (en gr. Stux). Fleuve des Enfers, dont les eaux noires avaient des propriétés magiques. Les dieux invoquaient son nom pour garantir l'inviolabilité de leurs serments. Les Anciens donnèrent aussi ce nom à une source d'Arcadie, près de Nonacris, qui, après une chute de 200 m, disparaissait sous terre. [A]

subjuguer. [...] *l'accent et la physionomie de lord Nelvil l'avaient entièrement subjugué* [...] *(44, et passim)* ◊ Fig. Exercer de l'empire, de l'ascendant. [L]

sublime. *Corinne, sublime amie, vous qui lisez dans les cœurs, devinez ce que je ne puis dire ; entendez-moi comme vous m'entendiez. (570)* ◊ Fig. Qui s'élève à une grande hauteur intellectuelle ou morale, en parlant des personnes. [L]

sylphide. *Lucile enfin mit sur cette main un pied charmant, et s'élança si légèrement à cheval, que tous ses mouvements donnaient l'idée d'une de ces sylphides que l'imagination nous peint avec des couleurs si*

délicates [...] (490) ◊ Nom que les cabalistes donnaient aux prétendus génies élémentaires de l'air. On dit en parlant d'une jeune femme élancée et gracieuse : C'est une sylphide, elle danse comme une sylphide. [L]

TANCRÈDE. *J'en dirai autant du tableau que voici, Clorinde mourante et Tancrède. (234)* ◊ Roi de Sicile (1190-1194), personnage de la *Jérusalem délivrée* du Tasse.

TARO. *Le matin du jour où Lucile et lord Nelvil se proposaient de traverser le Taro, comme si tout devait contribuer à leur rendre cette fois le voyage d'Italie lugubre, le fleuve s'était débordé la nuit précédente. (557)* ◊ Affluent de la rive droite du Pô. L'inondation du Taro a retenu un jour Mme de Staël dans le bourg de S. Donnino le 18 janvier 1805.

Tarpéienne (roche). *Je demandais l'autre jour à une pauvre femme que je rencontrai, où elle demeurait !* à la roche Tarpéienne, *me répondit-elle ; et ce mot, bien que dépouillé des idées qui jadis y étaient attachées, agit encore sur l'imagination. (108)* ◊ Tarpeia : selon la tradition, vestale romaine, fille du chef de la garde du Capitole, qui livra la ville aux Sabins par amour pour leur roi Tatius. Elle aurait été enterrée à l'extrémité sud-ouest du Capitole, qui porta depuis le nom de roche Tarpéienne (en lat. arx Tarpeia). C'est du haut de celle-ci qu'on précipitait les condamnés coupables de trahison. [A]

TARQUIN. *Au milieu du Tibre on aperçoit une île formée des gerbes de blé recueillies dans les champs de Tarquin, et qui furent pendant longtemps exposées sur le fleuve, parce que le peuple romain ne voulait point les prendre, croyant qu'un mauvais sort y était attaché. (118)* ◊ Selon la tradition, septième et dernier roi de Rome (534-509 av. J.-C.), gendre et successeur de Servius Tullius, qu'il aurait assassiné. Il ne put se maintenir au pouvoir que par la tyrannie. Il aurait soumis les Latins et achevé les grands travaux de ses prédécesseurs. Son fils Sextus ayant fait violence à Lucrèce, épouse de Tarquin Collatin, celui-ci, aidé de Junius Brutus, souleva le peuple et déclencha la révolution. Les Tarquins durent quitter Rome et la république fut proclamée (509 av. J.-C.). [A]

TASSE. [...] *l'on voit encore à Ferrare la maison où l'on osa renfermer Le Tasse comme fou. (419)* ◊ Poète italien (Sorrente, 1544 – Rome, 1595)... Trois ans après la publication de son poème épique *Rinaldo* (1562), il entra, à Ferrare, au service de la famille d'Este. Il connut alors des années heureuses, mais le surmenage dû à la composition, entre 1570 et 1575, de son chef-d'œuvre, *la Jérusalem délivrée* (1re éd. incomplète, 1580), les scrupules religieux qui l'assaillirent alors et les critiques de son entourage, s'ajoutant à une déception sentimentale, le menèrent à la folie. Il fut interné de 1579 à 1586, puis, libéré, erra à travers l'Italie jusqu'à sa mort, à Rome, au couvent de Sant'Onofrio. [A] La maison du Tasse est encore visible aujourd'hui à Ferrare (via Ariosto (!)

TERRACINE. *Oswald et Corinne, après le passage inquiétant des marais pontins, arrivèrent enfin à Terracine, sur le bord de la mer* [...] *(285)* ◊ Terracina. V. d'Italie (Latium), sur le golfe de Gaète ; [...] Ruines romaines ; cathédrale gothique. Ce fut l'antique Anxur, capitale des Volsques, prise par les Romains en 406 av. J.-C. [A]

TESTACÉE (mont). *En face de cette pyramide est le mont Testacée, sous lequel il y a des grottes extrêmement fraîches où l'on donne des festins pendant l'été.* (134) ◊ Mont Testaccio, colline de 35 mètres de haut, formée de débris d'amphores (testae), apportés ici d'un entrepôt voisin (*Guides bleus Italie*, Hachette).

TÉVERONNE. *La maison de Corinne était bâtie au-dessus de la cascade bruyante du Téveronne ; au haut de la montagne, en face de son jardin, était le temple de la Sibylle.* (230) ◊ Cascades créées par l'Anio à Tivoli, aux environs de Rome.

THÉODORIC Iᵉʳ. [...] *et derrière Terracine s'élève le mont Anxur, où Théodoric, roi des Goths, avait placé l'un des châteaux forts dont les guerriers du nord couvrirent la terre.* (285) ◊ Roi des Wisigoths (418 – 451). Il fut à l'origine de la création du royaume wisigoth dans le sud de la Gaule et il établit sa capitale à Toulouse. Après avoir combattu plusieurs fois les Romains, [notamment à Vérone] il s'allia à Ætius contre Attila, mais fut tué à la bataille des champs Catalauniques. [A]

THÉSÉE. [...] *le héros Thésée protège encore son épouse coupable qu'il entoure de son bras vainqueur.* (236) ◊ Corinne parle ici de la *Phèdre* de Racine, faisant référence à l'épisode légendaire où l'héroïne incestueuse accuse l'innocent Hippolyte, dont Thésée, son père, demandera la mort à Poséidon.

THOMSON (James). [...] *enfin surtout aux admirables vers de Thomson, dans son chant du printemps, lorsqu'il peint avec des traits si nobles et si touchants le bonheur de l'amour dans le mariage.* (154) ◊ Poète écossais (Ednam, Borders, 1700 – Richmond, 1748). Il dut la gloire à son poème *les Saisons* (1726-1730), où il chantait avec une grande sensibilité les différents visages de la nature. L'œuvre, qui inspira un célèbre oratorio de Haydn (1801), eut une très grande influence sur la poésie descriptive préromantique. [A]

TIBÈRE. (117) ◊ (en lat. Tiberius Julius Caesar) [Rome, v. 42 av. J.-C. – Misène, 37 apr. J.-C.]. Empereur romain (14-37 apr. J.-C.). [A]

TIBRE. *Ils traversèrent le Tibre sans le remarquer* [...] (48, et *passim*) ◊ (en ital. Tevere, en lat. Tiber). Fleuve d'Italie, tributaire de la mer Tyrrhénienne ; 396 km. Né au mont Fumaiolo, dans l'Apennin toscan, à 1 268 m, il écorne la Toscane, arrose l'Ombrie et Pérouse, puis, grossi du Chiani et de la Nera, draine le Latium (Sabine et campagne romaine), reçoit l'Aniene (rive gauche) et traverse Rome, avant de s'achever par un delta près d'Ostie. [A]

TIBULLE. *Corinne rappela les vers de Tibulle et de Properce, qui se glorifient des faibles commencements dont est sortie la maîtresse du monde.* (110) ◊ (en lat. Albius Tibullus). Poète latin (v. 55 – v. 19 av. J.-C.). Aristocrate, protégé de Valerius Coruinus Messala, il chanta avec une élégance un peu mièvre son amour pour Délie, puis pour Némésis, et les charmes de la vie rustique dans ses *Élégies*. [A]

TIRCIS. [...] *et qui s'appellent tantôt Achille, tantôt Tircis, tantôt Brutus, tantôt Corilas, et chantent*

tous de la même manière des chagrins et des martyres d'amour. (184) ◊ Berger virgilien des *Bucoliques* (~ 37 av. J.C.) qui, dans la septième églogue entre en compétition de chant avec Corydon qui en sortira vainqueur.

TITIEN. *Le Titien est l'auteur du second tableau ; c'est Jésus-Christ succombant sous le fardeau de la croix.* (234) ◊ Peintre italien (Pieve di cadore, v. 1490 – Venise, 1576). Influencé à Venise par S. Zuccato et Gentile Bellini, puis par Giorgione, il se distingua par certaines décorations à fresque du Fondaco dei Tedeschi (à partir de 1508), aujourd'hui perdues. Titien se dégagea peu à peu de la leçon de Giorgione au profit d'un style plus dynamique et plus réaliste (il fut peut-être sensible à la leçon de Dürer, qui séjourna à Venise). Après une phase marquée par les apports classiques de l'Antiquité (série des Sainte Conversation ; l'Amour sacré et l'amour profane, galerie Borghèse, Rome), il fut comblé d'honneurs et devint le portraitiste des grands personnages de son temps (Charles Quint, François Iᵉʳ, le pape Paul III). Tenté durant quelques années par le maniérisme (Ecce Homo, 1543, Vienne ; le Couronnement d'épines, v. 1543, musée du Louvre, Paris), il réalisa, de 1550 à sa mort, d'innombrables œuvres où les formes semblent désintégrées par la couleur-lumière et dont les capacités expressives et dramatiques reposent sur une spiritualité intense. [A]

TITUS. [...] *un bel arc de triomphe dédié à Titus pour la conquête de Jérusalem.* (113) ◊ (en lat. Titus Flavius Sabinus Vespasianus). (Rome, 39 – Aquae Cutilae, Sabine, 81 apr. J.-C.). Empereur romain de la dynastie des Flaviens (79-81 apr. J.-C.). Fils aîné de Vespasien, il prit part à ses côtés aux campagnes en Germanie et en Bretagne, ainsi qu'à la guerre de Judée, qu'il termina en s'emparant de Jérusalem (70). Cette victoire, commémorée par l'arc de Titus à Rome, lui assura les honneurs du triomphe. Associé au pouvoir par son père (71), il accéda au trône en 79. Son règne fut marqué par de grandes catastrophes (en 79, éruption du Vésuve ; en 80, incendie de Rome et épidémie de peste). [A]

TIVOLI. *Cette galerie est dans ma maison de campagne à Tivoli.* (227) ◊ (anc. Tibur). V. d'Italie (Latium), sur une colline au-dessus de l'Aniene, affluent du Tibre, à 30 km à l'est de Rome ; [...]. De l'ancienne Tibur, la cité conserve le temple de Vesta (milieu du Iᵉʳ s. av. J.-C.) et le temple de la Sibylle (fin du IIᵉ s. av. J.-C.). La villa d'Este est l'édifice le plus célèbre de la ville. À 6 km, se trouve la villa d'Hadrien. [A]

TRAJAN. *Non loin de là est l'arc de Constantin, embelli de quelques bas-reliefs enlevés au Forum de Trajan.* (113) ◊ (en lat. Marcus Ulpius Traianus). (Italica, Bétique, 53 – Sélinonte, Cilicie, 117]). Empereur romain (98-117). Issu d'une famille romaine émigrée en Espagne, il fut le premier empereur d'origine provinciale. Il commandait les légions de Germanie lorsque Nerva l'adopta (97). Devenu empereur à la mort de ce dernier, il sut affirmer son autorité tout en ménageant le sénat. En Europe orientale, il conquit la Dacie (101-102 ; 105-107) ; en Orient, il annexa l'Arabie Pétrée (105), l'Arménie

(114), la Mésopotamie et l'Assyrie (115). Grâce à l'or des Daces, il rétablit l'équilibre du budget, stimula l'activité économique et embellit Rome (forum et marché de Trajan) ; enfin, il développa les institutions de bienfaisance (aide aux enfants pauvres). Il mourut au cours de ses campagnes en Asie, laissant un empire prospère et au maximum de son extension territoriale. Sa popularité lui avait valu le titre d'Optimus princeps, « le meilleur des princes ». [A]

Trajane (colonne). *Les musiciens s'arrêtèrent devant la colonne Antonine et devant la colonne Trajane.* (408) ◊ Construit de 111 à 114 par Apollodore de Damas, le forum était le plus vaste des forums impériaux de Rome. La colonne Trajane (113 apr. J.-C. ; haute de 33 m avec son socle) est décorée de bas-reliefs racontant la campagne de l'empereur contre les Daces. Le marché de Trajan, construit en hémicycle, complétait le forum. [A]

TRÉVI (fontaine de). *[...] près de la fontaine de Trévi, devant cette source abondante qui tombe en cascade au milieu de Rome, et semble comme la vie de ce tranquille séjour.* (125) ◊ Monument romain édifié entre 1732 et 1762 par Salvi, cette fontaine fut l'une des dernières réalisations du baroque romain. Le Neptune et les Tritons sont de P. Bracci. [A]

triumvir. *Cicéron a perdu la vie près du promontoire de Gaëte qui s'offre à nos regards. Les triumvirs, sans respect pour la postérité, la dépouillèrent des pensées que ce grand homme aurait conçues. Le crime des triumvirs dure encore. C'est contre nous encore que leur forfait s'est commis [...]* (351) ◊ Terme d'histoire romaine. Magistrat chargé, conjointement avec deux collègues, d'une partie de l'administration. Il se dit de Pompée, de César et de Crassus (premier triumvirat) ; et aussi d'Octave, d'Antoine et de Lépide (second triumvirat), qui s'emparèrent à eux trois de l'autorité suprême. [L]

TROIE. *Un obélisque contemporain de la guerre de Troye !* (138) ◊ On hésite entre plusieurs dates : 1280, 1200, 1180 [av. J.-C.] ? [U].

TRUFFALDIN. *Truffaldin et Pantalon paraissent souvent, dans ces drames burlesques, à côté des plus grands rois de la terre.* (433) ◊ Allusion à des personnages de la commedia dell'arte mis en scène par C. Gozzi. L'*Amour des trois oranges* (L'*Amore delle tre melarance*, 1761), adaptation scénique d'un conte dont les personnages comiques sont les quatre masques de la commedia dell'arte, Truffaldino, Brighella, Tartaglia et Pantalone. [U]

TULLIE. *[...] puis ils traversèrent la route scélérate, par laquelle l'infâme Tullie a passé, foulant le corps de son père sous les pieds de ses chevaux [...]* (122) ◊ D'après la légende, fille du roi de Rome Servius Tullius. Elle poussa son beau-frère, Tarquin le Superbe, à tuer son mari et sa sœur, puis, après l'avoir épousé, complota avec lui la mort de son père et passa, avec son char, sur le corps de celui-ci au lieu dit vicus Sceleratus (voie Scélérate). [A]

TULLIUS. *Au pied du mont Aventin était le temple dédié à la Fortune virile par Servius Tullius, pour remercier les dieux de ce qu'étant né esclave, il était devenu roi.* (118) ◊ Sixième roi légendaire de Rome (selon la tradition, 578-535 av. J.-C.), gendre de Tarquin l'Ancien. On lui prête la construction de l'enceinte qui porte son nom (mur Servien) et qui englobait les sept collines de Rome. [A]

tutélaire. *— Non, Corinne, reprit Oswald, non, je ne renoncerai point à cet éclair de bonheur, que peut-être un ange tutélaire fait luire sur moi du haut du ciel [...]* (107, et *passim*) ◊ Fig. Qui tient sous sa garde, sous sa protection. [L]

TYROL. *Le seul plaisir de lord Nelvil était de parcourir les montagnes du Tyrol sur un cheval écossais.* (33) ◊ État autrichien depuis 1665, le Tyrol est donné à la Bavière par le traité de Presbourg (26 décembre 1805) puis repris par l'Autriche en 1814. *Cf.* ce passage de *Dix années d'exil* de Mme de Staël : « L'aspect du Tyrol rappelle la Suisse ; cependant il n'y a pas dans le paysage autant de vigueur ni autant d'originalité ; les villages n'annoncent pas autant d'abondance » (10/18, p. 144).

vaporeux. *[...] il m'aurait considérée comme une personne vaporeuse, et m'aurait simplement conseillée de monter à cheval, et de prendre l'air [...]* (375) ◊ Qui est sujet aux vapeurs. [L]

VATICAN. *Ils allèrent d'abord au musée du Vatican, ce palais des statues où l'on voit la figure humaine divinisée par le paganisme.* (176) ◊ ARTS : Cet État possède un grand nombre d'œuvres d'art ; il comprend notamment la place et la basilique Saint-Pierre, la chapelle Sixtine, la chapelle Pauline et le palais – il s'agit en réalité de plusieurs édifices – abritant les Chambres et les Loges de Raphaël et de nombreux musées. Le musée Pio Clémentino (fondé par les papes Pie IV et Clément XIV) possède de magnifiques sculptures grecques et romaines, notamment le Torse du Belvédère, la Vénus de Cnide (copie d'après Praxitèle), le Laocoon (Ier s. av. J.-C.), l'Apollon du Belvédère (copie d'une œuvre grecque du IVe s. av. J.-C.) et l'Hermès (IIe s. apr. J.-C.). Le musée Chiaramonti (fondé par Pie VII Chiaramonti), dû à Bramante, conserve également des œuvres grecques et romaines. [A]

VÉIES. *Un poète du temps de Néron fit à cette occasion cette épigramme :* Rome ne sera bientôt plus qu'un palais. Allez à Véies, Romains, si toutefois ce palais n'occupe pas déjà Véies même. (110) ◊ (en lat. Veii, en ital. Veio). Ville étrusque d'Italie (Latium), au N.-O. de Rome, dont l'origine remonte à l'époque villanovienne et qui connut un brillant essor aux VIIIe-VIe s. av. J.-C. Elle fut prise et détruite par Camille après un siège de dix ans (396 av. J.-C.). La nécropole présente des peintures funéraires de style orientalisant ; le sanctuaire d'Apollon a livré d'intéressants exemples de l'art étrusque du début du Ve s. (tête de l'Apollon de Véies, auj. au musée de la villa Giulia, à Rome). [A]

VENISE. *(passim)* ◊ *Cf.* ce passage d'une lettre de Mme de Staël à Pedro de Souza (26 mai 1805) : « La situation de Venise est très singulière ; et quand on y est heureux, toutes ces coutumes mystérieuses, les gondoles, les canaux, tout doit exciter des impressions poétiques ; mais pour moi qui n'y portais que des regrets, je m'y suis mal trouvée d'âme et de santé, et c'est là que je placerai les adieux dans mon roman. »

VERRI (Alessandro). *Machiavel et Bocace, puis Gravina, Filangieri, et de nos jours encore Cesarotti, Verri, Bettinelli, et tant d'autres enfin qui savent écrire et penser.* (175) ◊ (1741-1816). Homme de lettres italien, traducteur de *Hamlet*, auteur du roman archéologique *Les Aventures de Sapho, poétesse de Mytilène* (1782) et des *Nuits romaines* (1792-1804) où Verri oppose la civilisation chrétienne à la barbarie des Romains [d'après EU]. Au cours de son voyage en Italie, Mme de Staël a rencontré ce patricien Milanais (1741-1816), partisan des Lumières, animateur avec son frère d'une revue encyclopédique, *Il Caffè*, auteur des *Aventures de Sapho* (1732), des *Nuits romaines* (1792-1804), et d'une *Vie d'Érostrate* (1815).

VESTA. *Au pied de ce mont on voit le temple de Vesta, qui subsiste encore presque en entier, quoique les inondations du Tibre l'aient souvent menacé.* (119) ◊ Ancienne déesse romaine du Feu et du Foyer domestique, assimilée à la divinité grecque Hestia. En tant que protectrice de la patrie, un culte solennel lui était rendu à Rome. [A]

VÉSUVE. *[…] l'on voit et la mer et le Vésuve, et l'on oublie alors tout ce que l'on sait des hommes.* (293) ◊ (en ital. Vesuvio). Volcan d'Italie (Campanie), à 8 km au S.-E. de Naples, dominant le golfe de Naples. Vignobles sur les pentes (lacrima-christi). La plus catastrophique des éruptions du volcan, à l'époque historique, fut celle qui causa la destruction d'Herculanum, de Pompéi et de Stabies (79 apr. J.-C.). Mais il y en eut d'autres, en 1631 (plus de 18 000 victimes), en 1906 et en 1944. [A]

VÉTURIE. Voir « Coriolan ».

VIMINAL (mont). *Le mont Quirinal et le mont Viminal se tiennent de si près, qu'il est difficile de les distinguer.* (121) ◊ Une des sept collines de Rome. [A]

VIRGILE. *La première station de la promenade fut au tombeau de Virgile.* (344) ◊ (en lat. Publius Vergilius Maro). Poète latin (Andes, auj. Pietole, près de Mantoue, v. 70 – Brindes, auj. Brindisi, 19 av. J.-C.). [Auteur des] *Bucoliques* (39), recueil de dix églogues inspirées de Théocrite mais pleines d'allusions à la vie paysanne, [des] *Géorgiques* (29), poème didactique en quatre chants qui célèbre les joies rudes de l'agriculture. Il voulut enfin doter Rome d'une épopée nationale comparable à l'Iliade et à l'Odyssée. Ce fut *l'Énéide*, qui a pour thème la légende de la fondation de Rome par le prince troyen Énée. Le poème, divisé en douze chants, raconte les années d'errance d'Énée après la chute de Troie, son arrivée dans le Latium et les combats acharnés qu'il dut livrer pour pouvoir enfin s'établir. Virgile mourut au retour

d'un voyage de documentation en Grèce, laissant son ouvrage inachevé. L'œuvre eut un succès considérable en raison de sa valeur philosophique (on y suit l'évolution de son auteur de l'épicurisme au platonisme), de la profonde sensibilité qui s'y manifeste et de sa langue sobre et pure. [A] Le *Parc Virgilien* à Naples renferme le prétendu tombeau de Virgile (un colombarium romain) (*Guides bleus Italie*, Hachette).

volant. *Oswald, dans cet instant, jouait au volant avec Lucile* […] (533) ◊ Petit cône de bois, de liége, etc. percé de plusieurs trous où l'on fait entrer des plumes, et que l'on lance en l'air avec des raquettes. On donne aussi ce nom au jeu dans lequel on lance le volant avec des raquettes. [L]

WALPOLE (Horace). *Horace Walpole a dit que les papes ont consacré, à bâtir des temples à la moderne, les richesses que leur avait valu la dévotion inspirée par les églises gothiques* […] (556) ◊ Walpole (Horace ou Horatio, comte d'Orford). Homme politique et écrivain anglais (Londres, 1717 – id., 1797). Il voyagea en Europe avec son ami le poète Th. Gray, se liant à Paris avec Mme du Deffand et découvrant en Italie les antiquités médiévales. De là le décor gothique de son récit sombre et mélodramatique, *le Château d'Otrante* (1764), qui fut à l'origine du roman noir anglais. [A]

YOUNG (Edward). *Ne voudriez-vous pas, belle étrangère, reprit le comte d'Erfeuil, que nous admissions chez nous la barbarie tudesque, les nuits de Young des Anglais, les Concetti des italiens et des espagnols ?* (177) ◊ Poète anglais (Upham, Hampshire, 1683 – Welwyn, Hertfordshire, 1765). Bouleversé par la disparition de sa femme et de sa fille, il se fit le chantre inspiré de la mort dans un long poème imprégné de préoccupations religieuses, *The Complaint, or Night Thoughts on Life, Death and Immortality* (1742-1745). Traduit en français sous le titre *les Nuits* par Pierre Letourneur (1769), l'ouvrage eut une grande influence sur le préromantisme. On doit encore à Young des poèmes de circonstance et des tragédies (*The Revenge*, 1721 ; *The Brothers*, 1753). [A]

ZÉNOBIE. *Plus loin, était la retraite où Zénobie, reine de Palmyre, a terminé ses jours.* (229) ◊ (en lat. Septimia Bathzabbai) († Tivoli, v. 272). Reine de Palmyre (v. 266-272). Elle fit assassiner son mari, Odenath, puis exerça la régence au nom de son jeune fils Wahballat. Intelligente et ambitieuse, elle refusa la tutelle romaine, s'empara de la Syrie, du delta du Nil et de l'Anatolie, et établit son hégémonie sur tout l'Orient. Inquiet de cette puissance, Aurélien assiégea Palmyre et fit raser la ville. Emmenée en captivité en Italie, Zénobie parut au triomphe de l'empereur. [A]

BIBLIOGRAPHIE

La *Bibliographie de la critique sur Madame de Staël 1794-1994*, de Pierre H. Dubé, publiée chez Droz à Genève en 1998, est l'instrument irremplaçable. Toutefois, pour l'étudiant pressé, qui devrait préparer telle ou telle leçon, je donne ici une bibliographie sélective et mise à jour.

SUR *CORINNE*

ANDLAU (B. d'), *La Jeunesse de Mme de Staël*, Genève, Droz, 1970.

BAKDACH (Safaa), *Les Idées esthétiques de Mme de Staël d'après son roman* Corinne ou l'Italie, Paris, [s.n.], 1976, 171 p.

BALAYÉ (Simone), « Madame de Staël, Napoléon et l'indépendance italienne », *Revue des sciences humaines*, janvier 1969, p. 47-56.

BALAYÉ (Simone), *Les carnets de voyage de Madame de Staël. Contribution à la genèse de ses œuvres. Le séjour en Angleterre, 1813-1814, une étude par Norman King*, Préf. de la comtesse Jean de Pange, Genève, Librairie Droz, Coll. « Études de philologie et d'histoire, n° 19 », 1971, 542 p.

BALAYÉ (Simone), « Fonction romanesque de la musique et des sons dans *Corinne* », *Romantisme*, n° 3, sept. 1972, p. 17-32.

BALAYÉ (Simone), « Corinne et la presse parisienne de 1807 », *Approches des lumières*, mélanges offerts à Jean Fabre, Paris, Klincksieck, 1974, p. 1-16. Repris dans *Madame de Staël, écrire, lutter, vivre*, p. 245-264.

BALAYÉ (Simone), « Du sens romanesque de quelques œuvres d'art dans *Corinne* de Madame de Staël », *Mélanges offerts à M. le professeur André Moncoux. La littérature, lieu de connaissance et d'amitié entre les peuples* (Numéro spécial des Annales de la Faculté des Lettres et Sciences humaines de l'Université de Toulouse), t. XIV, 1979, p. 345-64. Repris dans *Madame de Staël, écrire, lutter, vivre*, p. 111-135.

BALAYÉ (Simone), « Corinne et Rome, ou le chant du cygne », *Thèmes et figures du siècle des Lumières, Mélanges offerts à Roland Mortier*, Genève, Droz, 1980, p.45-58.

BALAYÉ (Simone), « *Corinne* et la ville italienne ou l'espace extérieur et l'impasse intérieure », *Mélanges à la mémoire de Franco Simone : France et Italie dans la culture européenne, III : XIXe et XXe siecles*, Genève, Slatkine, 1984, p. 33-50. Repris dans *Madame de Staël, écrire, lutter, vivre*, p. 91-109.

BALAYÉ (Simone), « Pour une lecture politique de *Corinne* », *Il Gruppo di Coppet e l'Italia*, atti del colloquio internationale, Pescia, 24-27 sett. 1986, a cura di Mario Matucci, Pisa, Pacini, 1988, p. 7-16.

BALAYÉ (Simone), « Politique et société dans l'œuvre staëlienne : l'exemple de *Corinne* », *Cahiers de l'Association Internationale des Études Françaises*, Paris, n° 46, mai 1994, p. 53-67.

BALAYÉ (Simone), « La société italienne dans *Corinne* », *Madame de Staël, écrire, lutter, vivre*, Genève, Droz, 1994, p. 199-211.

BALAYÉ (Simone), « Benjamin Constant lecteur de *Corinne* », *Madame de Staël, écrire, lutter, vivre*, Genève, Droz, 1994, p. 265-278.

BLAESCHKE (Axel), ARNAUD (Jacques), *Une étude critique de « Corinne ou l'Italie », par Mad. de Stael Holstein, Paris, 1807*, Cahiers staëliens, Paris, 1973, n°16, p.57-71.

BOSSARD (Janine), « Défendre l'amour. Madame de Staël dans *Corinne* », *Pudeur et romantisme*, Paris, Nizet, 1982, p. 47-58.

BOSSE (Monika), « *Corinne ou l'Italie*. Diagnostic d'un dilemme historique », *Il Gruppo di Coppet e l'Italia*, atti del Colloquio internazionale, Percia, 24-27 sett. 1986, a cura di Mario Matucci, Pisa, Pacini, 1988, p. 83-107.

BROOKNER (Anita), « *Corinne* and her coups de foudre », *Times Literary Supplement*, London, England, 14 Mars 1980, p. 287-88.

BRUSCHINI (Enrico), AMOIA (Alba), « Rome's Monuments and Artistic Treasures in Mme de Stael's *Corinne* (1807) : Then and Now », *Nineteenth-Century-French-Studies*, Fredonia, NY, 1994, Spring-Summer, t. 22, n° 3-4, p. 311-47.

BURKHARD (Marianne), « Love, Creativity and Female Role : Grillparzer's *Sappho* and Stael's *Corinne* between Art and Cultural Norm », *Jahrbuch fur Internationale Germanistik*, Bern, Switzerland, t. XVI, n°2, 1984, p.128-146.

CHERBULIEZ (Victor), « La belle âme : *Corinne* », *Revue des Deux Mondes*, t. LIX, 1910, p. 584-604.

COLEMAN (Patrick), « Exile and Narrative Voice in *Corinne* », *Studies in Eighteenth Century Culture*, Baltimore, MD, T. XXIV, 1995, p. 91-105.

COLEMAN (Patrick), « Intimité et voix narrative dans *Corinne* », dans Melançon Benoit (ed. & introd.), *L'Invention de l'intimité au Siècle des lumières*, Nanterre, Univ. Paris X, 1995, p. 57-66.

COUILLAUD (Françoise), « Corinne et l'Italie : deux forces de lumière », *Recherches sur l'imaginaire*, t. XXII, 1991, p. 157-69.

DAEMMRICH (Ingrid G.), « The Function of the Ruins Motif in Madame de Stael's *Corinne* », *Romance Notes*, Chapel Hill, NC, 1973, n° 15, p. 255-58.

DAL-BO (Katja), « La description problématique dans *Corinne* », *Cahiers staëliens*, Paris, t. XLIII, 1991-1992, p.63-84.

DEHON (Claire-L.), « Corinne : une artiste héroïne de roman », *Nineteenth Century French Studies*, Fredonia, NY, t. VIII-IX, n° 9, Fall-Winter, 1980-81, p. 1-9.

DEJEAN (Joan), « Stael's *Corinne* : The Novel's Other Dilemma », *Stanford French Review*, Saratoga, CA, Spring, 1987, p.77-87.

DEJOB (Charles), *Madame de Staël et l'Italie*, Paris, A. Colin, 1890.

DENEYS-TUNNEY (Anne), « *Corinne* by Madame de Staël : The Utopia of Feminine Voice as Music within the Novel », *Dalhousie French Studies*, Halifax, NS, Canada, t. XXVIII, Fall, 1994, p.55-63.

FAUCHERY (Pierre), *La destinée féminine dans le roman au XVIIIe siècle*, Paris, Armand Colin, 1972, 904 p.

GENNARI (Geneviève), *Le Premier voyage de Madame de Staël en Italie et la genèse de Corinne*, Paris, Boivin, 1947, 263 p.

GILLE (Mireille), « Un antécédent littéraire de *Corinne* : *Les Lettres sur l'Italie* de Dupuy », in *Il Gruppo di Coppet e l'Italia*, atti del colloquio internazionale, Pescia, 24-27 sett. 1986, éd. Mario Matucci, Pisaé, Pacini, 1988, p. 163-189.

GIRARD (Marie-Hélène), « Corinne collectionneur ou le musée imaginaire de Madame de Staël », *Art et littérature*, Actes du congrès de la Société de littérature générale et comparée (Aix en Provence, 24-25-26 septembre 1986), Aix-en-Provence, Université de Provence, 1988, p. 239-261.

GOLDBERGER (Avriel-H.), « Germaine de Stael's *Corinne* : Challenges to the Translator in the 1980s », *The French Review*, Journal of the American Association of Teachers of French, Champaign, IL, April, t. LXIII, 1990, p. 800-809.

GOLDZINK (Jean) et GENGEMBRE (Gérard), « L'opinion dans *Corinne* », *Europe*, janvier-février 1987, p. 48-57.

GRIGNARD (Sylvie), « La Mort de Corinne : une conversion », *Chimères*, t. XXI, n° 2, automne 1994, p. 13-24.

GUTWIRTH (Madelyn), « *Corinne* et l'esthétique du camée », in *Le Préromantisme, hypothèque ou hypothèse ?* Colloque organisé à Clermont-Ferrand les 29 et 30 juin 1972 par le Centre de Recherches Révolutionnaires et Romantiques de l'Université, éd. Paul Viallaneix, Paris, Klincksieck, 1975, p. 237-45.

GUTWIRTH (Madelyn), « Du silence de Corinne et de sa parole », *Benjamin Constant, Madame de Staël et le groupe de Coppet*, actes du 2e Congrès de Lausanne... et du 3e Colloque de Coppet, 15-19 juillet 1980, [organisés par l'] Association Benjamin Constant [et la] Société des études staëliennes, publiés sous la direction d'Étienne Hofmann, Oxford, the Voltaire foundation, Lausanne, Institut Benjamin Constant, Paris, J. Touzot, 1982, p. 427-434.

GUTWIRTH (Madelyn), *Madame de Staël as a novelist*, thèse (Ph. D.), Bryn Mawr College, *Dissertation abstracts international*, t. XIX, 2952, 1958, 437 p.

GUTWIRTH (Madelyn), « Madame de Staël's debt to *Phèdre* : *Corinne* », *Studies in Romanticism*, t. III, 1963-1964, p. 161-176.

GUTWIRTH (Madelyn), *Madame de Staël novelist, The emergence of the artist as a woman*, Urbana, Chicago, Londres, University of Illinois Press, 1978, XII-324 p.

HARMON (Danuté Staknis), *The Antithetical World View of Madame de Stael : Ideology, Structure, and Style in* Delphine *and* Corinne, *Dissertation Abstracts International*, t. XXXVI, (August) 924-A, 1975, 272 p.

HELLER (Deborah), « Tragedy, Sisterhood, and Revenge in *Corinne* », *Papers on Language and Literature : A Journal for Scholars and Critics of Language and Literature*, Edwardsville, IL, t. XXVI, n°2, Spring, 1990, p. 212-232.

HERMANN (Claudine), « Corinne, femme de génie », *Cahiers staëliens*, t. XXXV, 1984, p. 60-76.

HOLLAND (Claude-A), *Structures of the Feminine Imagination : Madame de Stael's* Corinne, George Sand's Mademoiselle Merquem, *Thèse (Ph. D)*, Columbia University, *Dissertation Abstracts International*, MI (DAI) t. XLVI, (1985-1986) 2312A, 1983, 259 p.

KADISH (Doris Y.), « Narrating the French revolution : the example of *Corinne* », in *Germaine de Staël, crossing the borders*, éd. Madelyn Gutwirth, Avriel Goldberger, Karyna Szmurlo, New Brunswick, N. J., Rutgers university press, 1991, p. 113-121, 215-216.

KIES (Albert), « Corinne ou l'obsession du spectacle ». *Revue Générale*, Bruxelles, t. VII, septembre 1972, p. 47-53.

LE GALL (Béatrice), « Le paysage chez Madame de Staël », *Revue d'histoire littéraire de la France*, t. LXVI, janvier-mars 1966, p. 38-51.

LEHTONEN (Maija), « Le fleuve du temps et le fleuve de l'enfer : thèmes et images dans *Corinne* de Madame de Staël », *Neuphilologische Mitteilungen*, t. LXVIII, LXIX, 1967, 1968, p. 225-242, 391-408, 101-128.

MACHEREY (Pierre), « Corinne philosophe », *Europe*, Paris, 1987, janv.-fév., n° 693-694, p. 22-37.

MACHEREY (Pierre), « Un imaginaire cosmopolite : la pensée littéraire de Mme de Staël », *À quoi pense la littérature ? Exercices de philosophie littéraire*, Paris, PUF, 1990, p. 17-36.

MAY (Gita), « Staël and the fascination of suicide », in *Germaine de Staël, crossing the borders*, éd. Madelyn Gutwirth, Avriel Goldberger, Karyna Szmurlo, New Brunswick, N. J., Rutgers university press, 1991, p. 113-121, 215-216.

MÉNARD (Jean), « Madame de Staël et la peinture », *Madame de Staël et l'Europe*, colloque de Coppet (18-24 juillet 1966) organisé pour la célébration du deuxième centenaire de la naissance de Madame de Staël (1766-1966), Paris, Klincksieck, 1970, p. 253-264.

MENGIN (Urbain), « L'Italie de Chateaubriand et de Madame de Staël », in *L'Italie des romantiques*, Paris, Plon, 1902, p. 19-39.

MORTIER (Roland), *La Poétique des ruines en France*, Genève, Droz, 1974.

MORTIMER (Armine-Kotin), « Male and Female Plots in Staël's *Corinne* », in : Busby (Keith), *Correspondances : Studies in Literature, History, and the Arts in Nineteenth-Century France*, Amsterdam, Rodopi, 1992, p. 149-56.

NIKOL'SKIJ (Aleksej), « *Corinne* et les idées éthiques de Kant », *Literatura Lietuvos*, Aukstuju Mokyklu Mokslo Darbai, Vilnius, Lithuanie, 1972, n° 14-3, p. 73-92.

OMACINI (Lucia), « "Comment commencer ?" ovvero gli incipit di *Corinne* », *Hommage a Annarosa Poli*, Mosele (Elio) (ed.), Brunel (Pierre) (introd.), *George Sand et son temps*, I-III. Genève, Slatkine, 1994, p. 491-503.

PEEL (Ellen Susan), « *Corinne*'s shift to patriarchal mediation : rebirth or regression ? », in *Germaine de Staël, crossing the borders*, éd. Madelyn Gutwirth, Avriel Goldberger, Karyna Szmurlo, New Brunswick, N. J., Rutgers university press, 1991, p. 101-112, 212-214.

PELLEGRINI (Carlo), « *Corinne* et son aspect politique », *Madame de Staël et l'Europe*, colloque de Coppet (18-24 juillet 1966) organisé pour la célébration du deuxième centenaire de la naissance de Madame de Staël (1766-1966), Paris, Klincksieck, 1970, p. 265-272.

PITWOOD (Michael), « Dante in French literature 1800-1820. Mme de Staël, Chateaubriand, Nodier », *Dante and the French Romantics*, Genève, Droz, 1985, p. 67-88.

POULET (Georges), « The role of improvisation in *Corinne* », *English literature history*, t. XLI, n° 4, winter, 1974, p. 602-612.

POULET (Georges), « *Corinne* et *Adolphe* : deux romans conjugués », *Revue d'histoire littéraire de la France*, t. LXXVIII, juillet-août 1978, p. 580-596.

PRINCIPATO (Aurelio), « L'inscription du dialogue dans *Corinne* et dans *Adolphe* », *Il Gruppo di Coppet e l'Italia*, atti del colloquio internationale, Pescia, 24-27 sett. 1986, a cura di Mario Matucci, Pisa, Pacini, 1988, p. 191-210.

PRINTZ (Michel), « Chateaubriand et Madame de Staël à l'écoute du *Miserere* d'Allegri », *L'École des Lettres*, t. LXXVI, 1er février 1985, p. 23-34.

RENFREW (Esther) et BALAYÉ (Simone), « Madame de Staël et la Sibylle du Dominiquin », *Cahiers staëliens*, t. II, 1964, p. 34-36.

RÉVAL (Gabrielle), « Le secret de *Corinne*, Oswald et le duc de Palmella », *Occident et Cahiers staëliens*, t. II, n° 3, 15 février, n° 4, 15 mars 1935-1936, p. 205-13, 296-306.

ROGERS (Nancy), « The Wasting Away of Romantic Heroines », *Nineteenth Century French Studies*, Fredonia, NY, 1983 spring-summer, 11, n° 3-4, p. 246-256

ROUSSEL (Jean), « La femme victime et rédemptrice. De Jean-Jacques à Madame de Staël », *Études Jean-Jacques Rousseau*, t. II, 1988, p. 135-151.

SCHLEGEL (August-Wilhelm), « Une étude critique de *Corinne ou l'Italie* », *Cahiers staëliens*, t. XVI, juin 1973, p. 57-71.

SCHOR Naomi, « *Corinne* : The Third Woman », *L'Esprit Créateur*, Lexington, KY, 1994, Fall, t. 34, n° 3, p. 99-106.

SCHUEREWEGEN (Franc), « Volcans : Mme de Staël, Gobineau, Gautier », *Les Lettres romanes*, t. XLV, n° 4, novembre 1991, p. 319-328.

SIMONE (Franco), « La littérature italienne dans *Corinne* », *Madame de Staël et l'Europe*, colloque de Coppet (18-24 juillet 1966) organisé pour la célébration du deuxième centenaire de la naissance de Madame de Staël (1766-1966), Paris, Klincksieck, 1970, p. 301-303.

SMITH (Bonnie), *Corinne and the Hermeneutics of History*, 67-73 in Brugmann-Margret (ed. and introd.), Heebing-Sonja (ed. and introd.), Long-Debbi (ed. and introd.), Michielsens-Magda (ed. and introd.), *Who's Afraid of Femininity ? Questions of Authority*, Amsterdam, Netherlands, Rodopi, 1993, 194 p.

SOLOVIEFF (Georges), « Adam Müller et *Corinne* », *Cahiers staëliens*, t. 20, 1976, p. 9-17.

SPIQUEL (Agnès). « *Corinne ou l'Italie* de Madame de Staël : une géographie symbolique », *Le Roman et l'Europe*, actes du colloque organisé à l'Université d'Amiens, 21-23 novembre 1996, p. 61.

STAVAN (Henry A.), « Une amie de Madame de Staël : Adelaïde de Flahaut », *Revue des sciences humaines*, avril-juin 1968, p. 185-197.

STEPHAN Inge, *Der Schriftsteller als Leser : Seumes Anmerkungen zur « Corinna » von Frau von Stael ;* Vortrage des Bielefelder Seume-Colloquiums 1989 und Materialien zu Seumes Werk und Leben, p. 149-56 in Drews-Jorg (ed.), "Wo man aufgehort hat zu handeln, fangt man gewohnlich an zu schreiben" : Johann Gottfried Seume in seiner Zeit. Bielefeld : Aisthesis, 1991. 372 p.

SZMURLO (Karyna-Maria), « Le jeu et le discours féminin : la danse de l'héroïne staëlienne », *Nineteenth Century French studies*, t. XV, fall-winter, 1986-87, p. 1-13.

SZMURLO (Karyna-Maria), *The Novel's Seductions : Staël's* Corinne *in Critical Inquiry*, Bucknell University Press, 04/1999.

TRIPET (Arnaud), « Madame de Staël et la rêverie italienne », *Saggi e ricerche di letteratura francese*, t. XIX, 1980, p. 293-319.

VALLOIS (Marie-Claire), « Voice as Fossil : Madame de Stael's *Corinne or Italy :* An Archaeology of Feminine Discourse », *Tulsa Studies in Women's Literature*, Tulsa, OK, 1987 Spring, t. 6, n° 1, p. 47-60.

VALLOIS (Marie-Claire), *Fictions féminines. Mme de Staël et les voix de la Sibylle*, Saratoga (California), Anna Libri, « Stanford French and Italian studies », t. XLIX, 1987, 197 p.

SUR MADAME DE STAËL

Annales Benjamin Constant, n° spécial, 1990.

AMMEND (Anne), *Zwischen « Implosion » und « Explosion » : zur Dynamik der Melancholie im Werk der Germaine de Staël*, Trier, Wissenschaftlicher Verlag, 1991, XV, 564 p.

APRIL (Alliston), *Virtue's faults, correspondences in the 18th Century british and french women's fiction*, Stanford, Stanford University Press, 1996. [Chap. VII : « Corinne's Correspondences or the fault of passing on », p. 188-217]

BALAYÉ (Simone), *Madame de Staël lumières et liberté*, Paris, Klincksieck, 1979, 272 p.

BALAYÉ (Simone), *Madame de Staël : écrire, lutter, vivre*, préf. de Roland Mortier, post. par Frank Paul Bowman, Genève, [Paris], Droz, coll. « Histoire des idées et critique littéraire », n°334, 1994, 390 p.

BENICHOU (Paul), *Le Sacre de l'écrivain*, Paris, Gallimard, 1966.

BARUDIO (Gunter), *Madame de Staël und Benjamin Constant, Spiele mit dem Feuer*, Berlin, Rohwolt, 1996.

BESSER (Gretchen R.), *Germaine de Staël revisited*, New York (etc.), Twayne, Maxwell Macmillan international, 1994, xvii, 180 p.

BIASON (Maria-Teresa), « Du temps gagné "Pour l'éternité" : Sentence et fiction romanesque chez Madame de Staël », *Cahiers Staëliens*, Paris, 1991-1992, n° 43, p. 85-102.

BIRKETT (Jennifer), « Speech in Action : Language, Society, and Subject in Germaine de Stael's *Corinne* », *Eighteenth Century Fiction*, Hamilton, ON, Canada, 1995, July, 7 n° 4, p. 393-408.

BOWMAN (Franck-Paul), « Madame de Staël et l'apologétique romantique », *Madame de Staël et l'Europe*, Colloque de Coppet (18-24 juillet 1966) organisé pour la célébration du deuxième centenaire de la naissance de Madame de Staël (1766-1966) Paris, Klincksieck, 1970, p. 157-71.

BRINKMAN (Carl Gustaf von), « Lettre sur l'auteur de *Corinne* », *Cahiers staëliens*, 1987-1988, n° 39, p. 139-181.

CORBEAU (Annie), « Deux aspects de l'esthétique des romans de Madame de Staël. Le romanesque et l'idéalisation des personnages », *Madame de Staël et l'Europe*, colloque de Coppet (18-24 juillet 1966) organisé pour la célébration du deuxième centenaire de la naissance de Madame de Staël (1766-1966), Paris, Klincksieck, 1970, p. 333-342.

DELON (Michel), *Les Lumières et la dialectique du préjugé, l'exemple de Madame de Staël*, Frihetens Arhundre, literatur, kunst og filosofi i Frankrike pa 1700-tallet, Oslo, Spartacus Verlag, 1997.

DELON Michel [et al.], *Madame de Staël, Europe*, n° 693/694, p. 3-120.

DELON Michel, « Corinne et Juliette », *Europe*, Paris, 1987 jan.-fév., n° 693-694, p. 57-63.

DIESBACH (Ghislain de), *Madame de Staël*, Paris, Perrin, 1983, 585 p.-[16] p. de pl. : fac-sim.

DIESBACH (Ghislain de), *Madame de Staël*, Paris, Presses-pocket, 1984, 674 p.

ESCARPIT (Robert), *L'Angleterre dans l'œuvre de Madame de Staël*, Paris, M. Didier, 1954, 174 p.

FLÜGGE (Manfred), « Madame de Staël, l'invention d'une passion », *Magazine littéraire*, n° 359, novembre 1997.

GARRY-BOUSSEL (Claire), « Les conduites spatiales des personnages masculins dans les écrits fictionnels de Madame de Staël », *Eighteenth Century Fiction*, vol 10, n° 4, July 1998.

GENGEMBRE (Gérard), « De plus en plus femme, de moins en moins philosophe, ou Madame de Staël et les manuels », *Annales Benjamin Constant*, n° 17, 1995, p. 67-75.

GENGEMBRE (Gérard), « La "virago" du XIXᵉ siècle et son Potemkine : Madame de Staël et Benjamin Constant dans *La Comédie humaine* », *Annales Benjamin Constant*, n° 21, 1998, p. 27-37.

GUILLEMIN (Henri), *Madame de Staël et Napoléon, ou Germaine et le Caïd ingrat*, Paris, Seuil, 1987, 268 p.

GWYNNE (G.E.), *Madame de Staël et la révolution française : politique, philosophie, littérature*, Paris, A.G. Nizet, 1969, 320 p.

HAUSSONVILLE (Gabriel Paul Othenin de Cléron d'), *Madame de Staël et M. Necker d'après leur correspondance inédite*, Paris, Calman-Lévy, [cop. 1925], 413 p.

LAURENT (Marcel), *Prosper de Barante et Madame de Staël*, Maringues (63350), L'Auteur, 1972, 176 p.

LOTTERIE (Florence), « Chateaubriand contre Madame de Staël : *la lettre sur la perfectibilité hors des limites de la simple raison* », *Revue des sciences humaines*, n° 247, juil.-sept. 1998, p. 89-105.

LUPPÉ (Robert de), *Les Idées littéraires de Madame de Staël et l'héritage des lumières : 1795-1800*, Paris, J. Vrin, 1969, 184 p.

MAC NAIR (Wilson R.), *Madame de Staël et ses amis : 1766-1817*, Paris, Payot, 1934, 364 p.

MAEDER-METCALF (Beate R.), *Germaine de Staël romancière : ein Beitrag zur Geschichte des frühromantischen Romans*, Marburg/Lahn, [s.n.], 1991, VIII-195 p.

MARSO (Lori-Jo), *Citizens in Conflict : Detached Men and Passionate Women in the Novels of Jean-Jacques Rousseau and Germaine de Stael*, Dissertation-Abstracts-International, Ann Arbor, MI (DAI), 1995 Mar, 55 :9, 2864A DAI n° DA9502278, Degree granting institution : New York U, 1994.

MOORE DE VILLE (Chris), « Women Communicating in Three French Novels : The Portrait of the Artist as a Young Woman », *Romance Notes*, Chapel Hill, NC, 1996, Winter, 36, n° 2, p. 217-24.

OMACINI (Lucia) (Dir.), *Benjamin Constant, Madame de Staël, Isabelle de Charrière devant la critique italienne*, Lausanne, Institut Benjamin Constant, Paris, J. Touzot, 1990, 130 p.

PEEL (Ellen-Susan), *Both Ends of the Candle : Feminist Narrative Structures in the Novels by Stael, Lessing, and Le Guin*, Dissertation-Abstracts-International, Ann Arbor, MI (DAI), 1983 June, 43 :12, 3903A.

PFLAUM (Rosalynd), *La famille Necker : Madame de Staël et sa descendance*, Paris, Fischbacher, 1969, 366 p. ill.

PIELLER (Évelyne), « Henrich Heine contre Madame de Staël », *Magazine littéraire*, n° 359, 1997.

REICHLER (Claude), « Idylle et identité chez Madame de Staël », *Annales Benjamin Constant*, n° 20, 1997, p. 41-55.

SCHLEBRUGGE (Johannes von), « Poesie, politiche, storiografie : Giustina Renier Michiel e Madame de Stael », *Quaderni Veneti*, Ravenna, (Italie), 1990, juin, n° 11, p. 141-54.

SMITH (Bonnie G.), « History and genius, the narcotic, erotic and baroque life of Germaine de Staël », *Historical Studies*, vol. 19, n° 4, Fall 1996.

VALLOIS (Marie-Claire), *Fictions féminines : Mme de Stael et les voix de la Sibylle*, Saratoga, CA, Anna Libri, 1987, XI-197 p. Stanford French and Italian Studies, Saratoga, CA n° 49.

VALLOIS (Marie-Claire), « Voyage au pays des doubles : Ruines et melancolie chez Mme de Staël », *L'Esprit créateur*, Lexington, KY, Fall 1985, p. 75-85.

TABLE DES MATIÈRES

REPÈRES HISTORIQUES ET LITTÉRAIRES 7

Chronologie de Mme de Staël (7). – Publications contemporaines (8). – La génération de Mme de Staël (11). – Le groupe de Coppet (12). – L'éditeur (13). – Titre (14). – Échos (16).

LEXICOMÉTRIE ET VOCABULAIRE 29

Le vocabulaire spécifique de *Corinne* (29). – Découpages de *Corinne* (31). – Segments répétés (36). – Les pronoms de *Corinne* (40).

POÉSIE ET VÉRITÉ 45

Le voyage de Madame de Staël en Italie en 1805 (45). – Itinéraires d'Oswald en Italie (46). – Chronologie interne de *Corinne* (46). – L'image de l'Italie (51).

PARCOURS THÉMATIQUE 55

Personnages (55). – Oswald et Corinne : chroniques d'un déchirement (64). – L'art (69). – La musique (74). – Les ruines (78). – Filiation (82). – Vêtements (85). – Stéréotypes nationaux (87). – Italie (94). – Pays, patrie : nord contre sud (98). – La nature (103). – Femmes, femmes ! (106). – Frontières (109). – Raison et sentiment (112). – Sensibilité (116). – Émotion (120). – Religion (125). – Impressions (130).

GLOSSAIRE CONCORDANCE 131

BIBLIOGRAPHIE 155

Pour obtenir l'index des noms propres, des compléments sur *Corinne ou l'Italie*, pour écrire à Hubert de Phalèse, consultez le site : *http://www.cavi.univ-paris3.fr/phalese/hubert1.htm.*

Imprimerie de la Manutention à Mayenne – Septembre 1999 – N° 284-99
Dépôt légal : 3e trimestre 1999